पुराण साहित्य भारतीय जीवन और साहित्य की अक्षुण्ण निधि है। इनमें मानव जीवन के उत्कर्ष और अपकर्ष की अनेक गाथाएं मिलती हैं। अठारह पुराणों में अलग-अलग देवी-देवताओं को केन्द्र में रखकर पाप और पुण्य, धर्म ओर अधर्म, कर्म और अकर्म की गाथाएं कही गई हैं। इस रूप में पुराणों का पठन और आधुनिक जीवन की सीमा में मूल्यों का स्थापन आज के मनुष्य को एक निश्चित दिशा दे सकता है।
निरन्तर द्वन्द्व और निरन्तर द्वन्द्व से मुक्ति का प्रयास मनुष्य की संस्कृति का मूल आधार है। पुराण हमें आधार देते हैं। इसी उद्देश्य को लेकर पाठकों की रुचि के अनुसार सरल, सहज भाषा में प्रस्तुत है पुराण-साहित्य की शृंखला में 'विष्णु पुराण'।

AF519223

विष्णु पुराण

डॉ. विनय

डायमंड बुक्स

© प्रकाशकाधीन

प्रकाशक डायमंड पॉकेट बुक्स (प्रा.) लि.

X-30 ओखला इंडस्ट्रियल एरिया, फेज-II

नई दिल्ली- 110020

फोन : 011-40712200

ई-मेल : ebooks@dpb.in

वेबसाइट : www.diamondbook.in

VISHNU PURAN

By – *Dr. Vinay*

प्रस्तावना

भारतीय जीवन-धारा में जिन ग्रंथों का महत्त्वपूर्ण स्थान है, उनमें पुराण, भक्ति-ग्रंथों के रूप में बहुत महत्त्वपूर्ण माने जाते हैं। पुराण साहित्य भारतीय जीवन और संस्कृति की अक्षुण्ण निधि है। इनमें मानव जीवन के उत्कर्ष और अपकर्ष की अनेक गाथाएं मिलती हैं। भारतीय चिंतन परंपरा में कर्मकांड युग, उपनिषद युग अर्थात् ज्ञान युग और पुराण युग अर्थात् भक्ति का निरंतर विकास होता हुआ दिखाई देता है। कर्मकांड से ज्ञान की ओर आते हुए भारतीय मानस चिंतन ऊर्ध्व शिखर पर पहुंचा और ज्ञानात्मक चिंतन के बाद भक्ति की अविरल धारा प्रवाहित हुई।

विकास की इसी प्रक्रिया में बहुदेववाद और निर्गुण ब्रह्म की स्वरूपात्मक व्याख्या से धीरे-धीरे भारतीय मानस अवतारवाद या सगुण भक्ति की ओर प्रेरित हुआ। पुराण साहित्य सामान्यतया सगुण भक्ति का प्रतिपादन करता है। यही आकर हमें यह भी मालूम होता है कि सृष्टि के रहस्यों के विषय में भारतीय मनीषा ने कितना चिंतन और मनन किया है। पुराण साहित्य को केवल धार्मिक और कथा कहकर छोड़ देना उस पूरी चिंतन धारा से अपने को अपरिचित रखना होगा, जिसे जाने बिना हम वास्तविक रूप में अपनी संस्कृति और परंपरा को नहीं जान सकते।

परंपरा का ज्ञान किसी भी स्तर पर बहुत आवश्यक होता है। क्योंकि परंपरा से अपने को संबद्ध करना और तब आधुनिक होकर उससे मुक्त होना बौद्धिक विकास की एक प्रक्रिया है। हमारे पुराण साहित्य में सृष्टि की उत्पत्ति, विकास, मानव उत्पत्ति और फिर उसके विविध विकासात्मक सोपान इस तरह से दिए गए हैं कि यदि उनसे चमकदार और अतिरिक्त विश्वास के अंश ध्यान में न रखे जाएं तो अनेक बातें बहुत कुछ विज्ञानसम्मत भी हो सकती हैं। क्योंकि जहां तक सृष्टि के रहस्य का प्रश्न है, विकासवाद के सिद्धांत के बावजूद और वैज्ञानिक जानकारी के होने पर भी, वह अभी तक मनुष्य की बुद्धि के लिए एक चुनौती है। इसलिए जिन बातों का वर्णन सृष्टि के संदर्भ में पुराण-साहित्य में हुआ है, उसे एकाएक पूरी तरह से नहीं नकारा जा सकता।

महर्षि वेदव्यास को 18 पुराणों की रचना का श्रेय है। महाभारत के रचयिता भी वेदव्यास हैं। वेदव्यास एक व्यक्ति रहे होंगे या एक पीठ, यह प्रश्न दूसरा है। और यह भी बात अलग है कि सारे पुराण कथोपकथन शैली में विकासशील रचनाएं हैं। इसलिए उनके मूल रूप में परिवर्तन होता गया। लेकिन यदि ध्यानपूर्वक देखा जाए तो ये पुराण विश्वास की उस भूमि पर अधिष्ठित हैं, जहां इतिहास, भूगोल का तर्क उतना नहीं रहता जितना उसमें व्यक्त जीवन-मूल्यों का स्वरूप। यह बात दूसरी है जिन जीवन-मूल्यों की स्थापना उस काल के साहित्य में की गई, वे आज के

संदर्भ में कितने प्रासंगिक रह गए हैं? लेकिन साथ में यह भी कहना होगा कि धर्म और धर्म का आस्थामूलक व्यवहार किसी तर्क और मूल्यवत्ता की प्रासंगिकता की अपेक्षा नहीं करता। उससे एक ऐसा आत्मविश्वास और आत्मालोक जन्म लेता है, जिससे मानव का आंतरिक उत्कर्ष होता है। और हम कितनी भी भौतिक और वैज्ञानिक उन्नति कर लें, अंततः आस्था की तुलना में यह उन्नति अधिक देर नहीं ठहरती। इसलिए इन पुराणों का महत्त्व तर्क पर अधिक आधारित न होकर भावना और विश्वास पर आधारित है और इन्हीं अर्थों में इसका महत्त्व है।

जैसा कि हमने कहा कि पुराण-साहित्य में अवतारवाद की प्रतिष्ठा है। निर्गुण निराकार की सत्ता को मानते हुए साकार की उपासना का प्रतिपादन इन ग्रंथों का मूल विषय है। 18 पुराणों में अलग-अलग देवी-देवताओं को केन्द्र में रखकर पाप और पुण्य, धर्म और अधर्म तथा कर्म और अकर्म की गाथाएं कही गई हैं। इन सबसे एक ही निष्कर्ष निकलता है कि आखिर मनुष्य और इस सृष्टि का आधार-सौंदर्य तथा इसकी मानवीय अर्थवत्ता में कहीं-न-कहीं सद्गुणों की प्रतिष्ठा होनी ही चाहिए। आधुनिक जीवन में संघर्ष की अनेक भावभूमियों पर आने के बाद भी विशिष्ट मानव अपनी अर्थवत्ता नहीं खो सकते। त्याग, प्रेम, भक्ति, सेवा, सहनशीलता आदि ऐसे मानव गुण हैं जिनके अभाव में किसी भी बेहतर समाज की कल्पना नहीं की जा सकती। इसीलिए भिन्न-भिन्न पुराणों में देवताओं के विभिन्न स्वरूपों को लेकर मूल्य के स्तर पर एक विराट आयोजन मिलता है। एक बात और आश्चर्यजनक रूप से पुराणों में मिलती है, वह यह कि सत्कर्म की प्रतिष्ठा की प्रक्रिया में अपकर्म और दुष्कर्म का व्यापक चित्रण करने में पुराणकार कभी पीछे नहीं हटा और उसने देवताओं की कुप्रवृत्तियों को भी व्यापक रूप में चित्रित किया है। लेकिन उसका मूल उद्देश्य सद्भावना का विकास और सत्य की प्रतिष्ठा ही है।

पुराणों में कलियुग का जैसा वर्णन मिलता है, आज हम लगभग वैसा ही समय देख रहे हैं। अतः यह तो निश्चित है कि पुराणकार ने समय के विकास में वृत्तियों को और वृत्तियों के विकास को बहुत ठीक तरह से पहचाना। इस रूप में पुराणों का पठन और आधुनिक जीवन की सीमा में मूल्यों का स्थापन आज के मनुष्य को एक दिशा तो दे सकता है क्योंकि आधुनिक जीवन में अंधविश्वास का विरोध करना तो तर्कपूर्ण है लेकिन विश्वास का विरोध करना आत्महत्या के समान है।

प्रत्येक पुराण में हजारों श्लोक हैं और उनमें कथा कहने की प्रवृत्ति तथा भक्त के गुणों की विशेषणपरक अभिव्यक्ति बार-बार हुई है। लेकिन चेतन और अचेतन के तमाम रहस्यात्मक स्वरूपों का चित्रण, पुनरुक्ति भाव से होने के बाद भी बहुत प्रभावशाली हुआ है।

हिन्दी में अनेक पुराण यथावत लिखे गए। फिर प्रश्न उठ सकता है कि हमने इस प्रकार पुराणों का लेखन और प्रकाशन क्यों प्रारंभ किया? उत्तर स्पष्ट है कि जिन पाठकों तक अपने प्रकाशन की सीमा में अन्य पुराण नहीं पहुंचे होंगे हम उन तक पहुंचाने का प्रयास करेंगे और इस पठनीय साहित्य को उनके सामने प्रस्तुत कर जीवन और जगत् की स्वतंत्र धारणा स्थापित करने का प्रयास कर सकेंगे। हमने मूल पुराणों में कही हुई बातें और शैली यथावत् स्वीकार की हैं और सामान्य व्यक्ति की समझ में आने वाली सामान्य भाषा का प्रयोग किया है। किंतु जो तत्त्वदर्शी शब्द हैं, उनका वैसा ही प्रयोग करने का निश्चय इसलिए किया गया कि उनका ज्ञान हमारे पाठकों को उसी रूप में हो।

हम आज जीवन की विडंबनापूर्ण स्थिति के बीच से गुजर रहे हैं। हमारे बहुत से मूल्य खंडित हो गए हैं। आधुनिक ज्ञान के नाम पर विदेशी चिंतन का प्रभाव हमारे ऊपर बहुत अधिक हावी हो रहा है इसलिए एक संघर्ष हमें अपनी मानसिकता से ही करना होगा कि अपनी परंपरा में जो ग्रहणीय है, मूल्यपरक है, उस पर फिर से लौटना होगा। साथ में तार्किक विदेशी ज्ञान भंडार से भी अपरिचित नहीं रहना होगा-क्योंकि विकल्प में जो कुछ भी हमें दिया है वह आरोहण और नकल के अतिरिक्त कुछ नहीं। मनुष्य का मन बहुत विचित्र है और उस विचित्रता में विश्वास और विश्वास का द्वंद्व भी निरंतर होता रहता है। इस द्वंद्व से परे होना ही मनुष्य जीवन का ध्येय हो सकता है। निरंतर द्वंद्व और निरंतर द्वंद्व से मुक्ति का प्रयास, मनुष्य की संस्कृति के विकास का यही मूल आधार है। पुराण हमें आधार देते हैं, यही ध्यान में रखकर हमने सरल, सहज भाषा में अपने पाठकों के सामने पुराण-साहित्य प्रस्तुत करने का प्रयास किया है। इसमें हम केवल प्रस्तोता हैं, लेखक नहीं। जो कुछ हमारे साहित्य में है उसे उसी रूप में चित्रित करते हुए हमें गर्व का अनुभव हो रहा है।

'डायमण्ड पॉकेट बुक्स' के श्री नरेन्द्र कुमार जी के प्रति हम बहुत आभारी हैं, उन्होंने भारतीय धार्मिक जनता को अपने साहित्य से परिचित कराने का महत् अनुष्ठान किया है। देवता एक भाव संज्ञा भी है और आस्था का आधार भी। इसलिए वह हमारे लिए अनिवार्य है। और यह पुराण उन्हीं के लिए है जिनके लिए यह अनिवार्य है।

-डॉ. विनय

प्रथम अध्याय

जिज्ञासु मुनियों की प्रबल इच्छा को देखते हुए सूतजी ने कथा वर्णन प्रारंभ करते हुए कहा- दैनिक शौचादि से निवृत्त होकर मैत्रेयजी ने मुनिश्रेष्ठ पराशरजी के समीप जाकर उन्हें प्रणाम करते हुए कहा- गुरुदेव! आपके श्री चरणों में वेद-वेदांग सहित भारतीय वाङ्मय का सम्पूर्ण अध्ययन करने के पश्चात् मैं देखता हूं मेरे प्रतिद्वंद्वी विद्वान् भी मेरी योग्यता को सहज स्वीकार करते हैं। कृपया अब यह बताइए कि-

(क) इस जगत के निमित्त एवं उपादान कारण कौन से हैं? अर्थात् यह सकल जगत पूर्व अवस्था में क्या था, कैसे इसकी उत्पत्ति हुई और अब यह किसमें विलीन होगा?

(ख) समुद्र, पर्वत तथा देवों की सृष्टि का रहस्य क्या है? आकाश की सीमा क्या है? पृथ्वी का क्या आधार है तथा सूर्य का परिमाण एवं आधार क्या है?

(ग) देवताओं के वंश, मनु मन्वंतर, चारों युग एवं उनके कल्प और विभाग प्रलय का रूप और धर्म किस प्रकार संभव हुआ?

(घ) राजर्षियों एवं देवर्षियों का वैयक्तिक रूप क्या है?

(च) मुनि वेदव्यास द्वारा वेद की शाखाएं एवं वर्णाश्रम व्यवस्था का आधार एवं स्वरूप क्या है?

मुनि पराशर ने धर्म-ज्ञानी मैत्रेय से मुनि वशिष्ठ द्वारा वर्णित प्रसंग का स्मरण कराने पर धन्यवाद देते हुए कहा-प्रियवर, वास्तव में तुम्हारी जिज्ञासा के समाधान के लिए पुराण संहिता स्वयं प्रमाण है! मैं तुम्हें बताता हूं कि एक बार मुनि विश्वामित्र के प्रभाव में एक राक्षस द्वारा अपने पितामह का भक्षण किए जाने का आख्यान सुनने पर बदले की भावना से मैंने एक यज्ञ का आयोजन किया। इस आयोजन में मैंने राक्षसों के संपूर्ण विनाश का संकल्प लिया। सैकड़ों राक्षस यज्ञ में जलकर भस्म हो गए। पितामह वशिष्ठ ने जब यह देखा तो उन्होंने मुझे यज्ञ को तत्काल बंद करने का आदेश दिया और कहा- पुत्र! क्रोध मनुष्य के विकास का अवरोधक है, इससे यश, तप, लोक एवं परलोक का क्षरण होता है। न कोई किसी का अनिष्ट करता है, न किसी को मारता है। बल्कि हर कोई अपने कर्मों का फल पाता है। इसलिए वत्स! राक्षसों को भी उनके कर्म का फल स्वयं ही मिल जाएगा, तुम क्यों उनका वध करते हो, क्यों उनसे वैर मानते हो। मैंने पितामह के आदेशानुसार यज्ञ बंद कर दिया। मुनि वशिष्ठ इससे अत्यंत प्रसन्न हुए। तभी मेरे आश्रम में ब्रह्म-पुत्र महर्षि पुलस्त्य पधारे। महर्षि मेरे द्वारा मुनि वशिष्ठ के आदेश का पालन करते हुए उनकी संतान के वंश नाश यज्ञ की समाप्ति को जानकर प्रसन्न हुए और मुझे निर्मल बुद्धि वाला, दूसरों

की सेवा में रत होने के कारण ईश्वर के यथार्थ रूप का ज्ञाता और पुराण शास्त्र का रचयिता होने का आशीर्वाद दिया। इस समय मुझे आपके द्वारा परमात्मा के रहस्य संबंधी प्रश्न पूछे जाने पर महर्षि पुलस्त्य के उस आशीर्वाद का स्मरण हो आया। अब मैं तुम्हारे प्रश्नों के समाधान हेतु पुराण संहिता सुनाता हूं। तुम ध्यान से सुनो-

यह सारा संसार, भगवान विष्णु द्वारा रचा गया है। वही इसकी उत्पत्ति करने वाले हैं। वही इसे धारण किए हैं। वही प्रलयकर्ता हैं। मूल रूप से यह जगत विष्णु स्वयं ही हैं। ब्रह्मा, विष्णु, महेश के रूप में सृष्टि की उत्पत्ति, स्थिति एवं प्रलय के कारण वह स्वयं ही है। वस्तुतः विष्णु स्वयं ज्ञान स्वरूप होते हुए भी किस तरह अज्ञानवश अनेक रूप धारण करते हैं, यह पूरी कथा है, जिसे नर्मदा के किनारे साधनारत दक्षादि मुनियों ने राजा पुरुकुत्स को सुनाया था, पुरुकुत्स ने सारस्वत को और सारस्वत से मुझे सुनने को मिली वह मैं आपको सुनाता हूं।

हे विप्रस्वरूप मैत्रेयजी! परब्रह्म विष्णु का आदि रूप पुरुष है। व्यक्त एवं अव्यक्त रूप में प्रकृति एवं महदादि उनके अन्य रूप हैं और सबको धारण करने के कारण काल उनका परम रूप है। कारण, शक्ति विशिष्ट सद्-असद् रूप तथा नित्य अव्यक्त कारण को ही ज्ञानी लोग प्रधान तथा सूक्ष्म प्रकृति कहते हैं। वह स्वयं त्रिगुण रूप जगत का कारण और सृष्टि एवं लय से रहित रहता है। यह सारा क्रिया-कलाप प्रलय काल से सृष्टि के प्रारंभ तक उसी में समाहित था। वेद में इसीलिए कहा गया है प्रलय के समय दिन-रात, आकाश- पृथ्वी, प्रकाश और अंधकार कुछ भी नहीं था। आदि रूप पुरुष (ब्रह्मा) के अतिरिक्त कुछ भी नहीं था।

आदि रूप प्रधान पुरुष से विष्णु ने ही रूप उत्पन्न किए प्रधान एवं पुरुष। जिस कारण से उत्पत्ति और प्रलय में ये रूप संयुक्त और वियुक्त होते हैं, वह काल कहलाता है। पिछली प्रलय के समय प्रकृति में व्यक्त प्रपंच के समाहित हो जाने के कारण ही इसे प्राकृत काल कहा गया। विष्णु के कालरूप ही के अनादि और अनंत होने के कारण संसार की सृष्टि, स्थिति और प्रलय सदा होते रहते हैं। प्रलय काल प्रधान रूप साम्यावस्था से तथा पुरुष से विमुक्त होने के कारण विष्णु का कालरूप इन दोनों को धारण करता है। संयुक्त अवस्था में पुनः सर्ग काल शुरू होता है जिसमें स्वयं विष्णु अपने प्रभाव से दोनों को प्रेरित करते हैं। इस प्रकार मूल रूप से स्वयं विष्णु ही त्रिगुण तत्त्व रूप में जगत की उत्पत्ति, सृष्टि एवं प्रलय के कारण है।

आगे पराशरजी तामस सर्ग का वर्णन करते हुए कहते हैं-सर्ग काल में सृष्टि रूप प्रधान से महत्तत्व की रचना होती है- सत, रज, तम, भेद से यह महत्तत्व छिलके के बीज के समान प्रधान तत्त्व से आविष्ट रहता है। इससे ही तीन प्रकार का अहंकार जन्मता है। यह महत्तत्व से ढका रहता है। तामस (भूतादि रूप) अहंकार से प्रभावित होकर विकृत हो जाता हैं और शब्द के मूल सूक्ष्म

रूप और शब्द गुण वाले आकाश को उत्पन्न करता है। आकाश विकृत होकर स्पर्श के मूल सूक्ष्म रूप और रूप गुण वाले तेज की रचना करता है। तेज विकृत होकर रस के सूक्ष्म रूप की, रस की तथा रस गुण वाले जल की सृष्टि करता है। जल तेज से आवृत्त होने पर गंध के सूक्ष्म रूप और गंध के गुण वाली पृथ्वी की सृष्टि करता है। आकाशादि रूपों में अनेक सूक्ष्म रूप हैं। इनका सूक्ष्म रूप से सुख-दुःख या मोहरूप से अनुभव न हो पाने के कारण ही इन्हें भेद रहित की संज्ञा दी गई है।

इसी प्रकार राजस अहंकार से पांच ज्ञानेन्द्रियों- आंख, नाक, कान वाणी एवं त्वचा तथा पांच कर्मेंद्रियों-हाथ, पैर, जिह्वा, गुदा एवं लिंग की उत्पत्ति होती है। सात्विक अहंकार से इन दस इंद्रियों के अधिष्ठाता दस देव हरि ग्यारहवां मन जन्म लेता है।

इन तत्त्वों में अनेक शक्तियां होती हैं। इनके पूर्णतया मिलने पर प्रधान तत्त्व की कृपा से एक अण्ड की रचना होती है- अव्यक्त रूप जगत् के स्वामी विष्णु स्वयं सृष्टि के कारण (ब्रह्मा) रूप से उस अण्ड में उपस्थित होते हैं तथा रजोगुण का आश्रय लेकर संसार की रचना करते हैं। रचना के पश्चात् कल्पांत समय तक उस सृष्टि का पालन-पोषण करते हैं। कल्पांत के समय तक के प्रभाव से समस्त तत्त्वों का भक्षण कर संसार को प्रलय की स्थिति प्रदान करते हुए जलमग्न कर देते हैं और स्वयं शेष शैया पर शयन करने चले जाते हैं। इस प्रकार स्वयं सृष्टिकर्ता ब्रह्मा, पालक विष्णु, संहारक शंकर की संज्ञा धारण करते हैं। यह भी कह सकते हैं-जीव रूप में अपनी ही उत्पत्ति, पालक रूप में अपना ही पालन एवं संहारक रूप में अपना ही संहार करने वाले विष्णु का तत्त्व, उनके सूक्ष्म रूप, इंद्रियां उनके विकार और मन आदि सारे प्रपंच पुरुष रूप है, वे ही कार्य कारण रूप है।

मैत्रेयजी ने प्रश्न किया- शुद्धात्मा ब्रह्म सृष्टि का निर्माता कैसे माना गया तो मुनि ने कहा-हे तपस्वी, सभी बातें तर्क से नहीं जानी जाती। जिस प्रकार, अग्नि का गुण जलाना है, इसी प्रकार ब्रह्मा की निर्माण एवं पालन की शक्ति भी उनका स्वाभाविक गुण है। अपने गणित के अनुसार ब्रह्मा सौ वर्ष की आयु वाले हैं। इन सौ वर्षों का नाम 'पर' है जिसका आधा परार्द्ध कहा जाएगा। ब्रह्मा की उत्पत्ति विष्णु के काल स्वरूप से हुई है। ब्रह्मा की आयु के लिए समय का निर्धारण इस प्रकार है : पन्द्रह निमेष की एक काष्ठा, तीस काष्ठाओं की एक कला, तीस कलाओं का एक मुहूर्त, तीन मुद्दों का मानवीय एक दिन-रात, तीस दिन-रातों का दो पखवाड़ों का एक मास, छः मास का एक अयन (उत्तर एवं दक्षिण) दो अयनों का एक वर्ष। यह एक वर्ष देवताओँ का एक दिन-रात होता है। देवताओं के बारह हजार वर्षों के चार युग सतयुग. त्रेता, द्वापर, कलियुग होते हैं। पुरातत्त्व ज्ञानियों ने इनकी परिभाषा क्रमशः चार, तीन, दो तथा एक माना है। प्रत्येक युग पूर्व

उतने ही सौ वर्षों की सन्ध्या एवं युगांत में उतने अंश के सन्ध्या भाग होते हैं अर्थात् सतयुग पूर्व में चार हजार वर्षों की सन्ध्या एवं अंत में चार हजार वर्ष के संध्यांश, त्रेता में तीन हजार वर्ष की संध्या एवं इतने ही युगान्त में संध्यांश होते हैं। इसी प्रकार द्वापर एवं कलियुग में भी होते हैं। संध्या एवं संध्यांश के मध्य का समय ही एक युग होता है। ब्रह्मा का एक दिन एक हजार चतुरंग के बराबर काल का होता है।

ब्रह्मा के एक दिन का विस्तार इस प्रकार है-एक दिन में चौदह मनु, एक ही काल में इनकी उत्पत्ति एवं संहार होता है। एक मन्वंतर लगभग इकहत्तर चतुर्युग के समकक्ष होता है। यह मन्वंतर ही इन मनुओं का काल कहलाता है। इस प्रकार देवताओं के वर्ष के अनुसार एक मन्वंतर में एक लाख बावन हजार वर्ष होते हैं तथा मनुष्य की गणना के अनुसार यह काल तीस करोड़ सड़सठ लाख बीस हजार वर्ष के लगभग होता है। इस काल का चौदह गुना ब्रह्मा का दिन होता है। प्रलय के समय तीनों लोक जलने लगते हैं। उस समय यहां के वासी जनलोक को चले जाते हैं और नारायण विष्णु का ध्यान करते हैं। तीनों लोकों का भक्षण कर नारायण रूप ब्रह्मा अपने दिन के समान काल वाली रात्रि में शेषनाग की शैया पर विश्राम के लिए चले जाते हैं। रात्रि के व्यतीत हो जाने पर प्रातःकाल को पुनः सृष्टि का संधान करते हैं। इसी गणित के द्वारा ब्रह्मा के जीवन के एक वर्ष तथा फिर सौ वर्ष पूरे होते हैं। जो उनकी पूर्ण आयु है। ब्रह्माजी की आयु का परार्द्ध व्यतीत हो चुका है। जिसके अंत में पादम नाम का महाकल्प हुआ था। इस समय दूसरे अर्द्धक का वाराह कल्प चल रहा है।

पूर्वोक्त आख्यान का वाचन करने के पश्चात् मुनि पराशर बोले-कल्प के अंत में रात्रि के बीत जाने पर नार जल में अयन (वास) करने के कारण नारायण रूप विष्णु ने समस्त संसार को शून्यमय देखा। पृथ्वी को जलमग्न देख उसे निकालने के लिए ही प्रभु ने वाराह रूप में अवतार लिया और जल में प्रविष्ट हो गए। वसुंधरा ने नारायण विष्णु को पाताल में आया देख अपने उद्धार के लिए प्रार्थना की। नारायण ने रसातल से पृथ्वी को ऊपर उठा लिया। उनकी रोमावली में स्थित मुनिवृन्द उनकी अनेक प्रकार स्तुति-वंदना करने लगे। पृथ्वी को एक नौका के समान स्थापित कर दिया। तत्पश्चात् विनष्ट हुए पर्वत आदि की रचना करके उनका स्थापन एवं विभाजन किया। सात द्वीप रचकर पुनः भू, भुव, स्व एवं मनुष्य लोक रचे। इसके पश्चात् रजोगुणी रूप ब्रह्मा का रूप धारण करके सृष्टि रची।ब्रह्माजी की असावधानी से शुरू में सृष्टि में तमोगुणी रचना हो गई जिसमें अज्ञान, भोग, इच्छा, क्रोध और आग्रह की उत्पत्ति हुई। पुरुषार्थ साधन के लिए सर्वथा अयोग्य इस सृष्टि से विरत ब्रह्मा ने पुनः साधना द्वारा तिर्यक् सृष्टि रची। इसमें वे सभी पशु-पक्षी समाहित हैं जो अज्ञानी, विवेकहीन, अहंकारी, कुमार्गी एवं विपरीत आचरण वाले हैं। इस

सर्ग का उपयोग भी पुरुषार्थ के लिए चिंत्य रहा। तत्पश्चात् ब्रह्माजी ने सात्त्विक सर्ग की रचना की। इसके प्राणी विषय-प्रेमी ज्ञानवान दिव्य पुरुष थे। इसकी रचना से ब्रह्मा को प्रसन्नता हुई तथा वे अपने को लक्ष्य में सफल मानने लगे किन्तु तीनों रचना सर्ग-जड़, तिर्यंच एवं पुरुषार्थ के साधन के लिए अनुपयोगी ही रहे। तब ब्रह्माजी ने उत्तम साधक के रूप में पृथ्वी पर विचरण करने वाले मनुष्य की रचना की। यह मनुष्य सत, रज, तम तीनों गुणों को धारण करने वाला, क्रियाशील, पूर्ण विकसित, दुःख का भंडार भीतर-बाहर ज्ञानयुक्त और साधनशील है।

ब्रह्मा ने चार प्रकार की मनोमयी सृष्टि की रचना की। इसके बाद देवता, राक्षस, पितृगण एवं मनुष्य की तथा जल की सृष्टि के लिए अपने शरीर का प्रयोग किया। जंघा से असुर उत्पन्न हुए। उस तमोमय शरीर को छोड़ देने पर ही रात्रि का जन्म हुआ। ब्रह्मा के मुख से सत्त्वगुणी देवता प्रकट हुए। ब्रह्मा ने मुख का त्याग किया तो उज्ज्वल दिन बना। यही कारण है कि असुर निशाचर होते हैं एवं देवता द्यौस वासी अर्थात् दिनचर। पार्श्व भाग से पितृगण की उत्पत्ति की तथा पार्श्व भाग छोड़ देने पर यह शरीर ही दिन एवं रात्रि की मध्यवर्ती संध्या कहलाई। तत्पश्चात् ब्रह्मा ने आंशिक रूप से रजोगुणी शरीर धारण किया। इससे मनुष्य ने जन्म लिया। इस रजोगुणी शरीर को भी ब्रह्मा ने त्याग दिया जिससे पूर्व संध्या अर्थात् ऊषा उत्पन्न हुई। यही कारण है सायं काल को पितृगण एवं प्रातःकाल को मनुष्य बलवान होते हैं। इस प्रकार सत, रज, तम के मिश्रण से उद्भूत देव, मनुष्य, असुर एवं पितृगण ब्रह्मा की सृष्टि तथा दिन, रात, प्रातः-सायं ब्रह्मा के शरीरांश है।

पुनः ब्रह्मा ने रजो मात्रात्मक शरीर धारण करके क्षुधा को उत्पन्न किया। क्षुधा से काम की सृष्टि हुई। अंधकार में ब्रह्मा ने भूखी सृष्टि की रचना की, जिससे उत्पन्न भद्दे दाढ़ी-मूछों वाले व्यक्ति पैदा हुए। जिन्होंने भूख मिटाने के लिए ब्रह्माजी को ही शिकार बनाना चाहा। उस समय जिन्होंने रक्षा करो कहा, वे राक्षस कहलाए तथा जिन्होंने कहा भक्षण करो, वे यक्ष कहलाए। इस तनाव में ब्रह्माजी के सिर के केश धरती पर गिर पड़े और फिर उनके माथे पर जम गए। इसीलिए नीचे गिरने से सर्प पुनः आरूढ़ होने पर 'अहि' कहलाए। अब ब्रह्मा इस दुष्प्रवृत्ति से क्रोधित सृष्टि रचना में संलग्न हो गए जिससे क्रोधी, मांसाहारी पीतवर्णी जीव उत्पन्न हुए जो पिशाच कहलाए। ब्रह्मा द्वारा गायन करते हुए शरीर से वाणी का उच्चारण करते हुए गंधर्वों की सृष्टि हुई।

अब अपने पूर्व मुख से ब्रह्मा ने गायत्री की ऋक् त्रिवृत्सोम, अग्निष्टोमादि यज्ञों की, दक्षिण मुख से यजु, त्रैष्टुप, पंचदश स्तोम, वृहत्साम तथा उक्थ की रचना की। पश्चिम मुख से साम, जगती छन्द, सप्तदशस्तोम तथा अतिरात्र की उत्तर मुख से अथर्ववेद एक विंशतिस्तोम, आप्तोर्यामाण, अनुरूप छन्द एवं वैराग की रचना की।

इस प्रकार इस सम्पूर्ण जगत में ब्रह्मा के शरीर से वृक्ष पर्वतादि, देव, असुर, मनुष्य, पिशाच, राक्षस, यक्ष, अप्सराएं, किन्नर, गंधर्व पशु -पक्षी, मृग सर्प, यज्ञ, जड़ जंगम जगत की रचना की।

मुनि पराशर के वचनों से मुग्ध एवं ज्ञानी होते हुए मैत्रेयजी ने अर्वाक सर्ग के मनुष्य की सृष्टि का विस्तार से वर्णन सुनना चाहा। उन्होंने जिज्ञासा प्रकट की कि किस प्रकार ब्रह्मा ने मनुष्य में कर्म का विभाजन एवं वर्ण-व्यवस्था को क्रम दिया किस प्रकार पृथ्वी पर पैदावार प्रारंभ कर अन्नादि की रचना की?

मुनिश्रेष्ठ पराशर ने कहा- सृष्टि-रचना में प्रवृत्त ब्रह्मा के मुख से सतोगुणी. वक्षस्थल से रजोगुणी, रज, तम, मिश्रित जंघाओं से तथा चरणों से तमोगुणी सृष्टि हुई इसीलिए इनका नाम मुख से ब्राह्मण, वक्ष से क्षत्रिय, जंघा से वैश्य एवं चरण से शूद्र पड़ा।

इस प्रकार जगत का स्वरूप निर्धारित करते हुए ब्रह्माजी ने आचरण के धर्म का भी विधान किया और आचरण के अनुकूल ही लोक की रचना की। कर्त्तव्य पालन करते हुए जीवन बिताने वाले प्राणियों के लिए ब्राह्मण को पितृलोक, क्षत्रिय को इन्द्रलोक, वैश्य को वायुलोक तथा शूद्र को गंधर्व लोक की प्राप्ति का विधान किया। जीवन को चार आश्रमों में विभक्त किया- ब्रह्मचर्य, गृहस्थ, वानप्रस्थ एवं संन्यास; तथा पूर्णतया इनका पालन करने वालों के लिए क्रमशः मुनि, पितृ, सप्तर्षि तथा ब्रह्मलोक का प्रावधान किया। ब्रह्मलोक को पंडित ही देख पाते हैं- ॐ नमो भगवते वासुदेवाय का जाप करने वाले अभी तक ब्रह्मलोक से नहीं लौटे हैं। इसी प्रकार ब्रह्माजी ने यज्ञ की निन्दा करने वाले, यज्ञ को भंग करने वाले तथा अपने धर्म से विमुख लोगों के लिए नरक की रचना की। इसमें तमिस्र, अंधतमिस्र. महारौरव, रौरव, असिपत्रवन, घोर, कालसूत्र और अवीचिकादि नरक आते हैं।

ऐसा करने पर भी जब ब्रह्मा ने सृष्टि को पुत्र-पुत्रादि से फलित होते नहीं देखा तो अपने ही समान नौ मानस पुत्रों की सृष्टि की। ये थे- भृगु, पुलस्त्य, पुलह, क्रतु, अंगिरा, मरीचि, दक्ष, अत्रि, एवं वशिष्ठ। इनके साथ ही ख्याति, भूति, सम्भूति, क्षमा, प्रीति, सन्नति, ऊर्जा, अनसूया तथा प्रसूति- नौ कन्याओं को जन्म दिया जो नौ मानस पुत्रों की क्रमशः पत्नियां कहलाईं। वस्तुतः ब्रह्माजी ने इन मानस पुत्रों एवं पुत्रियों से पूर्व सनकादि को उत्पन्न किया था, किंतु वे सन्तानोत्पत्ति की तरफ प्रवृत्त नहीं हो सके। उनके सक्रिय ललाट से सूर्य के समान आभावान रुद्र की रचना हुई। रुद्र का आधा शरीर नर एवं आधा नारी मय था। इसीलिए वह अर्धनारीश्वर कहलाए। ब्रह्मा के आदेश से रुद्र ने अपने शरीर से पुरुष भाग को नारी भाग से अलग करके पुरुष को ग्यारह अतिरिक्त भागों में बांट दिया तथा नारी शरीर को सौम्य, क्रूर, शात, अशांत, श्याम, गौर, शीला, अशीला आदि रूपों में विभक्त किया। इसके पश्चात् स्वयं ब्रह्मा ने अपने स्वायंभुव स्वरूप को ही

प्रजा-पालन के हित में उत्पन्न करते हुए प्रथम मनु की सृष्टि की। यह स्वायंभुव मन् अपने ही साथ जन्मी शतरूपा को पत्नी के रूप में स्वीकार करते हुए सन्तानोत्पत्ति में प्रवृत्त हुआ जिससे प्रियव्रत एवं उत्तानपाद दो उदारमना बालक उत्पन्न हुए तथा प्रसूति एवं आकृति नाम की दो कन्याएं उत्पन्न हुईं। मनु ने प्रसूति का दक्ष के साथ तथा आकृति का प्रजापति के साथ पाणिग्रहण करा दिया।

रुचि के गर्भ से प्रजापति ने यज्ञ और दक्षिणा को जन्म दिया। दक्षिणा से यज्ञ ने बारह पुत्र उत्पन्न किए। ये ही स्वायंभुव मन्वंतर में याम देवता कहलाए।दक्ष ने प्रसूति के गर्भ से चौबीस कन्याएं उत्पन्न कराईं। इनमें तेरह दक्ष कन्याएं क्रमशः श्रद्धा, लक्ष्मी, धृति, तुष्टि, मेधा, पुष्टि, क्रिया, वृद्धि, लज्जा, वपु, शांति, सिद्धि तथा कीर्ति धर्म के साथ ब्याही गई तथा शेष एकादश ख्याति, मूर्ति, सम्मूति, स्मृति, प्रीति, क्षमा, सन्नति, अनसूया, ऊर्जा, स्वाहा एवं स्वधा का ब्रह्मा के नव मानस पुत्रों-भृगु, दक्ष, मरीचि, अंगिरा, पुलस्त्य, क्रतु, अत्रि, वशिष्ठ एवं पुलह तथा दो का अग्नि एवं पितरों से विवाह हुआ। दक्ष की धर्म पत्नियों ने क्रमशः काम, दर्प, नियम, संतोष, श्रुत, लोभ, दण्ड, नय एवं विनय; बोध, विनय, व्यवसाय, क्षेम, सुख एवं यश उत्पन्न किए। धर्म के पुत्र काम ने रति से हर्ष को जन्म दिया।

अधर्म का विवाह हिंसा से हुआ, जिसके संसर्ग से अनृत नामक पुत्र एवं निकृति नामक पुत्री जन्मी। अनृत ने विकृति के गर्भ से भय एवं नरक को पैदा किया तथा माया एवं वेदना दो पुत्रियों को जन्म दिया। वेदना ने नरक के साथ संपर्क से दुःख को जन्म दिया। माया ने भय के साथ संपर्क से मृत्यु को जन्मा। मृत्यु से व्याधि, जरा, शोक, तृष्णा, क्रोध पैदा हुए।

प्रलय का विस्तार बताते हुए पराशरजी बोले- विप्रवर! सभी भूतों की प्रलय चार प्रकार की होती है- प्रथम नैमित्तिक, यह कल्पान्त में होती है। यह बाह्य प्रलय है। इसमें ब्रह्मा शयन करते हैं। दूसरी प्राकृतिक प्रलय, इसमें ब्रह्माण्ड प्रकृति में लीन हो जाता है। तीसरी प्रलय आत्यांतिक प्रलय है जिसमें योगी रान द्वारा परमात्मा में विलीन हो जाता है। चतुर्थ नित्य प्रलय है जिसमें नित्य प्रति भूतों का क्षय होता रहता है। प्राकृत महत्त्व से निर्मित सृष्टि प्राकृतिक होती है और अवांतर प्रलय के पश्चात् ब्रह्मा द्वारा रची गई दिन-प्रतिदिन की चराचर जगत की सृष्टि नित्य सृष्टि कहलाती है। इस प्रकार प्रभु विष्णु ही जगत की उत्पत्ति, पालन एवं संहार करते रहते हैं। यह ही समस्त तामस सर्ग का वृत्तांत है।

शूद्र सर्ग का विस्तार से वृत्तांत सुनाते हुए पराशरजी बोले- एक बार कल्प के प्रारंभ में स्वानुसार सृष्टि की रचना से चिंतित ब्रह्मा की गोद में नीललोहित रंग वाले एक बालक का जन्म हुआ। जन्म के तुरंत बाद ही वह बालक अपने नामकरण के लिए रोने-मचलने लगा। ब्रह्माजी ने

उसके इस रुदन को देखते हुए उसका नाम ही रुद्र रख दिया और उसे शांत करने लगे। किंतु वह बालक फिर भी सात बार रोया। इसके इस क्रम को देखते हुए ब्रह्मा ने अन्य सात नामों से उसे सम्बोधित किया। भव, शव, ईशान, पशुपति, भीम, उग्र और महादेव। इनकी पत्नियां क्रमशः उषा, विकेशी, अपरा, स्वाहा, दिशा दीक्षा और रोहिणी थी। इन सातों के क्रमशः शुक्र, लोहितांग, मनोजव, स्कन्द, सर्ग, सन्तान एवं बुध नाम के पुत्र हुए। रुद्र की पत्नी का नाम सुवर्चला एवं पुत्र का नाम शनि था।

भगवान शिव ने महाराज दक्ष प्रजापति की अद्वितीय पुत्री सती से विवाह किया। दक्ष ने पुत्री को अपने जामाता सहित यज्ञ में आमंत्रित नहीं किया जिससे सती ने पिता पर कोप प्रकट करते हुए अग्निदाह कर लिया। इन्हीं सती ने अगले जन्म में हिमालय के घर में मैना के गर्भ से जन्म लिया और उमा के रूप में पंचाग्नि तप का अनुष्ठान करके उन्हें जीत लिया और पति रूप में प्राप्त किया। दूसरी ओर भृगुजी के यहां ख्याति ने धाता और विधाता पुत्र तथा लक्ष्मी कन्या ने जन्म लिया। यही लक्ष्मी विष्णुप्रिया उनकी पत्नी बनीं।

मैत्रेयजी ने पराशरजी से कहा- प्रभु! सुना है कि समुद्र मंथन से रत्न के रूप में लक्ष्मीजी प्राप्त हुई थी किंतु आप उन्हें भृगु-ख्याति की पुत्री कह रहे हैं! यह रहस्य क्या है?

विप्र महाराज की शंका का निवारण करते हुए मुनिवर बोले- एक बार पृथ्वी लोक पर विचरण करते हुए दुर्वासा मुनि को विद्याधर जाति की एक कन्या मिल गई। उसके हाथ में सुगंधित संतानक फूलों की एक दिव्य माला थी। माला की अप्रतिम सुगंधि से प्रभावित मुनि ने वह माला उस बालिका से मांग ली। बालिका ने वह माला दुर्वासा मुनि, को भेंट कर दी। दुर्वासा मुनि ने वह माला अपने मस्तक पर डाल ली और भ्रमण करने लगे। रास्ते में दुर्वासा मुनि को, ऐरावत हाथी पर आते हुए देवराज इन्द्र मिले तो उमंग में दुर्वासा ने वह माला इन्द्र के ऊपर फेंक दी। इन्द्र ने मस्त चाल से चलते हुए ऐरावत पर डाल दी। ऐरावत तेज गंध सहन नहीं कर सका। उसने अपनी सूंड़ से वह माला पृथ्वी पर गिरा दी।

दुर्वासा मुनि को माला का यह अपमान सहन नहीं हो सका। उन्होंने इन्द्र को शीघ्र ही सारा वैभव नष्ट हो जाने का शाप दे डाला। मुनि का शाप सुनकर इन्द्र को अपनी भूल का बोध हुआ। वह नीचे उतरकर मुनि से शाप-मुक्ति के लिए अनुनय-विनय करने लगे किंतु दुर्वासा मुनि ने इन्द्र को क्षमा नहीं किया। देखते-ही-देखते स्वर्ग का समस्त वैभव श्रीहीन होने लगा। यज्ञ-यागादि के बंद होने से देवता कांतिविहीन होने लगे। देवताओं की इस दुर्दशा से राक्षसों की बन आई। उन्होंने स्वर्ग को अपने अधिकार में ले लिया। अब देवता स्वर्ग से बाहर कर दिए गए।

अपनी इस दुःखद स्थिति में अग्निदेव के नेतृत्व में देवगण ब्रह्माजी की शरण में गए। ब्रह्मा ने देवताओं की समस्या सुनी किंतु स्वयं को किसी सहायता के लिए अक्षम जानकर उन्हें विष्णुजी के समक्ष ले गए। विष्णुजी के समक्ष क्षीरसागर के तट पर खड़े ब्रह्मा, इन्द्र. बृहस्पति, अग्नि आदि के साथ सभी देवताओं ने परम पद की स्तुति की। विष्णु भगवान ने प्रसन्न होकर उन्हें दर्शन दिए और वैभव की पुनः प्राप्ति के लिए उपाय बताने लगे। विष्णु ने कहा-हे देवताओं! तुम्हें चाहिए कि देवताओं के साथ समस्त वनौषधियों को इकट्ठा करें और फिर उन्हें समुद्र में डालें। मंदराचल पर्वत को मथानी बनाकर वासुकि नाग की नेति से समुद्र-मंथन करना होगा। मैं तुम्हारी इस काम में सहायता करूंगा। तुम लोग इतना बड़ा कार्य बिना राक्षसों के सहयोग के नहीं कर सकोगे। इसके लिए उनसे सहयोग लेना जरूरी है। तुम्हें इस समय नीति से काम लेना है। तुम उन्हें समान भागीदारी का विश्वास दिलाकर अपने पक्ष में कर सकते हो। समुद्र-मंथन से निकले अमृत का पान करके तुम पुनः बलशाली हो जाओगे। दैत्यों पर विजय प्राप्त कर फिर से वैभव को प्राप्त करोगे। समुद्र-मंथन से अमृत निकलने पर में ऐसा कुछ उपाय करूंगा कि अमृत तुम्हारे हाथ आए और दैत्य देखते ही रह जाएं।

भगवान विष्णु से इस प्रकार आश्वासन पाकर देवताओं ने उनकी भूरि-भूरा स्तुति वंदना करते हुए विदा ली और उनके बताए निर्देश पर कार्य करने में जुट गए।

विधि-विधान से क्षीरसागर का मंथन संपन्न हुआ। सबसे पहले यज्ञ अग्नि की आधारभूत कामधेनु प्रकट हुई। सब लोग उसकी सुन्दरता को आश्चर्यचकित से देखने लगे। इसके बाद चपल नेत्रों वाली वारुणी उत्पन्न हुई। पुनः मथा जाने पर सागर से तीसरा फल कल्पवृक्ष के रूप में अवतरित हुआ जिससे तीनों लोक सुगंधमय हो गए। इसके बाद अपने अनिंद्य सौंदर्य से मंडित, सिद्ध मुनियों को भी आकर्षित करने वाली रूपवती अप्सराएं अवतरित हुई। तत्पश्चात् चन्द्रमा, विष, अमृतकलश धारण किए धन्वंतरि, कमलरूपी हाथ वाली लक्ष्मी प्रकट हुई। लक्ष्मी के उदित होते ही सभी देवता प्रसन्नमना नृत्य कर उठे किंतु दैत्य एवं राक्षस विष्णु के विरोधी होने के कारण दुखी हो गए। वे समझ गए कि उनकी पराजय निश्चित है। अतः अपराजेय और अमर बनने के लिए उन्होंने शीघ्र ही धन्वंतरि के हाथ से अमृत कलश छीन लिया। यह देख सभी देवता चिंतित से विष्णु को याद करने लगे। तब विष्णु ने स्वयं मोहिनी स्त्री का रूप धारण कर राक्षसों एवं दैत्यों की वृत्ति अपनी ओर आकर्षित की तथा देवताओं को अमृत कलश लौटा दिया। देवताओं ने शीघ्र ही ईश्वर के प्रसाद स्वरूप प्राप्त अमृत का तृप्ति पूर्वक पान किया, जिससे वे सभी पुनः स्वस्थ एवं शक्तिमान हो गए। अब दैत्यगण मोहिनी जाल से मुक्त होकर अमृतपान करते देवताओं से भिड़ गए। पर वे जीत नहीं सके।

देवताओं ने दैत्यों एवं राक्षसों से अपने गत वैभव और विलास को प्राप्त कर लिया। वे फिर श्रीमान् हो गए और अपने लोक में आकर सुख-वास करने लगे। चन्द्र, सूर्य एवं सुधा की भावना उत्पन्न हो गई। अग्नि प्रचंडित हो गई। अपनी पूर्व स्थिति को प्राप्त कर सभी देवों के साथ स्वयं इन्द्र ने देवी भगवती लक्ष्मी की अनेक प्रकार से स्तुति, वंदना करते हुए उनका आभार प्रकट किया। प्रसन्न-मना लक्ष्मी ने उनसे वरदान मांगने को कहा तो इन्द्र ने यही कामना की कि वे त्रिलोकी का कभी त्याग न करें तथा स्तुति-वंदना करने वाले व्यक्ति पर अपना अनुग्रह बनाए रखें। तथाऽस्तु! कहकर देवी ने इन्द्र को प्रसन्न करके विदा ली एवं लक्ष्मी अपने स्वामी विष्णु की अंकवासिनी हुई।

जब-जब दुःखों के कारण स्वयं विष्णु को अवतार लेना पड़ता है तब-तब लक्ष्मी का भी अवतरण होता है। विष्णु ने आदित्य, परशुराम, राम एवं कृष्ण के रूप में अवतार ग्रहण किया। लक्ष्मी भी उनका अनुसरण करती हुई- पद्मा, पृथ्वी, सीता एवं रुक्मिणी रूप में अवतरित हुई। जैसे परमपद विष्णु के देवता, मनुष्य आदि शरीरों में अवतरित होते रहते हैं, उसी प्रकार लक्ष्मी भी।

मैत्रेयजी बोले-मुनिप्रवर! कृपया भृगु की संतान से अब तक सृष्टि के संपूर्ण अस्तित्व मैं आने के वृत्तांत का भी सुनाकर अनुग्रहीत करें।

पराशरजी बोले- यह तो तुम्हें ज्ञात ही है कि भृगु मुनि का ख्याति से विवाह हुआ। ख्याति ने मुनि के संपर्क से धाता एवं विधाता दो पुत्रों को तथा लक्ष्मी नाम वाली कन्या को जन्म दिया। धाता एवं विधाता का विवाह महात्मा मेरु की पुत्रियों आयति एवं नियति के साथ सम्पन्न हुआ। इनसे क्रमशः प्राण एवं मृकण्डु दो पुत्र उत्पन्न हुए। इनसे आगे द्युतिमान एवं मार्कण्डेय का जन्म हुआ। द्युतिमान से राजवान और मार्कण्डेय से वेदशिरा का जन्म हुआ। राजवान से भृगुवंश का काफी विस्तार हुआ।

मरीचि की पत्नी सन्भूति के गर्भ से पौर्णमास ने जन्म लिया। इनसे ही आगे विरज और पर्वत नाम के दो पुत्र उत्पन्न हुए। आगे चलकर इनकी वंश परम्परा में अनेक बड़े-बड़े महर्षि, महात्मा एवं मुनि उत्पन्न हुए। इनमें अंगिरा ने स्मृति के गर्भ से सिनीवाली, कुहू, राका एवं अनुमति कन्याएं उत्पन्न कीं। एक अन्य महात्मा हुए अत्रि। इन्होंने अनसूया के गर्भ से चन्द्रमा, दुर्वासा और दत्तात्रेय को जन्म दिया। महात्मा पुलस्त्य की पत्नी प्रीति ने दत्तोलि को जन्म दिया। पुलह से उनकी पत्नी क्षमा ने कदम, उर्वरीयान और सहिष्णु को जन्म दिया। क्रतु ने संतति के गर्भ से बालखिल्यादि साठ हजार मुनियों को उत्पन्न किया। वशिष्ठ ने ऊर्जा नामक पत्नी से रज, गोत्र, ऊर्ध्वबाहु, सवन, अनघ, सुतपा और शुक्र नामक सात पुत्र उत्पन्न किए। यही सातों पुत्र सप्तर्षि कहलाते हैं। अग्नि

ने स्वाहा के गर्भ से पावक, पवमान एवं शुचि तीन पुत्रों को जन्म दिया। इनकी आगे पंद्रह-पंद्रह संतानें हुईं। इस तरह एक स्वयं अग्नि, तीन अग्नि पुत्र एवं पैंतालीस अग्नि पौत्र-कुल उनचास अग्नि कहलाती हैं। अनग्निक, अग्निस्वाता एवं साग्निक बर्हिषद आदि पितरों ने स्वधा के गर्भ से मैना एवं धारिणी दो कन्याओं को जन्म दिया।

उत्तानपाद की दो पत्नियां थी। प्रेयसी पत्नी सुरुचि से उत्तम एवं उपेक्षित पत्नी सुनीति से ध्रुव नाम के पुत्र उत्पन्न हुए। एक बार ध्रुव के मन में भी सिंहासन पर बैठे राजा उत्तानपाद की गोद में अपने भाई उत्तम के साथ बैठने का मन हुआ। राजा ने उसकी इच्छा जान ली किंतु पास ही खड़ी प्रेयसी पत्नी सुरुचि के क्रोध एवं नाराजगी के कारण वह ध्रुव को अंक में न ले सके और उसकी भावना का आदर न कर सकें। ऐसा देखकर गर्व से भरी सुरुचि ने कहा-ऐसी इच्छा रखना मूर्खता है। तू राजा का पुत्र तो है पर सुनीति से उत्पन्न हुआ है, मुझसे नहीं। अतः तू राजा की गोद में बैठने का अधिकारी नहीं है। ध्रुव अपमानित एवं क्रोधित होता हुआ दुखी मन से अपनी मां सुनीति के अंक में जाकर रोने लगा और सारा वृत्तांत उसे सुना दिया। इस पर सुनीति बोली- वत्स! तुम्हें दुःख नहीं मानना चाहिए। तुम्हें चाहिए कि तुम भी पुण्य संचित करो और उच्चासन को प्राप्त करो जिस प्रकार ऊपर से नीचे गिरता पदार्थ स्वयं पात्र में आ जाता है, उसी प्रकार पुण्य कर्म करने से सभी सुख-वैभव मनुष्य को स्वतः ही प्राप्त हो जाते हैं।

मां के इस प्रकार वचनों को सुनकर ध्रुव के मन में संकल्प जागा और उसने मां के सामने सभी लोकों से श्रेष्ठ एवं सम्माननीय पद प्राप्त करने और उसके लिए प्रत्येक कष्ट सहन करने का व्रत लिया। उसने महल को त्याग जंगल की राह ली। वहां अपने ही मृग चर्म पर बैठे सात महात्माओं के दर्शन कर विनम्रता से शीश नवाते हुए ध्रुव ने उनका अभिवादन कर अनुरोध किया कि वे ज्ञानी पुरुष कृपया उसे लक्ष्य-सिद्धि का मार्ग बताएं। उन महात्माओं ने परमपद विष्णु की उपासना को लक्ष्य-सिद्धि का उपाय बताया। ये सात महात्मा थे-मरीचि, अत्रि, अंगिरा, पुलस्त्य, पुलह, क्रतु तथा वशिष्ठ।

इन ऋषियों ने बताया- इस संबंध में सर्वप्रथम साधक को अपनी सारी बाह्य वृत्तियों पर अंकुश लगाकर उनसे मुक्त काम होकर प्रभु की भक्ति में ध्यानाकर्षित करना होगा। ध्यान केंद्रित करके 'ॐ नमो भगवते वासुदेवाय' मंत्र का जाप करना होगा। इसी मंत्र का जाप करते हुए हमारे पितामह स्वायमुव मनु ने भी त्रिलोक में दुर्लभ सिद्धि पाई थी। यदि तुम भी इस मंत्र का मनोयोग से एकाग्रचित्त होकर जप करोगे तो तुम्हें भी विष्णु का आशीर्वाद अवश्य मिलेगा।

इस प्रकार उद्बुद्ध बालक ध्रुव मधु नामक वन में तपस्या के लिए चला गया। यह वही मधुवन है, जहां महाराज राम के अनुज शत्रुघ्न ने लवण नामक राक्षस का वध किया था और तब से

इसका नाम मधुपुरी (मथुरा) पड़ गया है। यही वह स्थान है जहां परमपद विष्णु सदैव प्राप्त होते है। ध्रुव ने भी इसी वन में मुनियों के आदेशानुसार तप-अनुष्ठान प्रारम्भ करते हुए, 'ॐ नमो भगवते वासुदेवाय' का जाप प्रारम्भ कर दिया। इस कठोर तपश्चर्या से पृथ्वी, नद, पर्वत, सागर आदि सभी विचलित एवं दोलायमान हो गए। इन्द्र को अपना इन्द्रासन डोलता दिखलाई देने लगा तो उन्होंने याम देवताओं से परामर्श किया। तब कूष्माण्ड आदि से मिलकर इन्द्र ने ध्रुव की तपस्या भंग करने के लिए अनेक माया रूप रचे। किंतु विष्णु की कृपा से ध्रुव अविचल ही रहा। माया के निष्फल होने पर सभी देवता सामूहिक रूप से विष्णु के समक्ष उपस्थित होकर ध्रुव को तपस्या से विमुख करने का अनुनय-विनय करने लगे। विष्णु ने इन्द्र आदि सभी देवताओं को आश्वस्त करते हुए कहा-देवताओं! ध्रुव तुम्हारे किसी के पद की इच्छा से तपोलीन नहीं है, उसके तप से तुम्हारा कुछ भी वैभव कम नहीं होने जा रहा, न तुम उससे प्रभावित हो। तुम सभी अपने-अपने लोक लौट जाओ। आश्वस्त देवगण पुनः अपने-अपने स्थान को लौट गए। इसके पश्चात् अपने चतुर्भुज रूप में करुणा के सागर साक्षात् विष्णु भगवान ने ध्रुव को दर्शन दिए। उसे पुष्ट एवं स्वस्थ मनसा करते हुए वर मांगने के लिए कहा।

साक्षात् विष्णु को सामने उपस्थित पाकर ध्रुव ने जैसे ही नेत्र खोले-अपनी ध्यानावस्था में आविर्भूत रूप को सामने देख साष्टांग प्रणाम करता हुआ अनेक प्रकार से उनकी स्तुति-वन्दना करने लगा। ध्रुव ने मात्र उनकी स्तुति में समर्थ शरणागत रूप से भक्तिमान होने का वर मांगा। प्रभु ने ज्यों ही उसकी निश्छल भक्ति से अभिभूत होकर शंख का उससे स्पर्श कराया - ध्रुव की जिह्वा पर तत्काल सरस्वती आसीन हो गईं तथा वह आकण्ठ मग्न ईश्वर स्तुति में लीन हो गया।

विष्णु ने ध्रुव से कहा-वत्स! मेरी भक्ति से तुम्हें दर्शन मिले, दर्शन से तुम्हारी तपस्या सफल हो गई। वैसे तो मेरे दर्शन के बाद कुछ भी अप्राप्य नहीं रह पाता फिर भी तुम्हारी जो इच्छा हो वह मांग सकते हो। ध्रुव ने विनत भाव से अनुनय करते हुए कहा-मैं सम्पूर्ण जगत के आधारभूत अक्षय स्थान को पाना चाहता हूं और मेरा यह मनोरथ आपसे गुप्त नहीं है। ध्रुव को तथास्तु कहकर विष्णु ने तुष्ट किया और कहा-तुम पूर्वजन्म में ब्राह्मण कुमार थे। तुमने मुझे भक्ति से प्रसन्न करके ही इस बार राजकुल में जन्म लिया था। अब की बार तुमने राजमोह छोड़कर जिस अक्षय स्थान की कामना की है, मेरी कृपा से तुम्हें वह भी मिलेगा। मैं तुम्हें अपने समीप ही ध्रुव पद प्रदान करता हूं। यहां तुम सम्पूर्ण तारामण्डल का नेतृत्व करोगे। तुम्हारी यह स्थिति पूरे कल्प पर्यन्त रहेगी। स्वच्छ तारा के रूप में तुम्हारी मां भी इस अवधि में तुम्हारे साथ रहेंगी।

इसके पश्चात् ध्रुव का विवाह हुआ जिससे उनके यहां शिष्टि एवं भव्य नाम के दो पुत्र उत्पन्न हुए। भव्य के मात्र एक पुत्र शम्भु हुआ किन्तु शिष्टि के यहां उसकी पत्नी सुछाया से पांच पुत्रों ने

जन्म लिया-रिपु, रिपुजय, विप्र, वृकल एवं वृकतेजा। रिपु का वृहती से चाक्षुष नामक पुत्र हुआ। चाक्षुष ने प्रजापति की पुत्री पुष्करिणी से विवाह किया जिससे मनु ने जन्म लिया और मनु महाराज ने वैराज प्रजापति की पुत्री नडवला से दस महा तेजस्वी पुत्र उत्पन्न हुए-कुरु, पुरु, शतद्युम्न, तपस्वी, सत्यवान, शुचि, अग्निष्टोम, अतिरात्र, सुद्युम्न तथा अभिमन्यु। सबसे बड़े पुत्र कुरु ने अपनी पत्नी आग्नेयी से छह पुत्र उत्पन्न किए। अंग, सुमना, ख्याति, क्रतु, अंगिरा तथा शिवि। इनमें अंग ने सुनीथा के गर्भ से वेन को उत्पन्न किया। इसी से उत्पन्न पृथु ने अपनी प्रजा के सुख के लिए पृथ्वी का दोहन किया था।

वास्तव में वेन के दाहिने हाथ का मंथन करके ऋषियों ने पृथु को उत्पन्न किया था। वेन के हाथ के मंथन से उत्पन्न पृथु का आख्यान सुनकर मैत्रेयजी के मन में जिज्ञासा जागी-ऐसी कौन-सी परिस्थिति थी कि वेन के दाहिने हाथ का मंथन करके ऋषियों को उसकी वंश-परम्परा को आगे उठाने के लिए यह उपक्रम करना पड़ा? यह सुनकर पराशरजी बोले-प्रियवर! वस्तुतः अंग-पत्नी सुनीथा मृत्यु पुत्री थी। इसी कारण सुनीथा से उत्पन्न पुत्र में अपने मातामह (नाना) के दोष भी आ गए। जिस कारण राज्यारूढ़ होते ही उसने प्रजा को यज्ञ-यज्ञादि को बंद करने की राजाज्ञा जारी कर दी, जिससे राज्य में सबको चिंता होने लगी। मुनि-महर्षि इससे आन्दोलित हो उठे। उन्होंने सविनय निवेदन करते हुए वेन से शास्त्र द्वारा बताए रास्ते पर चलने का बहुत ही आग्रह किया। किन्तु वेन तो राज्य के मद में चूर था। उसने राजा को ही परम पद मानते हुए कहा कि सभी देवों-ब्रह्मा, विष्णु, महेश, इन्द्र, यम, अग्नि, सूर्य, वरुण, धाता, पूषा, पृथ्वी एवं चंद्रमा आदि अन्यान्य देवों का वास राजा के हृदय में ही अवस्थित है, अतः प्रजा के लिए राजा से बढ़कर अन्य कोई और पूजित हो ही नहीं सकता।

दुखी ऋषियों ने राजा को बहुत समझाया पर जब किसी भी प्रकार से मुनि लोग वेन को सही मार्ग पर न ला सके तो अंत में वेदनिन्दक, यज्ञद्वेषी तथा अनाचारी राजा वेन को कुशा से मार डाला।

अब राजा वेन के देहांत के पश्चात् राजाहीन राज्य में अराजकता फैली। प्रजा में त्राहि-त्राहि मचने लगी क्योंकि दुराचारी चोर पुरुषों की बन आई। वे निरीह जनता को सताने लगे। इस प्रकार राज्य में बढ़ते उत्पात से दुखी मुनि-महात्माओं ने सम्मिलित रूप में विचार-विमर्श करके प्रथम वेन की जंघा का पुत्र की प्राप्ति के लिए मनोयोग से मंथन किया। जिसके फलस्वरूप काला-कलूटा, कुरूप तथा नाटे कद का बालक आविर्भूत हुआ। उसने जन्मते ही ऋषियों से पूछा-अब मैं क्या करूं? ऋषियों ने उससे कहा-निषीद (अर्थात् बैठ जा)। इस कारण ही उसका नाम निषाद पड़ा। यही कारण है कि विन्ध्यवासी सभी जन निषाद कहलाए। ये इसी निषाद के वंशज हैं। ये

अधिकांश पापलीन रहते हैं। यह समझा गया कि निषाद की उत्पत्ति से वेन का पाप रूप ही उत्पन्न हुआ। ज्ञानी महात्माओं ने पुनः प्रयास करके वेन के दाहिने हाथ का दोहन किया। इससे अबकी बार परम तेजस्वी एवं प्रतापी पुत्र पृथु का जन्म हुआ। यह बालक ही आगे जाकर अपने पूर्वजों का नाम रोशन करने वाला हुआ। युवक होने पर मुनियों-महर्षियों ने पृथु का राज्याभिषेक किया, जिसने अपने सुकर्म से पिता वेन द्वारा उत्पीड़ित प्रजा को सुख देते हुए अपने राजा होने को सार्थक किया।

राज्य करने के कुछ समय पश्चात् किसी समय, अकाल से प्रभावित, भूखी प्रजा ने राजा से कहा-महाराज वेन द्वारा यज्ञ-यज्ञादि को निषिद्ध कर दिए जाने के कारण पृथ्वी से औषधियां एवं समस्त सम्पदा नष्टप्राय हो गई है, जिसके कारण प्रजा दिन-प्रतिदिन क्षीणकाय होती जा रही है। कृपया इस कष्ट से हमारा उद्धार कीजिए। आहत प्रजा की विनय सुनने पर वेदना से ग्रस्त महाराज पृथु ने अपना दिव्य बाण तरकश से निकालकर धनुष की प्रत्यंचा पर चढ़ा दिया और पृथ्वी का पीछा किया। अपने प्रति पृथु का इस प्रकार क्रोधित रुख देखकर, भयग्रस्त पृथ्वी गौ रूप में इस लोक से उस लोक में भागती हुई अपने बचाव की चेष्टा करती रही किंतु सब जगह उसे बाण चढ़ाए, प्रत्यंचा लिये पृथु दिखलाई देते रहे। तब पृथ्वी ने आत्मसमर्पण करते हुए, अपनी रक्षा के लिए याचना की और बोली राजन! क्या आप नारी-हत्या का परिणाम नहीं जानते, जो मेरी हत्या करने के लिए मेरा पीछा करते हुए व्यग्र हो रहे हैं। पृथु ने कहा-यदि राज्यधर्म का निर्वाह करते हुए प्रजाहित में मुझे नारी-हत्या का दोष लग जाए तब भी मुझे स्वीकार है किंतु अपनी दुखी प्रजा को आहत, विलाप एवं कष्ट मैं नहीं सहन कर सकता। पृथ्वी ने कहा-राजन्! मेरे वध के पश्चात्, आपने सोचा है, आपकी प्रजा का आधार क्या होगा। तो राजा प्रभु ने कहा-हे पृथ्वी! तुम्हें यह मिथ्याभिमान ही है कि तुम मेरी प्रजा का आधार हो इसलिए तुम्हारा वध नहीं किया जा सकता। मैं तुम्हारा वध करके तपयोग से प्रजा को एक आधार दूंगा।

राजा के इस प्रकार दृढ़निश्चयी विचार सुनकर भयभीत पृथ्वी ने कहा-राजन! मैंने जो भी वनौषधियां, यज्ञ-यागादि के अभाव में पचा ली हैं, मैं उन्हें दूध के रूप में पुनः वापस देने को तैयार हूं किंतु तुम्हें उसके लिए एक ऐसा पुत्र रचना होगा जिसके प्रति वत्सलता से अभिभूत में स्रवित हो सकूं। यह सुनकर महाराज पृथु ने स्वायंभुव मनु को वत्स रूप मैं निर्मित कर प्रजाहित में गौरूपा पृथ्वी का दोहन किया। महाराजा पृथु ने ही पर्वत-पहाड़ों को उखाड़-उखाड़कर पृथ्वी को समतल किया तथा उसमें नगर, ग्राम आदि बसाए और आजीविका के लिए व्यापार को एक निश्चित स्वरूप दिया। इस कारण ही वेन पुत्र महाराजा पृथु उदारचेता, प्रजापालक प्रभावशाली एवं शक्तिशाली प्रशासक के रूप में जाने गए। उन्होंने ही सर्वभूतों को धारण करने वाली पृथ्वी को उसकी सार्थकता प्रदान की क्योंकि वास्तव में उसकी सपन्नता पृथु द्वारा ही फलित हुई थी।

पृथु के वंश का विस्तार सुनाते हुए मुनि ने कहा कि महाराज पृथु के अन्तर्धान और वादी नामक दो पुत्र हुए। अन्तर्धान का शिखण्डनी से विवाह हुआ, जिसके हावेर्धान नाम का पुत्र उत्पन्न हुआ। हावेर्धान ने आग्नि कुल की कन्या धिषणा से प्राचीन बर्हि, शुक्र, गय, कृष्ण, वृज और अजिन छः पुत्रों को जन्म दिया। प्राचीन बर्हि ने समुद्र पुत्री सवर्णा से विवाह करके दस पुत्रों को जन्म दिया जो सभी प्रचेता कहलाए।

यथासमय प्राचीन बर्हि ने अपने प्राचेता पुत्रों को सन्तानोत्पत्ति के लिए संकेत दिया तो पुत्रों ने समुद्र-जल में खड़े होकर परमपद विष्णु से सन्तानोत्पत्ति के लिए सामर्थ्य की कामना की। दस हजार वर्ष तक समाधि में तपस्यारत स्तुति-गायन करते रहने के पश्चात् विष्णु प्रसन्न हुए और उन्हें उनका अभीष्ट वर देकर अन्तर्धान हो गए।

तपस्या-काल में राज्य व्यवस्था गड़बड़ा गई। अव्यवस्था एवं असन्तुलन से प्राकृतिक सौन्दर्य जाता रहा। समाधि से सुफल प्राप्त किए प्रचेता मुनि कामातुर अवस्था में आ गए। गमन के लिए सुलभ मार्ग न पाकर क्रोध में मुख से वायु एवं अग्नि का निश्वसन करना प्रारम्भ कर दिया। ऐसा होते ही वृक्ष सूखने लगे, जलने लगे। पृथ्वी की इस प्रकार क्षति देख सोम ने प्रचेताओं से क्रोध को शांत करते हुए विध्वंस को रोकने के लिए अनुनय एवं विनय की। इसके लिए सोम ने वृक्षों की मारिषा नाम की कन्या भी प्रचेताओं को सौंप देने का वचन दिया।

यह मारिषा कौन है? इसकी रचना किस प्रकार हुई? जब यह प्रश्न प्रचेताओं ने सोम से पूछा तो सोम ने बताया-बहुत समय पहले की बात है कि कण्डु मुनि ने गोमती नदी के किनारे अपने अभीष्ट के लिए तप प्रारंभ किया। तपस्या की दृढ़ता से इन्द्रासन डोलने लगा। इन्द्र ने मुनि को तप से विरत करने के लिए देवलोक की अनिंद्य सुन्दरी अप्सरा प्रम्लोचा को नियुक्त किया। प्रम्लोचा ने ऋषि का ध्यान भंग किया और सौ वर्ष तक उनके साथ रमण करती रही। अपने उद्देश्य की पूर्ति के पश्चात् प्रम्लोचा ने स्वर्ग लौट जाने के लिए मुनि से अनुमति मांगी तो कामलिप्त कण्डू ने उससे कुछ समय और रुकने की इच्छा प्रकट की, इस प्रकार पुनः सौ वर्ष व्यतीत हो गए। अब जब पुनः प्रम्लोचा ने लौटने की अनुमत मांगी तो मुनि ने फिर उसे आलिंगनबद्ध कर लिया और रुकने के लिए कहा। इस तरह जब भी प्रम्लोचा स्वर्ग लौटने का निवेदन करती, मुनि तप्तकाम होकर उसे रोक लेते थे। प्रम्लोचा ऋषि को नाराज करके नहीं जाना चाहती थी। इस तरह एक लंबे काल तक मुनि कण्डु प्रम्लोचा के साथ विषय भोग में लिप्त रहे।

एक दिन अचानक ऋषि कण्डु शीघ्रता से अपनी कुटिया से बाहर जाने लगे तो प्रम्लोचा को आश्चर्य हुआ। उसने ऋषि से शंका की तो मुनि ने कहा-सूर्यास्त हो चुका है। मैं संध्योपासना करूंगा। नहीं तो मेरी नित्य क्रिया भंग हो जाएगी। प्रम्लोचा को ऋषि से ऐसा सुनकर हंसी आ

गई। वह उनुक्त मोद में बोली- इतने वर्षों में आपको आज नित्य क्रिया के भंग होने की सूझी है। क्या आपका दिन आज ही भंग हुआ है? मुनि ने पुनः दृढ़ स्वर में कहा-देवि! तुम आज प्रात: ही तो आई हो, तब प्रम्लोचा ने प्रत्युत्तर में कहा-मुनिप्रवर! मैं प्रातःकाल आई अवश्य हूं पर आज नहीं, सैकड़ों वर्ष हो चुके हैं, मुझे आए हुए। पहले तो कण्डु मुनि को इसका विश्वास ही नहीं हुआ किंतु बाद में सत्यता समझ में आने पर वे स्वयं को धिक्कारते हुए अपने पतन के लिए प्रम्लोचा को ही दोष देने लगे। वे चिंता में विलाप भी करने लगे तथा प्रम्लोचा पर उन्हें क्रोध भी आने लगा। प्रम्लोचा मुनि का क्रोध सहन कर सकने में असमर्थ भय से थर-थर कांपने लगी। उसका समस्त शरीर स्वेदमय हो गया। वस्तुतः मुनि कण्डु का वीर्य प्रम्लोचा की योनि में प्रवेश कर चुका था। प्रम्लोचा के शरीर से बहा स्वेद यह वीर्य ही था जो प्रम्लोचा के रज से मिलकर स्वेद रूप में परिणत होकर शरीर रोम से बाहर आ रहा था। स्वर्ग लौटते हुए आकाश मार्ग वे जाती प्रम्लोचा ने वृक्षों के पत्तों से अपने स्वेद को पोंछना चाहा तो उसका गर्भ बाहर आ गया। यह गर्भ वायु ने एकत्रित किया तथा चंद्रमा ने इसका पालन-पोषण किया। गर्भ ही पूर्ण विकसित होकर मारिषा नाम की कन्या बनी जिसे सोमजी ने प्रचेताओं को सौंप दिया।

दिव्य शक्तिमयी यह मारिषा साध्वी पूर्वजन्म में एक राज्य की महारानी थी। अभी यह पुत्र की प्राप्त नहीं कर पाई थी कि दैव प्रकोप का भाजन बनी और विधवा हो गई। दुःखमयी इस साध्वी ने अपने भक्ति-भाव से पूजा-अर्चना करके विष्णुजी को प्रसन्न कर उनका आशीर्वाद प्राप्त किया। विष्णु ने इस पति-पुत्रहीना व्यथित नारी के मन को प्रसन्न करने के लिए मनोवांछित वर मांगने का अनुग्रह किया। मारिषा ने जन्म-जन्मांतर तक सदैव परम प्रशंसनीय, सुखकारी पति एवं प्रजापति के समान तेजोमय पुत्र मांगा तथा स्वयं के लिए अयोनिजा, अनित्य सौंदर्य की प्रतिमा, कुलीना तथा असीम गुणवती होने का वर प्राप्त किया। अतः हे प्रचेता! इस दिव्य शक्ति संपन्न रूप सुषमा की आकर कन्या का वरण करके तुम तेजस्वी एवं सुयोग्य सन्तान प्राप्त कर अपनी मनोकामना पूर्ण करो।

इस प्रकार प्रचताओं ने सोम से संतुष्ट होकर वायु एवं अग्नि का निश्वसन रोक दिया तथा क्रोध शांत कर प्रसन्नमना मारिषा के साथ विवाह कर पुनः वृक्षों से अपनी मैत्री स्थापित कर ली। इसी मारिषा के साथ सम्पके करके प्रचेताओं ने प्रजापति दक्ष की उत्पत्ति की। दक्ष महाराज ने प्रथम मन से सृष्टि करके साठ कन्याओं की उत्पत्ति की। इनमें दस कन्याओं का धर्म के साथ विवाह कर दिया। तेरह का कश्यप मुनि के साथ तथा सत्ताईस कन्याएं चन्द्रमा को सौंप दी। इन्हीं से आगे चलकर देवता, दैत्य, गन्धर्व, दानव, अप्सराएं, नाग, गौ, सर्प, पक्षी आदि उत्पन्न हुए। वस्तुतः मैथुन द्वारा सन्तानोत्पत्ति का क्रम दक्ष से ही प्रारंभ माना जाता है। इससे पूर्व की सृष्टि अमैथुनी ही थी जो तपोबल से, संकल्प से अथवा छूने मात्र से हो जाती थी।

जिज्ञासु मैत्रेयजी ने पराशरजी से कहा-मुनिवर! हमने सुना है कि दक्ष प्रजापति का जन्म ब्रह्माजी के दायें अंगूठे से हुआ था किंतु आपने दक्ष प्रजापति की उत्पत्ति को प्रचेताओं के मारिषा के साथ सम्पर्क से बताया है। यह क्या रहस्य है? पराशरजी ने कहा- उत्पत्ति एवं संहार नित्यक्रिया है। अतः इस बारे में दैवीय शक्ति संपन्न महात्मा पुरुष नहीं होते, न मोहग्रस्त होते हैं। साथ ही यह भी ध्यातव्य है कि बड़े एवं छोटे का भेद तप की महत्ता से आंका जाता है, आयु से नहीं। यह भी सच है कि युगों-युगों से दक्षादि अपने नाना रूपों में जन्मते रहते हैं। अतः नाम-भेद संबंध में शंका करने के लिए लेशमात्र भी अवकाश नहीं है।

ब्रह्माजी के आदेशानुसार प्रजापति दक्ष ने सबसे पहले मानसी सृष्टि की रचना की। किंतु प्रयत्न करने पर भी प्रजा का विकास नहीं हो पाया। तब उन्होंने सम्भोग धर्म का पालन करते हुए वीरण प्रजापति की सुंदर एवं रूपवान कन्या असिक्नी से विवाह किया तथा उसके साथ मैथुन द्वारा पांच सहस्र पुत्रों को उत्पन्न किया। दक्ष के इन हर्यश्व पुत्रों को नारदजी ने दिग्भ्रमित कर दिया। कहा -जब तक तुम संपूर्ण पृथ्वी के बारे में विस्तार से जान-समझ नहीं लेते और जब तक तुम्हारी पृथ्वी पर पूर्ण गति नहीं हो जाती, तुम्हारा सन्तानोत्पत्ति में प्रवृत्त होना बेकार है। ये सभी उद्बुद्ध होकर पृथ्वी को जानने के लिए निकल पड़े और भिन्न-भिन्न दिशाओं में बढ़ते हुए-समुद्र में नदियों के समान विलीन हो गए। इस घटना से दुखी दक्ष ने वैरुणी से विवाह करके शवलाश्व नाम के एक हजार पुत्र उत्पन्न किए। नारदजी ने इन पुत्रों को भी कष्ट साध्य, विधि निषेध समझाते हुए दुर्गम पथ का राही बनाकर भटकने के लिए छोड़ दिया। ये एक हजार पुत्र भी हर्यश्वों की तरह ही गत हो गए। पुनः लौटकर न आ सके।

अब दक्ष के क्रोध का पारावार न रहा। उन्होंने क्रोधित होकर नारद मुनि को शाप दे दिया तथा पुनः सृष्टि फैलाने के धर्म से दक्ष ने वैरुणी के साथ संपर्क से साठ कन्याएं उत्पन्न की। इनमें दस कन्याएं धर्म को, तेरह कश्यप मुनि को, सत्ताईस सोमदेव को तथा चार अरिष्टनेमि को, दो अंगिरा को, दो बहुपुत्र को तथा दो कृशयश्व को पत्नी रूप में दीं। धर्म के परिवार का विस्तार इस प्रकार है- अरुन्धती, वसु, यामि, लम्बा, भानु, मरुतवान, संकल्पा, मुहूर्त्ता, सांध्या और विश्वा। इनसे उत्पन्न पुत्र क्रमशः पृथ्वी के प्राणी, वसुगण, नागवीथी, घोष, भार, मरुत्वान सभी प्रकार के संकल्प, मुहूर्ताभिमानी देवगण, साध्य एवं विश्वेदेव उत्पन्न हुए। इनमें परिगणित वसुगणों की संख्या आठ है। ये हैं- आप, ध्रुव, सोम, धर्म, अनिल, अनल, प्रत्यूष एवं प्रभास! इनकी संतानों का वृत्त इस प्रकार है- आप से चार पुत्र उत्पन्न हुए- वैतण्ड, श्रम, शान्त एवं ध्वनि। ध्रुव से लोक संहारक काल का जन्म हुआ। सोम से वर्चा की उत्पत्ति हुई। धर्म से मनोहर पत्नी, द्रविड़, हुत,

द्रव्यवह, शिशिर, प्राण तथा वक्षण की उत्पत्ति हुई। अनिल ने पत्नी शिवा के साथ समागम से मनोजव, अविज्ञात गति को जन्म दिया। अनल ने शरस्तम्भ पत्नी के साथ समागम द्वारा कुमार, शारव, विशाख एवं नैगमेय-चार पुत्र जन्मे। प्रत्युष से देवल, क्षमाशील और मनीषी की उत्पत्ति हुई तथा प्रभास से बृहस्पति की बहिन वर स्त्री का पाणिग्रहण हुआ, जिससे प्रजापति विश्वकर्मा उत्पन्न हुए। महात्मा विश्वकर्मा द्वारा खोजे गए शिल्प विधान के सहारे अनेक मनीषी विद्वान अपनी जीविका चलाते हैं। विश्व के चार पुत्र हुए जिनका नाम था- अजैकपाद, अहिर्वुध्य त्वष्टा एवं रुद्र। इसमें त्वष्टा ने महान् यशस्वी एवं तपोशील पुत्र को जन्म दिया। रुद्र के ग्यारह पुत्र जन्मे जिन्हें हर, बहुरूप, त्र्यम्बक, अपराजित, वृषा कपि, शम्भ, कपर्दी, रैवत, मृगव्याध, शर्व और कपाली नाम दिया। ये ग्यारहों रुद्र त्रिलोकी कहे जाते हैं।

कश्यप ने अपनी पत्नियों-अदिति, दिति, दनु, अरिष्टा, सुरसा, स्वसा, सुरभि, विनता, ताम्रा, क्रोधवशा, इरा, कद्रू और मुनि द्वारा अपने परिवार का विस्तार किया। अदिति के गर्भ से चाक्षुष मन्वंतर के बारह तुषित देवगण वैवस्वत मन्वंतर में उत्पन्न हुए। ये बारह ही द्वादश आदित्य कहलाएं। इनके नाम- विष्णु, इन्द्र, अर्यमा, धाता, त्वष्टा, पूषा, विवस्वान, सविता, मैत्र, वरुण, अंशु और भग हैं। सोम की सत्ताईस पत्नियां नक्षत्र योगिनी हैं। इनसे सोम ने अनेक संपन्न ओजस्वी पुत्र उत्पन्न किए, अरिष्टनेमि ने अपनी चार पत्नियों से प्रत्येक से चार पुत्र उत्पन्न किए। इनका प्रथम पुत्र बहुपुत्र हुआ। बहुपुत्र की पत्नी कपिला, अहिलोहिता, पीता अशिता-विद्युत कही गई। अंगिरा द्वारा ऋचाओं का अभिमान करने वाले देवश्रेष्ठ उत्पन्न हुए तथा कृशाश्व के यहां देवप्रहरण का जन्म हुआ। यह देवगण कहलाए।

कश्यपजी ने दिति के गर्भ से परम पराक्रमी एवं अपराजेय हिरण्यकशिपु एवं हिरण्याक्ष नाम के दो पुत्रों एवं सिंहिका नाम की पुत्री की उत्पत्ति की। हिरण्यकशिपु नियंत्रणहीन, शक्तिपुंज दैत्य स्वरूप अपने को परमपद विष्णु का अवतार मानता हुआ ख्याति पाने के लिए समस्त लोक में अपना प्रभाव जमाने लगा। इसके अनुह्लाद, ह्लाद, प्रह्लाद एवं संह्लाद चार पुत्र उत्पन्न हुए। इनमें प्रह्लाद हिरण्यकशिपु की दैत्य प्रकृति के पूर्ण विपरीत ईश्वरानुरक्ति में लीन भगवत् भजन का विश्वासी था। असुरराज हिरण्यकशिपु ने प्रह्लाद को उसके सदमार्ग से विचलित करके अपने बनाए नियमों पर चलाने के लिए बहुत प्रयत्न किए। यातनाएं दी, पर्वतों से गिराया, नागदंश दिया, शस्त्रों से प्रहार करवायें किन्तु अटल विश्वासी प्रह्लाद को लेशमात्र भी प्रभावित न कर सका। विष्णु भगवान की कृपा से वह हर प्रकार निष्प्रभावी रहा।

मैत्रेयजी ने मुनि पराशरजी से निवेदन किया- मुनिवर! कृपया प्रह्लाद के दृढ़ प्रतिज्ञ रूप की यह कथा तनिक विस्तार से सुनाये। पराशर मुनि ने कहा-बहुत समय पहले दिति पुत्र हिरण्यकशिपु ने अपने तपोबल से ब्रह्माजी को प्रसन्न करके वर प्राप्त कर लिये, जिनके मद में मदोन्मत्त असुरराज ने संपूर्ण त्रिलोकी को अपने वश में कर लिया। यह न केवल इन्द्रासन का स्वामी बना

बल्कि सूर्य, चन्द्र, अग्नि, वरुण, वायु, कुबेर एवं यम आदि के रूप में भी व्यवहार करने लगा। उसके उद्दण्ड हो जाने से आतंकित देवगण स्वर्गलोक से भाग-भागकर भूलोक में भटकने लगे। सारे सिद्ध महात्मा, गंधर्व एवं नागदेव हिरण्यकशिपु को ही देवाधिदेव मानकर पूजा करने लगे। हिरण्यकशिपु अपनी शक्ति, प्रभुता एवं वैभव के मद में घोर विषय-लिप्त हो गया और निरंकुश होता गया।

हिरण्यकशिपु ने बालक प्रह्लाद की शिक्षा-दीक्षा का दायित्व अपने कुलगुरु को सौंपा। कुछ समय बाद हिरण्यकशिप जब पुत्र की प्रगति को देखने के लिए आश्रम पहुंचे तो प्रह्लाद ने शांत मन होकर कहा- राजन, जिसका न आदि है न मध्य और न अंत है, जो वृद्धि और नाश से मुक्त, जगत् को रचने वाला, पालन करने वाला एवं संहार करने वाला है -वह परमपद विष्णु ही देवाधिदेव हैं। मैं उन श्रीचरण कमलों की ही विनत भाव से पूजा-अर्चना करता हूं।

पुत्र प्रह्लाद के मुख से अपने विरुद्ध इस प्रकार अप्रीतिकर वचन सुनकर हिरण्यकशिपु आग-बबूला हो गया। उसने कुलगुरु की और हेय दृष्टि से कुपित होते हुए देखकर कहा-अरे नीच ब्राह्मण, तूने मेरे पुत्र को यह शिक्षा दी है। यह क्या बेहूदा अनर्गल भाषा बोल रहा है? ब्राह्मण ने दैत्यराज से गिड़गिड़ाते शब्दों में जीवन-दान मांगते हुए कहा-महाप्रभु! आपका पुत्र मेरी दी हुई शिक्षा आपको नहीं सुना रहा है, यह स्वयं अपने विचार दे रहा है। इस पर राजा ने क्रोधी मुद्रा में बालक से कहा-रे दुष्ट! तुझे यह अनर्गल आलाप किसने सिखाया है, तो प्रह्लाद ने विनम्र शब्दों में कहा-आदरणीय पिताजी! वास्तव में सच्चे गुरु तो जन-जन के मन में विद्यमान स्वयं विष्णु हैं। उनकी स्वयं की कृपा ही से तो मैं यह सब सीख पाया हूं। तब हिरण्यकशिपु ने कहा- मूर्ख! इस जगत में मेरे अतिरिक्त अन्य कोई परमेश्ृवर नहीं। पुत्र होने के कारण मैं तुम्हारा प्रथम अपराध क्षमा करता हूं। भविष्य में इस प्रकार की अनर्गल प्रक्रिया की पुनरावृत्ति तुम्हारे लिए संकट पैदा कर सकती है। पूर्ववत् शांत भाव से प्रह्लाद ने पुनः कहा- हे पिता! परमपद विष्णु तो सकल जगत के कर्ता, नियंता एवं परमेश्वर हैं। उन्हीं की कृपा से तो प्रत्येक प्राणी अपनी-अपनी सुरुचि के अनुरूप व्यवहार करते हैं। ऐसा सुन हिरण्यकशिपु ने ब्राह्मण को और कठोर निर्देश देते हुए बालक प्रह्लाद को घर ले जाकर कठोरतम रीतियों से प्रदीक्षित करने का आदेश दिया।

ब्राह्मण प्रह्लाद को अपने आश्रम में ले आया और निर्दिष्ट शिक्षा देने लगा। प्रह्लाद भी श्रद्धापूर्वक गुरु सेवा करता हुआ विद्या अर्जन में प्रवृत हो गया। पुनः कुछ समय व्यतीत होने पर हिरण्यकशिपु ने बालक प्रह्लाद की परीक्षा ली और वह उसी प्रकार विष्णु के गुणों का गायन करने लगा। हिरण्यकशिपु ने अपने अनुचरों को बालक का वध करने का आदेश दे दिया।

हिरण्यकशिपु की आज्ञा पाते ही सैकड़ों-हजारों राक्षस अस्त्र-शस्त्र लेकर समूह के रूप में प्रह्लाद पर आक्रमण करने लगे लेकिन अडिग एवं विश्वासी प्रह्लाद का बाल भी बांका न कर सके। हिरण्यकशिपु ने अब और अधिक बड़ी सजा देते हुए सर्पदंश से उसे समाप्त करना चाहा।

इसके लिए तक्षक जैसे विषैले सांप को आदेश दिया पर विपरीत प्रभाव से तक्षक एवं सर्पों की स्वयं की मणियां टूट गई। प्रह्लाद स्वस्थ रहा, उसका कुछ नहीं बिगड़ा। हिरण्यकशिपु ने मस्त हाथियों से उसे कुचलवाया किंतु हाथी ने भक्त प्रह्लाद को कुचलने के स्थान पर सूंड से सिर पर बैठा लिया। जिन्होंने प्रभाव में उस पर प्रहार किए उनके स्वयं के दांत टूट गए। वे स्वयं आहत हो गए। अब दैत्यराज ने उसे अग्नि में भस्म करने का आदेश दिया तो अग्नि की उष्णता एवं ज्वलनशीलता भी प्रह्लाद के लिए प्रभावहीन रही।

ऐसा देखकर कुल-पुरोहितों ने प्रह्लाद की दिव्य शक्ति के आगे दैत्यराज को समझाते हुए क्रोध शांत करने का परामर्श दिया। उन्होंने कहा- हम उसे इस प्रकार शिक्षा देंगे कि वह विपक्ष की तान छोड़कर आपके प्रति सरल, विनम्र एवं भक्त हो जाए। हिरण्यकशिपु ने ऐसा करने के लिए समय दिया, किन्तु प्रह्लाद तो उल्टा दैत्य पुत्रों को ही विष्णु भक्ति के प्रति प्रेरित करता हुआ विष्णु सहस्त्र नाम का ही प्रचार करने लगा। दैत्यराज को जब यह ज्ञात हुआ तो उन्होंने उसे पाचक द्वारा भोजन में विष दिलवा दिया किन्तु विष्णु की कृपा से प्रह्लाद वह विष भी पचा गया। यह सुनकर हिरण्यकशिपु को स्वयं आश्चर्य भी हुआ और वह स्तंभित रह गया। अब उसने अपने पुरोहितों को कृत्या उत्पन्न करने के लिए कहा। अब पुरोहित कुछ सशंकित हुए और उन्होंने हिरण्यकशिपु के भयानक विचार से उसे परिचित कराया और समझाया-हे पुत्र, तुम ब्रह्मा कुल में जन्मे हो। तुम्हारे पिता स्वयं बड़े पराक्रमी सर्वशक्तिमान एवं सर्वोपरि पूज्य हैं। तुम उनके विपक्षी विष्णु के गुणगान करना क्यों नहीं छोड़ देते? प्रह्लाद ने विनम्र होकर कहा-महामना! मैं अपने पिता के महत्त्व को, शक्ति को समझता हूं किंतु उनसे भी एक और बड़ी सत्ता है और यह जगत उसी की कृपा से संचालित है। इसके आदिमूल परमपद विष्णु हरि हैं।

गुरुजनों के अनेक प्रकार से समझाने पर भी भक्त प्रह्लाद तनिक भी विचलित न हुआ तो पुरोहितों ने कृत्या को उत्पन्न किया। यह प्रज्ज्वलित शरीर वाली अमोघ शक्ति अपने प्रचंड रूप में अवतरित होकर पृथ्वी को कंपाती हुई, भीषण आघात एवं उत्पात मचाती हुई प्रह्लाद की छाती में त्रिशूल मारने को उद्यत हुई। जैसे ही त्रिशूल का स्पर्श छाती से हुआ वह अमोघ अस्त्र-खंड-खंड होकर बिखर गया। प्रत्युत्तर में कृत्या न पुरोहित पर प्रहार किया।

दैत्यराज हिरण्यकशिपु ने जब इसका कारण प्रह्लाद से पूछा तो उसने विनम्र होकर कहा-हे पिताश्री, जिसके मन में श्री हरि का वास होता है, उसके लिए यह बहुत सरल-सी बात है। जो उनकी सत्ता के विपरीत आचरण करके अशुभ करता है, वह उसका फल भोगता है। अतः हम सबको चाहिए कि उस आदि शक्ति विष्णु के स्वरूप को पहचानें और प्राणी मात्र से प्रेमपूर्वक व्यवहार करें।

अहंकारी हिरण्यकशिपु अभी भी दर्प से उन्मत्त था। उसने अनुचरों का आदेश देकर सौ योजन ऊंचे पर्वत से प्रहलाद को पृथ्वी पर धकेल देने का आदेश दिया। अनुचरों ने वैसा ही किया किन्तु प्रहलाद अभी भी सुरक्षित था। अब दैत्यराज ने शम्बरासुर का आह्वान किया और माया द्वारा प्रह्लाद का वध करने को कहा तो देवकृपा से सभी मायाएं एवं उत्पीड़न-प्रकार निरर्थक रहे और निर्द्वन्द्व प्रह्लाद गुरु के आश्रम में निश्चिन्त दण्ड नीति सीखने लगा। कुछ समय बाद दैत्यराज को सूचना मिली कि उनका पुत्र दण्डनीति में तथा शुक्रनीति का पारंगत हो गया है, तो उन्होंने पुनः प्रह्लाद को अपने समीप बुलाकर उसकी परीक्षा रूप में प्रश्न किया- नगरवासियों एवं दास जनों तथा अन्यान्य जनों के साथ कैसा व्यवहार करना चाहिए। तुम करणीय और अकरणीय का भेद किस प्रकार करोगे?

प्रहलाद बोला-पूज्य पिताजी, सैद्धांतिक रूप से मैंने इस सब विधान का गहन अध्ययन-मनन किया है और आपको इसका उदाहरण भी दे सकता हूं। फिर भी व्यवहार रूप में मैं इन्हें बिलकुल अनुपयोगी एवं त्याज्य नीति मानता हूं क्योंकि मुझे तो इस जगत में कोई भी शत्रु नहीं लगता है। इसीलिए साम, दाम, दण्ड या भेद का उपयोग क्या होगा? मैं मानता हूं सब प्राणियों के मन में श्री विष्णु विद्यमान हैं। इन्हीं में मन रचाने से मित्र-शत्रु का भेद ही नहीं रहता। वह तो अज्ञान के कारण ही इस प्रकार के उपाय खोजता रहता है और विद्याओं की खोज कर लेता है, जो उसके लिए लाभकारी होती हैं। मनुष्य मात्र के लिए नहीं। जिस प्रकार अज्ञानी पतंगे को चिंगारी समझता है, उसी प्रकार दुर्बद्धि या अल्पबुद्धि बुद्धिहीन जीव ही प्राणीमात्र में शत्रु या मित्र का भाव रखते हैं। इसीलिए मुक्ति से वंचित रहते हैं। धन, वैभव, महत्ता एवं पद चाहने से नहीं, कर्म और भाग्य से मिलता है। उद्यम भी अपर्याप्त साधन है भाग्य के वशीभूत ही प्राणी कष्ट एवं सुख का भागी होता है। भाग्य पुण्य-संचय से बनता है। पुण्य सत्कर्मों से बनता है, अतः पुनः कर्म ही महत्त्वपूर्ण है, जिससे मोक्ष भी मिलता है एवं सुख भी। इसीलिए परमपद विष्णु में मन लगाते हुए उन्हें ही जगदीश्वर जानकर प्राणी मात्र में अभेद मानना चाहिए। फिर शत्रु-मैत्री भाव तो अज्ञान के कारण होते हैं, सत्कर्मों से ही प्रभु प्रसन्न होते हैं। उनकी प्रसन्नता से ही जीव प्रसन्न रहते हैं।

अब दैत्यराज को पुनः भीषण क्रोध उत्पन्न हो गया। उसने घृणा स्वरूप पुत्र की छाती में कसकर लात मारी और सेवकों को आज्ञा दी, इसे कसकर बांध दो और समुद्र में फेंक दो क्योंकि इसके जिन्दा रहने से दुरात्मा भी विष्णुगामी हो जाएंगे।

दैत्यराज के सेवकों ने राजा की आज्ञा का पालन करते हुए तुरंत ही प्रहलाद को नागपाश में बांधकर समुद्र में फेंक दिया। प्रह्लाद के इस प्रकार समुद्र में फेंके जाने पर भयंकर ज्वार आ गया

और लगने लगा मानो समुद्र की ये ऊंची-ऊंची विशालकाय लहरें समूची धरती को ही निगल जाएंगी। समुद्र की इस उथल-पुथल को देखकर हिरण्यकशिपु ने सभी समीपवर्ती पर्वतों की चट्टानों से प्रहलाद को दबा दिया ताकि वह उनके बोझ तले दबकर प्राणहीन हो जाए किन्तु देव कृपा से प्रह्लाद ने लेशमात्र भी कष्ट का अनुभव नहीं किया। यहां तक कि प्रभु की कृपा से प्रह्लाद के बंधन भी स्वयं खुल गए और शिलाएं हट गई। प्रह्लाद नदी में स्नान किए भक्त के समान स्वस्थ रूप में समुद्र से बाहर आ गया। अपने ऊपर प्रभु की कृपा के प्रति आभार प्रकट करते हुए प्रह्लाद ने विष्णु भगवान की अनेक प्रकार से स्तुति वंदना की। प्रह्लाद की अपने प्रति इस अटूट आस्था और विश्वास से विष्णु इतने प्रसन्न हुए कि उन्होंने स्वयं साक्षात् अपने चतुर्भुज रूप में भक्त को दर्शन दिए और कृपासिंधु ने उसकी मनोकामना पूरी करते हुए उसे वरदान मांगने के लिए कहा। गदगद प्रह्लाद ने प्रभु की कृपा से अभिभूत जन्म-जन्मांतरों में श्री विष्णु भक्ति में लीन रहने का वरदान मांगा। तथास्तु! कहते हुए भगवान परमपद ने उससे किसी अन्य वर को मांगने का जब प्रस्ताव रखा तो प्रह्लाद ने कहा-प्रभु! मेरे पिता के मन में आपके प्रति जो द्वेष है तथा स्वयं शक्तिमान पुंज के रूप में अहम के कारण बार-बार मुझे यातनाएं देते हुए मुझे मरवाने के प्रयत्न में लीन रहने से जो पाप जाग गया है, कृपया उससे उन्हें मुक्ति दी जाए। विष्णु ने यह वरदान भी दे दिया तथा अन्य कोई वर मांगने के लिए पुनः कहा तो प्रह्लाद ने प्रभु भक्ति के अतिरिक्त कुछ भी मांगने से मना कर दिया। इस पर प्रभु ने प्रह्लाद को भक्ति का निर्वाण पद प्रदान कर गमन किया।

बालक प्रह्लाद प्रभु के आशीर्वाद से प्रसन्नमना अपने पिता के पास गया। आदरपूर्वक उनके चरण छुए तो दैत्यराज उसकी दैवीय प्रतिभा से हतप्रभ हो गया और पुत्र के समक्ष पश्चात्ताप करता हुआ अपना स्नेह प्रदर्शित करने लगा किंतु विष्णु के प्रति दैत्यराज का द्वेष दूर न हो सका इसीलिए विष्णु की भक्ति में लीन प्रह्लाद के प्रति भी उसका कृत्रिम स्नेह अधिक देर तक टिक न सका और प्रह्लाद को दहकते हुए लौह-स्तंभ से बंधवा दिया। भगवान विष्णु प्रह्लाद का यह कष्ट सहन न कर सकें। तत्काल ही लौह-स्तंभ खंड-खंड हो गया। उसमें नृसिंह रूपधारी विष्णु ने अवतरित होकर अपने तेज नाखूनों से हिरण्यकशिपु के वक्ष को चीर डाला और उसे यमलोक पहुंचा दिया।

पिता के परलोक वासी हो जाने पर स्वयं प्रह्लाद ही दैत्यराज के पद पर विभूषित हुए। लंबे समय तक लक्ष्मी, ऐश्वर्य, विलास, पुत्र आदि सुखी का उपभोग करते हुए अंत में निर्वाण-पद के अधिकारी बने। प्रह्लाद ने राज्यत्व पाकर भी विष्णु भगवान को सदैव पूज्य माना। उनकी स्तुति-वन्दना में किसी प्रकार की कोई कमी नहीं आने दी।

प्रह्लाद के छोटे भाई संह्लाद के तीन पुत्र हुए-आयुष्मान, शिवि एवं वाष्कल। प्रह्लाद के यहां विरोचन ने जन्म लिया। विरोचन से बलि उत्पन्न हुए। बलि के सौ पुत्र हुए, जिनमें ज्येष्ठ पुत्र बाणासुर बहुत बलशाली एवं निपुण योद्धा था। हिरण्यकशिपु के छोटे भाई से उत्कर, शकुनि, भूतसन्तापन, महानाम, महाबाहु तथा कालनाम आदि ने जन्म लिया जो सभी महाबली थे।

महर्षि कश्यप की एक अन्य पत्नी दनु थी। इनके साथ संपर्क से मुनि ने द्विमूर्धा, शाम्बर, अयोमुख शंकुशिरा, कपिल, शंकर एकचक्र, महाबाहु, तारक, महाबल, स्वर्भानु, वृषपर्वा, महाबलि, पुलोम और विप्रचिति आदि पुत्र उत्पन्न किए। ये सभी बहुत बलशाली एवं महान् योद्धा थे। स्वर्भानु ने प्रभा को जन्म दिया वृषपर्वा के यहां भी तीन कन्याएं जन्मी शर्मिष्ठा, उपदानी एवं हयशिरा। वैश्वानर की दो पुत्रियां थीं-पुलोमा तथा कालका। इन दोनों ने ही कश्यप मुनि से विवाह किया जिनसे साठ हजार राक्षस पुत्र जन्मे। ये अपनी माताओं के नाम पर ही पौलोम एवं कालकेय कहलाए। कश्यपजी के एक अन्य पुत्र विप्रचिति ने हिरयण्याक्ष की बहिन सिंहिका से विवाह किया, जिनसे अनेक क्रूर एवं बलशाली पुत्रों ने जन्म लिया। इनमें व्यंश, शल्य, बलवान, नम, वातापि, नमुचि, इल्वल, खसृम, अंधक, नरक, कालनाम, महावीर तथा स्वर्भानु प्रमुख हैं। इनके भी सैकड़ों-हजारों पुत्र उत्पन्न हुए। इस प्रकार महर्षि कश्यप का दिति और दनु से विकसित कुल काफी विस्तार पा गया। कश्यप की ताम्रा नामक पत्नी से छः कन्याओं ने जन्म लिया। इनसे शुकि से शुक, उलूक और काक उत्पन्न हुए। श्येनी से बाज, भासी से भास, सुग्रीवी से अश्व, ऊंट एवं गर्दभ, शुचि से जलचर पक्षी तथा मृद्धिका से गीध उत्पन्न हुए। विनता से कश्यपजी ने गरुड़ एवं अरुण दो पुत्रों को जन्म दिया जो काफी प्रसिद्ध हुए। सरमा से कश्यपजी ने अनेक बड़े-बड़े सर्प एवं नभचर पैदा किए। इनके कद्रू पत्नी से शेष, वासुकि, कर्कोटक धनंजय आदि प्रमुख सर्प जन्मे। क्रोधवशा से इन्होंने बड़ी-बड़ी दाढ़ों वाले हिंस्र पशु उत्पन्न किए। इससे वृक्ष, लताएं तथा तृण आदि पैदा किए। इनकी अन्य पत्नियों स्वसा, मुनि, अरिष्टा आदि ने यक्ष-राक्षसों, अप्सराओं एवं गंधर्वों को जन्म दिया। इस प्रकार यह सारी सृष्टि कश्यप मुनि द्वारा ही रची गई मानी जाती है। यह सारी सृष्टि स्वारोचिष मन्वंतर में उपजी थी।

इसके पश्चात् वृत्तांत को दूसरे मन्वंतर के विस्तार में ले जाते हुए महाराज पराशर ने कहा-वैवस्वत मन्वंतर के प्रारम्भ में वारुण यहां हुआ। इसमें स्वयं ब्रह्मा होता बने तथा उनके सातों मानस पुत्रों ने सप्तर्षि गण के रूप में स्थान पाया। इस काल में ब्रह्मा ने इन्हें ही नाग, देव, गंधर्व एवं दानव रूप में जन्म दिया। अपने अधिकांश पुत्रों के नष्ट हो जाने पर अपनी सेवा से प्रसन्न करते हुए ऋषि पत्नी दिति ने मुनि के साथ पुनः संपर्क से एक तेजस्वी पुत्र को उत्पन्न करने का वरदान मांगा। इस पर मुनि कश्यप ने उसे यह कहते हुए वरदान दिया कि यदि शुद्ध-पवित्र रहते

हुए वह सौ वर्ष तक गर्भ धारण कर सके तो उसे इन्द्रजित पुत्र की प्राप्ति होगी। इन्द्रादि देवों को अपने पुत्रों के नाश का कारण जानते हुए प्रतिशोध लेने के हित दिति ने कश्यप मुनि के शर्त के अनुसार व्रत करने का निश्चय करते हुए उनके वीर्य को धारण किया।

देवराज इन्द्र को जब इस रहस्य का ज्ञान हुआ तो वह श्रद्धापूर्वक दिति की सेवा में लग गया। किंतु सदैव इस अवसर की प्रतीक्षा में रहता कि किसी प्रकार प्रमादवश दिति के शुद्ध आचरण में कहीं कोई शिथिलता रह जाए तो वह बाधा उत्पन्न करके अपने घातक को नष्ट कर दे। ऐसा समय भी आया। एक बार निद्रावश दिति बिना चरण धोए ही अपने बिछौने पर उनींदी-सी लेट गई तभी उनकी आंख लग गई। अवसर पाकर इन्द्र ने हाथ में वज्र को लेकर दिति के योनिमार्ग से कोख में प्रवेश कर लिया और अपने घातक शत्रु गर्भ के सात टुकड़े कर दिए। तब भी गर्भ नष्ट नहीं हुआ तो पुनः एक-एक के सात खंड करके उसे उनचास खंडों में विभक्त कर दिया। पीड़ा अनुभव करते हुए जब ये टुकड़े रोने लगे तो इन्द्र ने इन्हें 'मां रोदीः' मत रोओ।' कहा-इसी कारण से 46 मरुदगण कहलाएं तथा इन्द्र से मैत्री करके उसके सहायक हो गए।

महाराज पृथु को राज्यत्व प्राप्त हो जाने के बाद परमश्री ब्रह्माजी ने भी अपने राज्य का विभाजन किया तथा यह व्यवस्था की-यज्ञ, तप, वनस्पति ब्राह्मण, ग्रह नक्षत्रों के अधिपति चंद्रमा हुए। राजाओं के अधिपति कुबेर, जल का वरुण, आदित्यों का विष्णु को, वसुगणों का अग्नि को, प्रजापतियों का दक्ष को, मरुति तथा देवों का इन्द्र को, दैत्य दानवों का प्रह्लाद को, पितृगण का यम को, गजों का ऐरावत को, पक्षियों का गरुड़ को, सर्पों का शेषनाग का, धनुओं का वृषभ को, वन्य पशुओं का सिंह को, उच्चैः श्रवों को अश्वों का, स्थावरों का हिमालय को, मुनियों का कपिलजी को, नख जन्तुओं का व्याघ्र को, वनस्पतियों का प्लक्ष को अधिपति बनाया। इसके पश्चात् दिक्पालों की प्रतिष्ठा की-पूर्व के सुधन्वा, उत्तर के हिरण्यरोमा, पश्चिम के केतुमान, दक्षिण के शंखपाद बने। ये ही चारों सात समुद्रों वाली सात द्वीपों वाली संपूर्ण पृथ्वी का पालन करते हैं। वस्तुतः ये सभी तथा वर्तमान काल एवं भविष्य में भी होने वाले ये अधिपति मूल रूप से विष्णु के ही अंश हैं। सत, रज, तम के प्रभावाधिक्य या कमी से विष्णु ही सृष्टि के निर्माता, पालक एवं संहारक हैं, उन्हीं की स्तुति श्रेष्ठ एवं करणीय है।

सृष्टि के समय-ब्रह्मा, प्रजापति, काल एवं प्राणी रूप में, पालन के समय-विष्णु मन, काल एवं अंतर्यामी रूप में तथा संहार के समय रुद्र, अग्नि, अतक एवं भूत स्वरूप में स्वयं विष्णु के ही ये द्वादश रूप हैं, उन्हीं की सत्ता का यह व्यापकत्व उन्हीं की माया का स्वरूप है।

इस प्रकार परमपद विष्णु की महत्ता का आख्यान प्रवचन करते हुए पराशर मुनि ने मैत्रेयजी से कहा प्रियवर-यह सृष्टि इसी प्रकार आदि, मध्य एवं अंत तक ब्रह्मा द्वारा रची जाती है। मरीचि एवं प्रजापतियों द्वारा यह विस्तार पाती है, जिसमें जन्मे जीव अपनी वंश-वृद्धि करते हुए इसका विकास करते हैं। इसके काल स्वरूप कारण स्वयं विष्णु ही हैं। उनके विश्वास के बिना स्वयं ब्रह्मा भी अशक्त हैं। जीवों द्वारा उत्पादित वंशावली में भी विष्णु का ही अंश रूप विद्यमान रहता है।

स्वयं विष्णु ही ब्रह्मा के रूप में रचने वाले हैं। यह रुद्र के रूप में संहारक हैं तथा अपने मूल विष्णु रूप में जगत् पालक हैं। इसलिए जड़ एवं चेतन जगत् के आदि स्रोत श्री विष्णु ही है। इनका परम पद निर्गुण रूप के मूर्त्त एवं अमूर्त्त या क्षर एवं अक्षर रूप होते हैं। क्षर-जगत तथा अक्षर-परब्रह्म रूप। संपूर्ण जगत उसकी ही असीम शक्ति का फल है त्रिदेव मूर्ति इसी की प्रधान शक्तियां है। इनका निम्नवत् क्रम इस प्रकार है- सर्वोपरि ब्रह्मा, विष्णु महेश-देवगण-दक्ष प्रजापति-मनुष्य-पशु, पक्षी, मृग, सर्प आदि- वृक्ष लताएं-आरोही। जन्म और मृत्यु श्री त्रिगुणात्मिका शक्ति आविर्भाव एवं तिरोभाव का ही फल हैं। अतः वस्तुतः यह जगत नित्य एवं अक्षय है। क्योंकि मूलतः तो विष्णु ही इसके कारण रूप हैं। वे ही संपूर्ण जगत को आयुध एवं आभूषण रूप से धारण करते हैं।

आयुध एवं आभूषण रूप से धारण करने का अभिप्राय क्या है? मैत्रेयजी से यह प्रश्न पूछे जाने पर मुनि पराशर ने वशिष्ठ मुनि से इस बारे में जो सुना वह प्रस्तुत करते हुए कहा- श्री विष्णु भगवान इस जगत के शुद्ध क्षेत्रज्ञ स्वरूप अर्थात् निर्लेप, निर्गुण एवं निर्मल आत्मावान रूप को कौस्तुभ मणि के रूप में धारण करते हैं। प्रधान को श्रीवत्स चिह्न के रूप में, बुद्धि को गदा के रूप में, तामस अहंकार को शंख के रूप में, राजस अहंकार को शार्ङ्ग चक्र रूप में तथा वेगवान चंचल मन के कारणभूत सात्विक अहंकार को धनुष के रूप में धारण करते हैं।

पांच तन्मात्रा एवं पंचभूतों को-मुक्ता, माणिक्य, मरकत, इन्द्रनील, हीरकमणि की वैजयन्तीमाला के रूप में धारण करते हैं। समस्त ज्ञान एवं कर्मेन्द्रियों को तरकस के बाण रूप में तथा विद्यामय ज्ञान जो अविद्या के कोप से ढका रहता है, निर्मल खड्ग रूप में धारण किए हैं। इस प्रकार पुरुष, प्रधान, बुद्धि, अहंकार, पंचभूत, मन, विद्या एवं इंद्रियां सभी विष्णु में समाहित हैं, निर्गुण रूप विष्णु भी प्राणियों के संकट हरण एवं कल्याण के लिए अस्त्र एवं आभूषण रूप में इन्हें धारण किए रहते हैं। इस प्रकार साल विस्तार स्वयं विष्णु में समाहित है।

स्वयं विष्णु ही समस्त विद्याओं के भण्डार तथा पूज्यों में आदि पूज्य देव हैं। वे ही अंश रूप में इस जगती का निर्माण करते हैं। वे ही देवगण, मनुष्य पशु-पक्षी आदि अनेक रूपों में जन्मते हैं। चारों वेद (ऋक्, यजु, साम, अथर्व), इतिहास (महाभारत आदि), उपवेद (आयु, धनु), वेदांत (उपनिषद), वेदांग (व्याकरण, कल्प, शिक्षा आदि) स्मृतियां (मनु, याज्ञवल्क्य, कौटिल्य), पुराण (समस्त अठारह पुराण), आख्यान (रामायणादि), अनुवाक (सूत्रग्रंथादि) तथा समस्त काव्य-कला का जो भी उदात्त उत्कृष्ट है, वह आदि शक्ति विष्णु का ही जगत् रूप है, उनसे भिन्न कुछ भी नहीं। उनमें हृदय से अनुरक्ति रखने वाला जन रागद्वेष, इंद्रादि से मुक्त सदैव सुखी एवं तृप्त रहता है।

श्री विष्णु पुराण का यह प्रथम अध्याय यहां समाप्त होता है। जो जन दैनिक शौचादि से विधिवत् निवृत्त होकर शुद्ध मन से भगवान विष्णु की स्तुति करता हुआ इस प्रथम अध्याय का पाठ करता है, वह देवगणों का स्नेह-भाव बन जाता है।

द्वितीय अध्याय

मुनि पराशर द्वारा सृष्टि संबंधी वर्णन सुनने के बाद गुरु कृपा के प्रति अपना आभार प्रकट करते हुए मैत्रेयजी ने मनु पुत्रों में उत्तानपाद के अतिरिक्त प्रियव्रत के वंश के बारे में भी जानने की इच्छा प्रकट की तो भक्तवत्सल पराशरजी ने उन्हें प्रियव्रत के संबंध में जो वृत्तांत सुनाया वह इस प्रकार हैं- प्रियव्रत का विवाह कर्दमजी की पुत्री से संपन्न हुआ। इनके यहां दो कन्याओं ने जन्म लिया, जिनका नाम था सम्राट एवं कुक्षि तथा दस पुत्र उत्पन्न हुए-अग्नीध्र, अग्निबाहु, वपुष्मान, द्युतिमान, मेधा, मेधातिथि, भव्य, सवन, पुत्र और ज्योतिष्मान। इनमें मेधा, अग्निबाहु एवं पुत्र अपने पूर्वजन्म के ज्ञाता होने के कारण सांसारिकता के प्रति विरक्त थे। राज्य में इनकी अभिरुचि नहीं थी। अतः तेजस्वी हो गए। ऐसा होने पर प्रियव्रतजी ने सप्तद्वीपा पृथ्वी को अपने सात पुत्रों में वितरित कर दिया। अग्नीध्र को जखद्वीप का, वपुष्मान को शाल्मल द्वीप का, द्युतिमान को क्रौंच द्वीप का, मेधातिथि को प्लक्ष द्वीप का, भव्य को शाक द्वीप का, सवन को पुष्कर द्वीप का तथा ज्योतिष्मान को कुश द्वीप का भाग सौंप दिया।

अग्नीध्र ने नाभि, किम्पुरुष, हरिवर्ष, इलावृत्त, रम्य, हिरण्यान, कुरु, भद्राश्व और केतुमाल नौ पुत्रों को जन्म दिया जो सभी तेजस्वी एवं प्रतिभावान थे। अग्नीध्र ने जम्बूद्वीप को अपने पुत्रों में इस प्रकार विभक्त किया- नाभि को दक्षिणवर्ती हिमवर्ष (भारतवर्ष), किम्पुरुष को हेमकूटवर्ष, हरिवर्ष को नैषधवर्ष, इलावृत्त को मेरुकेंद्रित इलावृत्तवर्ष, रम्य को नीलांचल से जुड़ा वर्ष, हिरषवान को श्वेतवर्ष, कुरु को श्रृंगवान पर्वत के उत्तर में स्थित वर्ष, भद्राश्व को मेरु का पूर्वांचल वर्ष तथा केतुमाल को गंधमादन वर्ष देकर स्वयं अग्नीध्र शालग्राम पर्वत पर तपस्या हेतु चले गए।

भारतवर्ष के स्वामी नाभिदेव ने मरु देवी के गर्भ से एक अत्यंत तेजस्वी बालक ऋषभ को उत्पन्न किया। इन्हीं ऋषभ के सौ पुत्रों में भरत ज्येष्ठ पुत्र थे।अनेक वर्षों तक न्यायपूर्वक राज्य करने के उपरांत ऋषभ अपने बड़े पुत्र भरत को राज्य का अधिपति बनाकर स्वयं तपस्या के लिए पुलह नामक आश्रम को चले गए। लंबी अवधि तक तपस्या के उपरांत ऋषभ ने शरीर त्याग दिया। भरत द्वारा विधि-नियमों के अनुरूप राज्य संचालन के कारण ही यह हिमवर्ष भारतवर्ष कहलाया। भरत अपने मेधावी पुत्र सुमति को राज्य सौंपकर स्वयं शालग्राम में तपस्या करने चले गए और वहीं समाधिगत हुए। आगे अपने पुण्य कर्मफल से ही ब्राह्मण कुल में उत्पन्न भरत ने बाद में विष्णु परम पद प्राप्त किया। भरत का वंश आगे-सुमति से इन्द्रद्युम्न > परमेष्ठी > प्रतिहार > प्रतिहर्ता > भव > उदगीथ > प्रस्ताव > पृथु > नक्त > गय > नर > विराट > महावीर्य >

धीमान > महान्त > मनस्यु > त्वस्य > विरज > रज > शतजित से सौ पुत्र। इनमें विश्वज्योति सबसे बड़े थे। इन सौ से प्रजा का काफी विस्तार हुआ। भाश्त को नौ खंडों में विभक्त करके इकहत्तर युगों तक विष्णु शासन किया। स्वयंभू मनु का यह वंश ही वाराह कल्प में पृथ्वी पर व्याप्त था।

पृथ्वी के सभी सातों द्वीपों- जम्बू, प्लक्ष, शाल्मल, कुश, क्रौंच, शाक एवं पुष्कर के चारों ओर सात सागर हैं। खारा जल, इक्षुरस, मदिरा, घृत, दधि, दुग्ध और मधुर जल के ये सागर द्वीपों को चारों ओर से घेरे हुए हैं। इन दीपों के बीच में ही जम्बूद्वीप है। जम्बूद्वीप के बीच में चौरासी हजार योजन ऊंचा विशाल सुमेरु पर्वत है जो कि लगभग सोलह हजार योजन गहरा और बत्तीस हजार योजन चौड़ा भी है। इस द्वीप के दक्षिण में हिमवान, हेमकूट और निषध पर्वत हैं। उत्तर में नील, श्वेत एवं श्रृंगी पर्वत हैं। निषध एवं नील लगभग एक-एक लाख योजन, हेमकूट एवं श्वेत नब्बे हजार तथा श्रृंगी का विस्तार अस्सी हजार योजन है। यह सभी पर्वत दो-दो हजार ऊंचे एवं गहरे भी हैं। मेरु पर्वत के दक्षिण में पहले भारतवर्ष है फिर किम्पुरुष एवं हरिवर्ष है। उत्तर की ओर क्रमशः रम्यक वर्ष, हिरण्यमय वर्ष तथा उत्तर कुरु वर्ष हैं। इनके बीच में इलावृत्त वर्ष है। यह सुमेरु पर्वत इलावृत्त वर्ष में ही अवस्थित है। इन सभी वर्षों का लगभग नौ सहस्र योजन है। सुमेरु के पूर्व में मन्दरांचल पर्वत, दक्षिण में गंधमादन, पश्चिम में विपुल और उत्तर में सुपार्श्व पर्वत हैं जो चारों ओर से सुमेरु पर्वत को कलियों के समान छाए हुए हैं। इनकी ऊंचाई दस हजार योजन है तथा इन पर लगभग सौ योजन ऊंचे कदंब, जम्बू, पीपल एवं वट के पेड़ स्थित हैं। जम्बूद्वीप का नाम ही जम्बू वृक्ष के कारण पड़ा है।

इन वृक्षों के फल बहुत बड़े-बड़े होते हैं। जब ये फल पककर पर्वत पर गिरते हैं तो इनके फटने से जम्बू रस से जन्तु नदी बह निकलती है। इस रस को पीने से ही यहां के वासी नीरोगी, पसीने, दुर्गंध और इंद्रिय क्षय से मुक्त एवं सुरक्षित रहते हैं। नदी के किनारे की मिट्टी भी रस मिश्रित होकर सूखने पर सुवर्णमय हो जाती है। सिद्ध पुरुष इसका उपयोग आभूषण के रूप में करते हैं।

सुमेरु पर्वत के पूर्व में भद्राश्व वर्ष तथा पश्चिम में केतुमाल वर्ष हैं। इलावृत्त वर्ष इन दोनों के मध्य में स्थित है। सुमेरु पर्वत के चारों ओर चैत्ररथ, गंधमादन, वैभ्राज तथा नंदन वन एवं अरुणोद, महाभद्र, असितोद और मानस नाम के चार सरोवर भी हैं। सुमेरु पर्वत की शाखाओं के रूप में पूर्व दिशा में शीताम्भ, कुमुन्द, कुररी, माल्यवान, वैकंक हैं। दक्षिण दिशा में त्रिकूट, शिशिर, पतंग, रूपक और निषाद पर्वत हैं। पश्चिम दिशा में-शिरी वासा, वैडूर्य कपिल, गंधमादन और आरुचि पर्वत हैं तथा उत्तर में शंख कूट, ऋषभ, नाग तथा कालंग आदि पर्वत हैं।

सुमेरु पर्वत के आकाश में चौदह सहस्र योजन तक फैली ब्रह्माजी की नगरी ब्रह्मपुरी है। इसकी चारों दिशाओं में इंद्रादि देवों की आठ रमणीय नगरियां है। श्री विष्णु के चरणों से निकली

गंगा चंद्रमंडल को अपनी लहरों से भिगोती हुई स्वर्ग से इसी ब्रह्मपुरी में गिरती है। यहीं से वे चार दिशाओं में चार अलग नामों से-सीता, अलकनंदा, चक्षु तथा भद्रा के नाम से बहती हैं पूर्व की और से आती हुई सीता एक पर्वत से दूसरे पर्वत पर होती हुई सागर में गिरती है। अलकनंदा दक्षिण से होती हुई भारत में आती है। फिर वह सात भागों में विभक्त होकर बहती हुई सागर में विलीन होती है। चक्षु पश्चिम से होती हुई केतुमाल वर्ष में बहती है तथा भद्रा उत्तर के पर्वतों और कुरु वर्ष के उत्तर में बहती हुई सागर में निमग्न हो जाती है।

माल्यवान और गंधमादन पर्वत उत्तर तथा दक्षिण की ओर फैले हुए नीलांचल तथा निषाध पर्वतों तक फैले हुए हैं। सुमेरु पर्वत इन्हीं के बीच कर्णिका आकार में स्थित है, जिसके आस-पास उत्तर-दक्षिण में जठर एवं देवकूट दो मर्यादा पर्वत है। पूर्व और पश्चिम की ओर अस्सी योजन तक फैले निषाध एवं परियात्र पर्वत हैं। इनके बाहरी ओर ही भारत, केतुमाल, भद्राश्व तथा कुरुवर्ष स्थित हैं। ये वर्ष लोक कमल के पत्तों के समान हैं। सुमेरु पर्वत की कंदराओं में सिद्ध, चारण आदि वास करते हैं। इन पर्वतों पर अनेक रमणीय नगर, उपनगर, बाग-बगीचे, उपवन, अग्नि, सूर्यादि के तथा विष्णु एवं लक्ष्मी के मंदिर बने दूए हैं। इसकी पर्वतश्रेणियों में यक्ष, गंधर्व, किन्नर, राक्षस, दैत्यादि नित्यक्रीड़ा करते हैं। यह सुमेरु पर्वत प्रदेश ही पूरी पृथ्वी का स्वर्ग कहलाता है। इसीलिए इसमें पुण्यात्माओं को ही निवास का अवसर मिलता है।

यह वृत्तांत सुनाते हुए मुनि पराशर ने मैत्रेयजी से कहा-श्री विष्णु ही भद्राश्व, केतुमाल, भारत और कुरु वर्ष में हयग्रीव, वराह, कूर्म एवं मत्स्य रूप में वास करते हैं। इसलिए प्रभु सर्वव्यापी हैं। इनमें, वास करने वाले प्राणी-शोक, श्रम, उद्वेग और क्षुधादि से पीड़ित नहीं हो पाते; सदा स्वस्थ, हृष्ट-पुष्ट तथा दस-बारह हजार साल की आयु वाले होते हैं। ये सभी वर्ष नदियों एवं पर्वतों से सदैव घिरे रहते हैं।

हिमालय का दक्षिणी एवं समुद्र का उत्तरी भाग ही भारतवर्ष कहलाता है। इस प्रदेश का विस्तार नौ हजार योजन है। इनमें महेन्द्र, मलय, सह्य, शुक्तिमान ऋक, विंध्य और परियात्र सात पर्वत हैं। स्वर्ग एवं अपवर्ग की सीढ़ी इस भूमि में, मनुष्य अच्छे कर्म करके स्वर्ग को प्राप्त होता है। समस्त पृथ्वीलोक में केवल भारतवर्ष में ही कर्मफल का महत्त्व है।

यह भारतवर्ष नौ भागों में बंटा हुआ है, जिन्हें क्रमशः इन्द्रद्वीप, कसेरु, ताम्रपर्ण, गभस्तिमान, नागद्वीप, सौम्य, गंधर्व, वारुण तथा समुद्रवृत्तद्वीप कहते हैं। इसका हजारों योजन लंबा विस्तार है। इसके पूर्व की ओर किरात तथा पश्चिम में यवन बसे हैं। मध्य में वर्ण-व्यवस्था के अनुसार ब्राह्मण, क्षत्रिय, वैश्य एवं शूद्र रहते हैं। इसमें से ही शतद्रु, चन्द्रभागा, वेद और स्मृति, नर्मदा एवं सुरसा, तापी, पयोष्णी, निर्विंध्या, गोदावरी, भीमरथी, कृष्णवेणी, कृतमाला, ताम्रपर्णी, त्रिसामा, आर्यकुल्या तथा ऋषिकुल्या आदि नदियां निस्सृत होती हैं। इनके ही किनारे-कुरु, पांचाल, पुष्ट, कलिंग, मगध, सौराष्ट्र, आभीर, मालव, सैंधव, सौवीर तथा पारसी आदि गण रहते हैं। इन नदियों के सिंचन से ही तटवर्ती जन अत्यंत स्वस्थ एवं शौर्यशाली होते हैं।

भारतवर्ष में समय चार युगों में संचालित होता है- सत्ययुग, त्रेता, द्वापर और कलियुग। भगवान विष्णु यज्ञपुरुष के रूप में यज्ञ द्वारा पूजित किए जाते हैं। अन्य दूसरी भूमियां यहां भोग-भूमियां हैं। भारत वर्ष कर्म भूमि हैं। हजारों वर्षों तक अनेक महान् पुण्यों के संग्रह होते जाने के पश्चात् ही कहीं जाकर इस प्रदेश में जन्म मिलता है। यहां के इसी वैभव के कारण देवता भी ईर्ष्या करते हैं। वे सदैव यही कामना करते हैं कि किसी प्रकार पुण्य कर्म होने पर उन्हें भारत में ही जन्म मिले।

प्लक्षद्वीप की चर्चा करते हुए मुनि ने कहा-इसके स्वामी मेधातिथि हैं। इन्होंने सात पुत्र उत्पन्न किए जो क्रमशः शांतहय, शिशिर, सुखोदय, आनंद, शिव, क्षेमक एवं ध्रुव थे। इनको प्राप्त लक्षद्वीप के सात खंड इन्हीं के नाम से प्रसिद्ध हुए। प्रत्येक वर्ष पर्वतों से विभक्त किया गया। इस प्रकार इनके विभाजक-गोमेद, चंद्र, नारद, दुन्दुभि, सोमक, सुमना, सुभ्राज पर्वत हैं। यहां पर वास करने वाले प्राणी हानि लाभ, कष्ट या रोग से मुक्त सुखपूर्वक रहते हैं। इन सात पर्वतों से सातों वर्षों में बहने वाली सात नदियां निकलती हैं, जिन्हें अनुतप्ता, शिखी, विपाशा, त्रिदिवा, अक्लगा, अमृता और सुकृता के नाम से पुकारा जाता है। प्लक्षद्वीप के वर्षों में युग की कोई दशा नहीं। यहां का समय सदैव ही त्रेता के समान रहता है। किंतु यहां वर्णव्यवस्था अवश्य है जिसके पालन से यहां के प्राणी रोग मुक्त रहते हुए पांच हजार वर्ष की आयु पाते हैं। श्री विष्णु का यहां सोम रूप में भजन-पूजन किया जाता है।

ब्राह्मण, क्षत्रिय, वैश्य और शूद्र का यह चतुवर्ण प्लक्षद्वीप आर्यक, कुरर, विदिश्य और भावी जातियों के द्वीप के नाम से माने जाते हैं। इस द्वीप का नाम भी प्लक्ष नाम के विशालकाय वृक्ष के नाम पर पड़ा है। यह द्वीप अपने ही समान आकार वाले इक्षुरस के समुद्र से घिरा रहता है। शाल्मलद्वीप के अधिपति महावीर वपुष्मान के सात पुत्रों के नाम पर सात वर्ष पुकारे जाते हैं, जिन्हें श्वेतवर्ष, हरितवर्ष, जीमूतवर्ष, रोहितवर्ष, वैद्युतवर्ष, मानसवर्ष, सुप्रमवर्ष कहते हैं। ये द्वीप चारों ओर से अपने ही समान विस्तार वाले मदिरा सागर से घिरे हुए हैं। मदिरा सागर को उसके दुगुने फैलाव वाले कुशद्वीप ने घेर रखा है। आकार में शाल्मलद्वीप, इक्षुरस सागर से दुगुने विस्तार वाला है। इस द्वीप को सात पर्वत-कुमुद, उन्नत, बलाहक, द्रोणाचार्य, कंक, महर्षि और कुकुदमान सात वर्षों में विभाजित करते हैं। इनसे योनि, तोया, वितृष्णा, चंद्रा, मुक्ता, विमोचिनी और निवृत्ति ये सात नदियां निकलती हैं। इस द्वीप के निवासी ब्राह्मण, क्षत्रिय, वैश्य और शूद्र क्रमशः कपिल, अरुण, पति और कृष्ण कहलाते हैं। इस द्वीप में शल्मल (सेमल) का एक महान वृक्ष होने के कारण ही इस द्वीप को शाल्मलद्वीप कहा जाता है।

ज्योतिष्मान कुशद्वीप के अधिपति हैं। इनके सात पुत्रों के नाम से ही इस द्वीप के सात वर्ष पुकारे जाते हैं- जिन्हें उद्भिद, वेणुमान, वैरथ, लम्बन, घृति प्रभाकर और कपिल, वर्प कहा जाता है। इनके विभाजित करने वाले ये सात पर्वत हैं विद्रुम, हेमशैल, द्युतिमान, पुण्यवान, कुशेशय,

हरि और मंदराचल। इन पर्वतों से सात नदियां निकलती हैं। ये हैं- धूतपापा, शिवा, पवित्रा, सम्मति विद्युत, अम्मा और मही। कुश का झाड़ होने के कारण ही इस द्वीप का नाम कुशद्वीप पड़ा है। यहां के चतुवर्णी प्राणी दमी, शुष्मी, स्नेह और मन्देह कहलाए जो भजन-पूजन में विश्वास रखते थे। कुशद्वीप में जगत जनार्दन की ब्रह्मरूप में पूजा होती है। कुशद्वीप अपने चारों ओर समान विस्तार वाले धृतसमुद्र से घिरा रहता है।

कुशद्वीप से लगभग दोगुने विस्तार वाला क्रौंचद्वीप घृत समुद्र को घेरे रहता है। क्रौंचद्वीप के स्वामी महात्मा द्युतिमान हैं। इनके सात पुत्रों के नाम से ही इस द्वीप के सात वर्ष पुकारे जाते हैं। जिन्हें कुशलवर्ष, मन्दगवर्ष, उष्णवर्ष, पीवरवर्ष, अन्धकारवर्ष, मुनिवर्ष और दुन्दुभिवर्ष कहा जाता है। इनको सात पर्वत विभाजित करते हैं, जिनके नाम है क्रौंच, वामन, अन्धकारक, स्वाहिनी, दिवावृत्त, पुण्डरीकवान और दुन्दुभि। इन पर्वतों से प्रधान सात नदियां निकलती हैं, जो ये हैं-गौरी, मुसुद्वती, सन्ध्या, रात्रि, मनोजवा, क्षान्ति और पुण्डरीका। यहां के चतुर्वर्णी प्राणी पुष्कर, पुष्कल, धन्य और तिष्य कहलाते हैं। इन पुष्करादियों द्वारा भगवान विष्णु की शिव रूप में पूजा की जाती है। यह क्रौंचद्वीप अपने समान आकार वाले मट्ठे के सागर से चारों ओर से घिरा है और यह सागर अपने से दोगुने वाले शाकद्वीप से घिरा हुआ है। शाकद्वीप, क्रौंचद्वीप से दुगुना बड़ा है। इस द्वीप के स्वामी महात्मा भव्य के सात पुत्रों के नाम पर सात वर्ष हैं, जिन्हें जलद कुमार, सुकुमार, मरीचक, कुसुमोद, मौदाकि, और महाद्रुम, नामों से पुकारा जाता है। जिनको उदयाचल, जलाधार रैवतक, श्याम, अस्ताचल, अम्बिकेय और केसरी, ये सात पर्वत विभाजित करते हैं। सुकुमारी, कुमारी, नलिनी, धेनुका, इक्षु, वेणुका और गभस्ती ये सात नदियां इन सात पर्वतों से निकलकर सात वर्षों को सींचती हैं। सिद्ध गन्धर्वों से सिंचित और सुगन्धित एक शालूक के आधार पर इसका नाम शाकद्वीप पड़ा। यहां के चतुर्वणी प्राणी क्रमशः बंगु, मागध, मानस और मन्दग कहे जाते हैं। ये भगवान विष्णु की पूजा सूर्य के रूप में करते हैं। इस शाकद्वीप को उसी के समान आकार वाले क्षीरसागर ने घेर रखा है तथा सागर अपने से दोगुने आकार के पुष्करद्वीप से घिरा हुआ है।

पुष्कर द्वीप, शाकद्वीप से दोगुना विस्तार लिये हुए है। इस द्वीप के स्वामी महाराज सवन के दो ही पुत्र थे- महावीर और धातकि। इनके नाम के अनुसार यहां दो ही वर्ष हैं। इसके बीच में एक मानसोत्तर नाम का पर्वत है जिसकी ऊंचाई और चौड़ाई पचास सहस्र योजन है। यह दोनों वर्षों को विभाजित करता है। इस पर्वत के बाहर की तरफ महावीर वर्ष है और अन्दर की तरफ धातकि

वर्ष। इन दोनों वर्षों के लोगों की आयु दस हजार वर्ष की है। नदियां और पर्वत भी कम हैं। यहां पर ब्रह्माजी का उत्तम निवास स्थान एक वटवृक्ष (न्यगोध्र) है। भगवान नारायण की यहां पर ब्रह्मा रूप में पूजा की जाती है। यह द्वीप अपने फैलाव वाले गोलाकार मीठे जल के समुद्र से घिरा हुआ है।

मुनि पराशर ने सातों द्वीपों और उनके चारों ओर फैले सातों समुद्रों का वृत्तांत सुनाते यह बताया कि प्रत्येक द्वीप अपने पहले द्वीप से दोगुने आकार का होता है और इनको घेरने वाले समुद्र सदा जल से भरे रहते हैं। किन्तु चंद्रमा की कलाओं के कारण समुद्र का जल घटता-बढ़ता रहता है। पानी का यह उतार-चढ़ाव पांच सौ तीस अंगुल तक दिखलाई देता है। उन्होंने बतलाया कि मीठे जल के सागर के चारों ओर एक सुनसान, सुनहरी धरती दिखलाई देती है।

यहां दस हजार योजन ऊंचा और इतने ही फैलाव वाला विस्तृत पर्वत है। इस पर्वत के चारों ओर घना अंधेरा है, जो ब्रह्माण्ड कटाह से घिरा हुआ है। इस प्रकार इस सारे भूमंडल का फैलाव लगभग पचास करोड़ योजन है।

पृथ्वी के नीचे दस-दस हजार योजन की दूरी पर अतल, वितल, नितल, गभस्तिमान, महातल, सुतल और पाताल लोक हैं। क्रमशः इनको भूमि अतल की शुक्लवर्ण वितल की कृष्ण वर्ण, नितल की अरुणवर्ण, गभस्तिमान की पीतवर्ण, महातल की कंकरीली, सुतल की पथरीली और पाताल की सुनहरी है। इन सभी लोकों में रहने वाले यक्ष, नाग, दानव, दैत्य, राक्षस, आदि सैकड़ों जातियां सुखपूर्वक अनेक सुन्दर महलों में निवास करती हैं। पाताल लोक से नीचे परमपद विष्णु का शेष नामक तमोमय विग्रह है। ये शेष भगवान सभी देवताओं द्वारा वंदित और पूजनीय सारे भूमंडल को फूलों की माला की तरह धारण किए हुए पाताल के तल में स्थित हैं। पृथ्वी और जल के नीचे यमराज की सत्ता के अधीन पापियों के निवास के लिए अनेक नरक बसे हुए हैं, जिनमें रौरव, महाज्वाल, दारुण, वह्निजाल, सदंश, तमस, अप्रतिष्ठ आदि प्रमुख हैं।

झूठ बोलने वाला, पक्षपात करने वाला और सच को छिपाते हुए झूठी गवाही देने वाला रौरव नरक भोगता है। गौहत्या करने वाला, भ्रूणहत्या करने वाला रोध नरक में जाता है। मद्यपान सेवी आदि सूकर नरक भोगते हैं। क्षत्रियों और वणिकों का घाती ताल नरक में जाता है। गुरुपत्नी तथा बहिन के साथ विषय भोग करने वाला या राजदूतों का हत्यारा तप्त कुम्भ नरक भोगता है। पुत्री तथा पुत्रवधू के साथ सम्भोग करने वाला महाज्वाल नरक में जाता है। सती-साध्यी स्त्री को कुमार्गी के हाथों बेचने वाला तत्त्व लौह नरक में जाता है। वेद निन्दक और वेद विरुद्ध आचरण करने वाला अगम्यगामी लवण नरक हो प्राप्त होता है। मर्यादाभंजक और चोर कर्म करने वाला विलोहित नरक में जाता है। देवताओं, ब्राह्मणों अथवा पिता के प्रति द्वेष रखने वाला कृमि भक्ष

नरक में जाता है और यज्ञ का अनिष्ट करने वाला कृमीश नरक में जाता है। देवभू, पितृभू या अतिथि भोग से पूर्व भोजन करने वाला लालाभक्ष नरकवासी होता है और प्राणघाती शस्त्र बनाने वाला विशसन नरक में जाता है। असत्प्रतिग्रही और नक्षत्रोपजीवी अधोमुख नरक में शूकर आदि पक्षियों को पालने वाला, मद्यविक्रेता, मित्रघाती और गृहदाह करने वाला रुधिरान्ध्र नरक में, यज्ञ का विध्वंस करने वाला वैतरणी नरक में, पतित सदंश नरक में, व्याधगण वह्निवाल नरक में तथा वीर्यपात करने वाला ब्रह्मचारी श्वभोजन नरक का गामी होता है।

इस प्रकार मनुष्य जाति के लिए निर्धारित विधि-नियमों के विरुद्ध आचरण करने वाले व्यक्ति सैकड़ों, हजारों नरकों से होते हुए जड़, कृमि, जलपशु,पक्षी, पशु, मनुष्य, धर्मात्मा, सज्जन, देवता के रूप में उत्तरोत्तर श्रेष्ठ जाति में जन्मते हुए मुमुक्षु रूप में मोक्ष के अधिकारी हो जाते हैं।

प्रायश्चित्त न करने वाले लोग बार-बार नरकवास के फेर में पड़े रहते हैं। यद्यपि भिन्न-भिन्न पापों के लिए भिन्न-भिन्न तपस्या निश्चित हैं, किंतु फिर भी प्रमुख प्रायश्चित्त स्वरूप श्रीमन् नारायण विष्णु का स्मरण करते हुए जीव पाप के विनष्ट होने पर मोक्ष का भागी हो जाता है। जप और तप आदि से तो वह केवल इहलोक ही सुधारता है। किंतु परमपद विष्णु के श्री चरणों में ध्यान लगाने से वह पुनर्जन्म के चक्र से मुक्त होता हुआ परमपद को प्राप्त होता है। अतः मनुष्य के लिए विष्णु का स्मरण ही श्रेय है।

पृथ्वी जितना विस्तार ही उपरिलोक का भी है। इसमें पृथ्वी से एक लाख योजन दूरी पर सूर्यमंडल स्थित है, सूर्यमंडल से एक लाख योजन दूरी पर चन्द्रमंडल है और चन्द्रमंडल से एक लाख योजन दूरी पर तारामंडल स्थित है। तारामंडल से दो लाख योजन दूर बुध ग्रह है तथा इसके बाद शुक्र, मंगल, बृहस्पति, शनि, सप्तर्षि मण्डल सभी एक-दूसरे से दो-दो लाख योजन दूरी पर टिके हुए हैं। सप्तर्षि मण्डल से एक लाख योजन दूरी पर ज्योतिषचक्र का कामरूप ध्रुव मण्डल है। इसके ऊपर एक लाख योजन दूर महर्लोक है। यहां भृगु आदि सिद्धगण वास करते हैं- इसी महर्लोक से दो करोड़ योजन दूर जनलोक है। यहां ब्रह्मा के मानस पुत्र सनकादि रहते हैं। यहां से आठ करोड़ योजन दूरी पर तप लोक है जिसमें कभी दग्ध न होने वाले वैराग जाति के देवता वास करते हैं। यमलोक से बारह करोड़ योजन दूरी पर सत्यलोक अवस्थित है। इसी को ब्रह्म लोक भी कहते हैं। इस ब्रह्मलोक में मृत्यु और जीवन से मुक्तकाम प्राणी वास करते हैं।

पराशर मुनि ने मैत्रेयजी को बताया कि पृथ्वी लोक पर मनुष्य वास करते हैं। सिद्ध मुनि और तपस्वी भुवर्लोक में वास करते हैं और इससे ऊपर चौदह लाख योजन विस्तार वाला स्वर्गलोक है। भूः, भुवः, स्वः ये तीनों जन, तप और सत्य अकृतक त्रैलोक्य और कृतकाकृतक कहलाते हैं।

कल्पान्त के समय महर्लोक जनशून्य हो जाता है लेकिन नष्ट नहीं होता। यह ब्रह्माण्ड अपने चारों ओर अण्ड कटाह से घिरा होता है। इसमें अण्ड अपने दस गुने जल से, जल दस गुना अग्नि से, अग्नि दस गुना वायु से, वायु दस गुना आकाश से, आकाश दस गुना अहंकार से और अहंकार दस गुना महत्तत्त्व से और यह महत्तत्त्व प्रधान से घिरा रहता है। यही सम्पूर्ण जगत् का कारणभूत पराप्रकृति है। इसी प्रधान में तिल के समान चेतन पुरुष अवस्थित है। प्रधान और पुरुष दोनों ही विष्णु शक्ति से आवेष्टित हैं। प्रधान से महत्तत्व से पंचभूत, सम्पूर्ण विकार से देव, असुर आदि उनसे उनके पुत्र पौत्र आदि उत्पन्न होते हैं। यह प्रक्रिया बीज के विकास के समान होती है क्योंकि जिस प्रकार बीज के विकास से अन्य वृक्षों में प्रस्फुटित होने से पूर्वज-वृक्ष को कोई क्षति नहीं होती, उसी प्रकार अन्य अनेक प्राणियों के उत्पन्न होने से पूर्ववर्ती प्राणियों को कोई क्षति नहीं होती। जिस प्रकार आकाश और काल सन्निधि मात्र से किसी वृक्ष के कारण होते हैं, उसी प्रकार विष्णु भी इस के कारण हैं। विष्णु ही इस जगत की अव्यक्त मूल प्रकृति हैं। विष्णु से अतिरिक्त जगत् की कोई सत्ता नहीं है।

सूर्य के रथ का विस्तार नौ हजार योजन होता है और रथ के ईषादण्ड का अठारह हजार योजन होता है। डेढ़ करोड़ सात लाख योजन धुरे की लम्बाई होती है। इस धुरे में ही रथ का पहिया लगा होता है। सुबह, दोपहर, शाम तीन नेमियां होती हैं। परिवत्सर आदि पांच और छह ऋतुओं के रूप वाले अक्षय स्वरूप संवत्सर में यह सम्पूर्ण कालचक्र स्थापित है। गायत्री, बृहति, उष्णिक् जगती, त्रिष्टुप, अनुष्टुप और पंक्ति सात छंद होते हैं। यही सूर्य के सात अश्व हैं। सूर्य के रथ का दूसरा धुरा साढ़े पैंतालीस योजन लंबा होता है। दोनों ईषादण्डों का परिमाप रथ के अनुरूप होता है। छोटा धुरा ध्रुव के आधार पर और दूसरा मानसोत्तर पर्वत पर टिका होता है। इस पर्वत के पूर्व में इन्द्र की वस्वौकसारा, दक्षिण में यम की संयमनी, पश्चिम में वरुण की सुखा तथा उत्तर में चन्द्रमा की विभावरी नगारेयां बसी हुई हैं। सूर्य ही दिन और रात ही व्यवस्था करते हैं। दिशाओं-विदिशाओं का ज्ञान भी सूर्य से ही होता है। प्रत्येक स्थान पर जहां सूर्य उदित होता है, वहीं से दिन शुरू होता है, जहां अस्त होता है वहीं दिन समाप्त हो जाता है। इसी से पूर्व-पश्चिम आदि दिशाएं बनी हैं। दिन में अग्नि का तेज सूर्य में और रात्रि को सूर्य का तेज अग्नि में समाविष्ट हो जाता है। सूर्य एक मुहूर्त समय में पृथ्वी के तीसवें भाग को अतिक्रमित करता है। पूरे भूभाग को अतिक्रमित करने में लगा समय एक-दिन रात होता है। उत्तरायण में सूर्य मकर राशि में होता है। इससे क्रमशः कुंभ, मीन राशियों में चला जाता है। इसके पश्चात् सूर्य भूमध्य रेखा के बीच में गमन करता है। समान दिन-रात के रूप में आ जाता है। इसके बाद भूमि क्षीण होने लगती है। दिन बढ़ने लगता है। इसके बाद में मेष, वृष को लांघता हुआ सूर्य मिथुन में होता हुआ अंतिम

राशि कर्क में आकर उत्तरायण से दक्षिणायन में आ जाता है। इस स्थिति को पार करने में सूर्य तेजी से घूमता है दिन के समय सूर्य साढ़े तेरह नक्षत्रों को बारह मुहूर्तों में तथा रात्रि के साढ़े तेरह नक्षत्रों को अठारह मुहूर्तो में पूरा करता है। दिन-रात की छोटाई और बड़ाई राशियों के परिमाण के अनुसार होती है। उत्तरायण में सूर्य की गति दिन में तेज, रात्रि को मन्द तथा दक्षिणायन में रात्रि को तेज तथा दिन में मन्द होती है। वेदों में रात्रि को उषा तथा दिन को व्युष्टि कहा गया है। इनका बीच का काल सन्ध्या काल कहलाता है। इस सन्ध्या के समय सन्देह नामक भीषण दैत्य सूर्य को डकारना चाहता है किन्तु ब्राह्मणों के सत्प्रयास, ॐकार से और गायत्री के मन्त्रोच्चारण द्वारा पूजित जल से सूर्य देव की रक्षा की जाती है। इस जल की शक्ति से ही सूर्य देव दैत्यों का नाश करते हैं। इसीलिए ब्राह्मणों को सूर्य की रक्षार्थ चाहिए कि प्रातःकाल में तथा दिनांत को संध्याकाल को मंत्रपूरित जल सूर्य को अर्घ्य रूप में चढ़ाएं।

यह बताया गया है कि पन्द्रह निमेष की एक काष्ठा तीस काष्ठाओं की एक कला, तीस कलाओं का एक मुहूर्त तथा तीस मुहूर्तों का एक पूरा दिन-रात होता है। पन्द्रह दिन-रात का एक पक्ष तथा दो पक्षों का एक सौर मास होता है। दो सौर मासों की एक ऋतु, तीन ऋतुओं का एक अयन तथा दो अयनों (उत्तर तथा दक्षिण) का एक वर्ष होता है।

श्वेत वर्ष की उत्तर दिशा में शृंगवान पर्वत स्थित होता है। इसके एक उत्तर में, एक दक्षिण में तथा एक मध्य में तीन शृंग स्थित होते हैं। सूर्य वैषुवत श्रृंग पर शरद और बसंत ऋतुओं के बीच में आते हैं। ये दिन-रात को समान बांटते हैं। प्रत्येक मास में राका और अनुमती दो पूर्णिमाएं होती हैं। सिनीवाली तथा कुहू दो अभावस्था होती हैं। माघ, फागुन, चैत्र, वैशाख, ज्येष्ठ, आषाढ़, ये छः मास उत्तरायण में तथा सावन, भाद्रपद, अश्विन, कार्तिक, अगहन तथा पौष ये छः मास दक्षिणायन में होते हैं। लोकालोक पर्वत की चारों दिशाओं में-सुधामा, शंखपाद, हिरण्यरोमा तथा केतुमान नाम के चार लोक रहते हैं।

अगस्त्य के उत्तरी मार्ग और अजवीथी के दक्षिणी मार्ग अलग मार्ग से भिन्न मृगवीथी पितृयान पथ हैं। यहां यज्ञ-यगादि करने वाले महात्मा लोग विच्छिन्न वैदिक धर्म की पुनः स्थापना के लिए निरन्तर प्रयत्नशील रहते हैं। पूर्व धर्म प्रवर्त्तक बाद की संतान के यहां जन्म होते हैं। बाद के धर्म प्रचारक अपनी संतान रूप में जन्मे पितृगण के यहां जन्म लेते हैं। इस प्रकार ये महात्मा निरंतर सूर्य के दक्षिण मार्ग में आते-जाते रहते हैं।

सूर्य का उत्तरीय मार्ग देवयान कहलाता है। यह नागवीथी के उत्तर में तथा सप्तर्षियों के दक्षिण में स्थित होता है। इसमें इंद्रियों पर विजय पाए लोग, संतान के प्रति अनिच्छुक तथा मोक्षकामी अस्सी हजार मुनि प्रलय होने तक वास करते हैं। यही काल त्रिलोक की स्थिति तक अमर अर्थात्

मृत्युरहित कहलाता है। प्रलयकाल में पृथ्वी से लेकर ध्रुव प्रदेश तक सब नष्ट हो जाता है। ऊपर की ओर सप्तर्षियों से उत्तर दिशा में ऊपर ध्रुव प्रदेश में विष्णु का तीसरा तेजमय दिव्य धाम है। यहां पाप-पुण्य से मुक्त, जीवन-मरण से मुक्त मुनि वास करते हैं। इसी में मेघ और वृष्टि निर्धारित होती है जिससे समस्त सृष्टि का पालन-पोषण होता है। यह ध्रुव प्रदेश ही त्रिलोकी का आधारभूत और वर्षा का आदि कारण है। यहीं से सबके पापों का नाश करने वाली गंगा निकली है। कहा जाता है कि विष्णु के अंगूठे के नाखून से निकली गंगा को ध्रुव दिन-रात अपने मस्तक पर धारण रखते हैं। इसी पवित्र गंगा के जल में सप्तर्षियों द्वारा अघमर्षण मंत्र का जाप किया जाता है। विष्णुपद से बढ़ती हुई और चन्द्रमण्डल से होती हुई मेरु पर्वत पर गिरकर गंगा संसार के कल्याण के लिए सीता, अलकनंदा, चक्षु और भद्रा नाम की चार धाराओं में बंटकर अलग-अलग चार दिशाओं में बहने लगती है। दक्षिण में बहने वाली अलकनंदा को ही भगवान शिव ने अपने माथे पर धारण किया था। इसी से सगर पुत्रों का उद्धार हुआ। इसका इतना अधिक महत्त्व है कि इसके जल में स्नान करने वाले पाप-मुक्त हो जाते हैं। तट पर यज्ञ करने वाले निर्वाण पद के अधिकारी होते हैं। यहां तक कि गंगा सौ योजन दूर से भी नाम लेने वाले का उद्धार कर देती है। ऐसी परम पवित्र महिमामयी भगवती गंगा का उदगम स्थान यह विष्णु का तेजमय दिव्य धाम ही है।

भगवान विष्णु के तारामय रूप के पश्च भाग में गिरगिट के समान चमकने वाला ध्रुव स्थित है। यह ध्रुव ही सूर्य, चन्द्र आदि नक्षत्रों को घुमाता है। सभी ग्रह, तारे, नक्षत्र आकाश गंगा की डोरी से ध्रुव के साथ बंधे हैं। उत्तानपाद के पुत्र ध्रुव ने परमपद प्राप्त करने की इच्छा से श्रीमन् नारायण विष्णु की आराधना करके शिमुमार के पुच्छ स्थान में स्थिति प्राप्त की। ध्रुव में सूर्य और सूर्य में सकल जगत् स्थित है। सूर्य ही संसार का जल खींचकर चन्द्रमा का पोषण करता है। चन्द्रमा उस जल को नदियों द्वारा अग्नि, वायु और अमय मेघों तक पहुंचाता है। मेघों में यह जल निर्विकार रहता हुआ यथासमय पृथ्वी पर बरस जाता है।

सूर्यदेव ही नदी, समुद्र, पृथ्वी और प्राणियों से उत्पन्न जलों को खींचते हैं और आकाश गंगा के जल को बिना बादलों के धरती पर अपनी किरणों द्वारा बरसा देते हैं, जिसके स्पर्श मात्र से पृथ्वी के प्राणी निष्पाप हो जाते हैं। सूर्य के दिखलाई देते बरसने वाला जल बिना मेघों के कृत्तिकादि विषम नक्षत्रों में सूर्य के प्रकाशित होते हुए बरसाया जल और सम संख्या वाले नक्षत्रों में सूर्य द्वारा बरसाया जाने वाला जल, सूर्य की किरणों द्वारा ही आकाश गंगा से ग्रहण किया जाता है और मनुष्य का कल्याण करता है। बादलों द्वारा बरसाए जाने वाले जल से धन-धान्य

की उत्पत्ति और प्रजा का पालन होता है। अन्न, फल आदि से यज्ञ अनुष्ठान करके मुनि लोग देवताओं को प्रसन्न करते हैं। अन्न आदि की आधार वर्षा, वर्षा के आधार सूर्य, सूर्य के आधार ध्रुव, ध्रुव के आधार शिशुमार, शिशुमार के आश्रय विष्णु है। इस प्रकार विष्णु ही विभिन्न रूपों में समस्त सृष्टि के पालक और सनातन पुरुष हैं। सूर्य के रथ के प्रत्येक मास विभिन्न अधिकारियों द्वारा आदित्यों, ऋषियों, गंधर्वों, अप्सराओं, यक्षों, सर्पों तथा राक्षसों से अधिष्ठित होते हुए जगत को प्रकाशित करते हैं।

इस प्रकार मैत्रेयजी को संपूर्ण वृत्तांत सुनाते हुए पराशरजी ने बताया कि सभी सात गण एक-एक मास तक सूर्यमंडल में रहते हैं। मुनि लोग सूर्य की स्तुति करते हैं। गंधर्व यशगायन करते हैं। अप्सराएं नृत्य करती हैं। राक्षस रथ के पीछे-पीछे चलते हैं। यक्ष सूर्य की किरणों को थामे रहते हैं। सर्प रथ की सज्जा करते हैं और बालखिल्यादि नित्यप्रति सेवक के रूप में देखभाल करते हैं। ये सातों गण ही अपने समय पर उपस्थित रहकर सर्दी, गर्मी और वर्षा का कारण बनते हैं। मैत्रेयजी ने प्रश्न किया कि यदि गर्मी, सर्दी और वर्षा के कारण ये गण हैं तो सूर्य का क्या प्रयोजन हुआ? और फिर सूर्य के उदय और अस्त होने और सूर्य से वर्षा होने की बात जो लोकमत में प्रचलित है उसका क्या आधार हुआ?

मैत्रेयजी की शंका का समाधान करते हुए पराशरजी ने कहा-यद्यपि सूर्य स्वयं सात गणों में से एक हैं फिर भी उनकी अपनी विशिष्टता है। विष्णु की वेदत्रयी पराशक्ति सूर्य को तापरूपी ऊर्जा प्रदान करती है और उपासक की पापवृत्ति का नाश करती है। प्रात: ऋक्शक्ति, मध्याह्न में यजुशक्ति और अपराह्न में सामशक्ति सूर्य में वास करती हैं। यह वेदत्रयी ब्रह्मा, विष्णु, महेश का भी रूप हैं। सर्ग के आदि में ऋक् स्वरूप ब्रह्मा, मध्य में यजुर्मय विष्णु तथा अंत में साममय महादेव होते हैं। अतः इस वैष्णवी शक्ति के रूप में ही सूर्य में ब्रह्मा, विष्णु, महेश का वास होता है।

वस्तुतः सूर्य का कभी उदय और अस्त नहीं होता। वह सदैव स्थिर रहता है। उनके सामने आने वाले को दर्पण के समान उनमें अपना प्रतिबिम्ब दिखाई देता है। सूर्य की सुषुम्ना किरण शुक्ल पक्ष में चन्द्रमा का पोषण करती है और कृष्ण पक्ष में देवगण चन्द्रमा की कलाओं का भोग करते हैं। कृष्ण पक्ष के समाप्त होने पर कलाओं वाले चन्द्रमा का भोग पितृगण करते हैं। इस प्रकार सूर्य द्वारा देवों और पितरों का तर्पण होता है। सूर्य नारायण इसी प्रकार पृथ्वी से खींचे जल को अन्नादि के लिए बरसाकर समस्त प्राणियों को प्रसन्न करते हैं।

पराशर मुनि ने सूर्य की भांति ही चन्द्रमा आदि ग्रहों के विस्तार को इस प्रकार बताया कि तीन पहियों वाले चन्द्रमा के रथ में बायें और दायें सफेद रंग के दस घोड़े जुते हुए होते हैं। यह घोड़े एक बार जोड़े जाने पर पूरे कल्पपर्यंत तक उसे जोतते रहते हैं। चन्द्रमा शुक्ल और कृष्ण पक्ष में क्रमशः देवों और पितरों की तुष्टि करते हैं। वे अपनी शीतल किरणों द्वारा औषधि आदियों में रस वर्षा करके मनुष्य जीव और कीट-पतंगों का पोषण करते हैं।

चन्द्रमा के पुत्र बुध का रथ अग्नि और वायुमय पदार्थों से बना है। इसमें वायु के ही समान वेगवान आठ घोड़े होते हैं। शुक्र के रथ में भूमि से उत्पन्न घोड़े होते हैं। इसमें रथ की सुरक्षा के लिए लोहे का आवरण होता है। रथ के नीचे का भाग अपने ही ढंग का बना होता है। रथ में शस्त्र और पताका भी अपने ढंग की अलग होती है। मंगल का रथ सोने का बना होता है। इसमें पद्मराग मणि के समान कांति वाले आठ घोड़े होते हैं। बृहस्पति का रथ सुवर्ण मंडित होता है। इसमें पाण्डुर रंग के घोड़े होते हैं। शनिश्चर के रथ में आकाश से उत्पन्न विचित्र वर्ण के घोड़े होते हैं। राहु का रथ धूसर रंग का होता है। इसमें काले रंग के घोडे जुते होते हैं। चंद्रपर्वों से होकर यह राहु सूर्य से चन्द्रमा के पास आता है तथा चन्द्रमा से निकलकर सौर पर्वों पर सूर्य के पास आता है। केतु का रथ पुआल के धुएं-सा होता है। इसके अश्व लाखवर्णी होते हैं। ये सभी रथ वायुमयी डोर से ध्रुव से बंधे हैं तथा स्वयं ध्रुव को घुमाते रहते हैं। इस चक्र को प्रवह चक्र कहते हैं। वास्तव में श्री विष्णु के जल रूप से ही पर्वत, समुद्र, नदियों सहित कमल के आकार वाली इस पृथ्वी की रचना हुई है। इस प्रकार यह सारा भूलोक विष्णु रूप ही है। यह सारी सृष्टि उन्हीं का विलास है। जिस समय जीव शुद्ध रूप में हो जाता है, उस समय पदार्थ भेद का अनुभव नहीं रहता। घट-पट आदि की भेद बुद्धि नष्ट हो जाती है। इस बदलते संसार को नित्य मानने की भावना अज्ञान ही तो है। इन्हीं को सत्य मानना मूर्खता के अतिरिक्त और क्या है? जिस प्रकार मिट्टी घड़ा बनती है, फिर वह कपाल बन जाता है, कपाल चूर्णराज अणु रूप हो जाती है, उस प्रकार परमपद भगवान विष्णु ही अनेक रूपों में सब जगह व्याप्त हैं। उनसे अलग किसी की कोई सत्ता नहीं। यही तत्त्वज्ञान है।

अब मैत्रेयजी ने तत्त्व ज्ञान के विस्तार में जाते हुए पराशरजी से प्रश्न किया कि भगवन्, योग युक्त महात्मा राजा भरत सत्कर्मों के करने पर भी मुक्ति को क्यों नहीं प्राप्त कर सके? इसका क्या कारण रहा? मैत्रेयजी की जिज्ञासा शांत करते हुए पराशरजी ने बताया-पृथ्वी के स्वामी भरत ने शालाग्राम स्थान पर जाकर परम पद विष्णु का स्तवन-अर्चन प्रारंभ कर दिया। अहिंसा के पुजारी होकर भरत ने अपना सारा समय विष्णु के जाप तप में ही लगा दिया। एक दिन वे नदी में स्नान के लिए गए। स्नान के बाद अपनी पूजा-अर्चना करके जैसे ही उन्होंने आंख खोली तो देखा कि

पानी पीने के लिए आई हिरणी सिंह की गर्जना से डरकर जैसे ही आत्मरक्षा के लिए एक ऊंचे स्थान पर कूदकर पहुंची तो उसका गर्भ नदी में गिर गया और हिरणी मृत्यु को प्राप्त हो गई। कृपा के आगार महात्मा भरत उस मृगी के शिशु को नदी से निकालकर अपने आश्रम में ले आए। अब वह मृग का बालक भरतजी की देख-रेख में आश्रम में पलने लगा।

नित्यप्रति वह मृग का बालक आश्रम के आस-पास सुबह-शाम इधर-उधर घूम-फिरकर चहलकदमी करने लगा। अपनी बालसुलभ वृत्तियों से मृगशावक ने भरतजी के मन में एक ममता जगा दी। थोड़ी देर के लिए भी यदि वह मृग का बच्चा कहीं चला जाता तो वे विचलित हो जाते और उन्हें भय लगने लगता कि कहीं बच्चे का कुछ बिगड़ तो नहीं गया। इस मृग के बच्चे ने राजा भरत के राज्यकाल को ही अपनी निमग्नता में व्यतीत कराया। साथ ही इनका मन ईश्वर-चिंतन से भी विरक्त हो गया। भरतजी के अंतिम समय में उनका ध्यान उस मृग बच्चे में ही अटका रहा। इसीलिए अगले जन्म में वे जम्बूमार्ग में ही एक मृग के रूप में उत्पन्न हुए। मृग रूप में भरतजी अपने राजसीय पूर्वजन्म का स्मरण करते हुए संसार और अपने परिवार को छोड़कर शालाग्राम क्षेत्र में चले गए और अपने मृग बनने के कारणभूत कर्मों का विचार करने लगे। इस प्रकार एक बार फिर उन्हें मृग शरीर छोड़कर ब्राह्मण कुल में जन्म लेने का अवसर मिला। इस जन्म में भी पूर्वजन्म की याद बनी रहने पर वे संसार से विरक्त हुए।

भरतजी लोगों के बीच अपने आप को विक्षिप्त-सा प्रदर्शित करने लगे। जो भी कंद मूल, शाख आदि वन के फल उन्हें मिल जाते, उन्हीं का भक्षण करते थे और अपना पेट भरते थे। पिता के मरने के बाद उनके भाइयों ने उनसे कठिन काम लेना शुरू कर दिया। भरतजी शरीर से स्वस्थ थे, अतः पूर्वजन्म के कर्मों का निवारण करते हुए जान-बूझकर कठिन श्रम में लग गए। एक बार राजा पृषत के सेवकों ने उन्हें विद्याहीन और संस्कारशून्य जानकर वर्णाश्रम व्यवस्था के विरुद्ध ब्राह्मण धर्म के प्रतिकूल आचरण करता जानकर वन्य पशु बना दिया लेकिन महाकाली देवी उनकी वास्तविकता जानती थीं। उसने अपनी तीक्ष्ण धार वाले हथियार से मुख्य राजसेवक का गला काटकर उसका रक्तपान किया और योगी पुरुष भरत को बंधनमुक्त किया। एक दिन महाराजा सौवरराज अपने रथ पर सवार कपिल मुनि से तत्त्वज्ञान प्राप्त करने के लिए उधर से गुजर रहे थे। भरत के वास्तविक रूप को पहचानने में उनसे भूल हो गई और बिना काम का व्यक्ति समझते हुए उसे बलपूर्वक अपने रथ में जोत दिया। भरतजी ने इसको भी पूर्वजन्म का फल मानकर स्वीकार कर लिया और शिविका उठाकर चल दिए। भरतजी अन्य तीन व्यक्तियों की अपेक्षा मंदगति से चल रहे थे। राजा के सेवकों के बार-बार को टोकने पर जब यह ज्ञात हुआ कि शिविका भरतजी की मंदगति के कारण धीमी चल रही है तो उन्होंने मोटे-ताजे भरतजी को

देखकर कहा कि तू शरीर से इतना मोटा-तगड़ा है, तुझसे थोड़ा भी परिश्रम नहीं होता! सौबीरराज के मुख से अपने प्रति ऐसे वचन सुनकर भरत ने कहा - श्रीमन्, न मैं मोटा हूं न मैंने आपकी शिविका उठा रखी है, न मैं थका हूं, न मुझे श्रम सहन करने की आवश्यकता है। भरतजी ने उन्हें समझाते हुए बताया कि तुम्हारी शिविका का वहन मैंने नहीं कर रखा। पृथ्वी पर मेरे पैर हैं और पैरों से कंधों तक अंगों-उपांगों में विभक्त यह शरीर है। अतः मुझ पर यह भार कहां? तुम्हारा यह शरीर कहने भर को ही तो शिविका पर रखा हुआ है। वस्तुतः तुम शिविका पर हो और मैं जमीन पर, यह भी तुम्हारा भ्रम है। सृष्टि के प्रत्येक जीव का शरीर पंचभूतों से मिलकर बना है तथा सत, रज तम आदि गुण कर्मों के वशीभूत हैं। कर्म अविद्याजन्य हैं। आत्मा शुद्ध, अक्षरमय शांत और प्रकृति से परे होती है। यह न घटती-बढ़ती है। न इसमें वृद्धि या क्षरण होता है। तब फिर आपका यह कहना कि मैं मोटा हूं क्या औचित्यपूर्ण है? यदि पृथ्वी पर चरण, चरण पर जंघा, जंघा पर उरु, उरु पर कटि, कटि पर उदर, उदर पर बाहु, बाहु पर स्कंध और स्कंधों पर रखी हुई यह शिविका मेरे लिए भार हो सकती है, तो इसी प्रकार तुम्हारे लिए भी भार हो सकती है क्योंकि ये सभी अनात्म तत्त्व मुझसे और तुमसे आत्मरूप से समान रूप से भिन्न है। इसीलिए आपको यह मानना ही पड़ेगा कि इस जगत के सकल प्राकृतिक उपादानों को पर्वतों, वृक्षों, ग्रहों और पृथ्वी आदि का भार समस्त जीवों ने ही तो उठा रखा है। हे राजन! विचारने के योग्य एक तथ्य यह भी है कि जिस पदार्थ से आपकी यह शिविका बनी है, उसी से तो हमारा-तुम्हारा और समस्त जीवों का शरीर भी बना है। इसीलिए इसके प्रति ममत्व अनुभव करना नितांत असंगत है।

बेकार से दिखाई देने वाले इस मूढ़ व्यक्ति के मुख से ऐसे तत्त्वज्ञानी वचनों को सुनकर बुद्धिमान राज शिविका से उतरकर भरतजी के पैरों में गिर पड़ा और बोला-हे महाज्ञानी, कृपया यह बताकर अनुग्रहीत करें कि इस छिपे हुए वेश में आप कौन हैं? आपका यहां शुभागमन किस निमित्त से हुआ है? मुझ मूर्ख की शंका निवारण करने की कृपा करें? भरतजी ने कहा- मैं कौन हूं? यह बात इतनी सरलता से नहीं बताई जा सकती क्योंकि यह प्रश्न बड़ा जटिल है और इसका सही उत्तर क्या है, इसे जानने के लिए अब तक न जाने कितने ऋषि और महात्मा इसके बारे में प्रयत्न कर चुके हैं लेकिन सही अर्थ में मैं अमुक हूं इस बात का उत्तर वे भी नहीं पा सके और जहां तक आने के कारण का संबंध है तो यह आना-जाना तो मनुष्य के कर्मफल के लिए होता ही रहता है। अतः मेरे आगमन के बारे में तुम्हारी जिज्ञासा अर्थहीन-सी लगती है। राजा ने भरत द्वारा इस प्रकार के वचन सुनकर यह स्वीकार किया कि कर्मफल भोग के लिए ही जीव देह धारण करता है। साथ ही, मैं कौन हूं? इसका उत्तर नहीं दिया जा सकता। ऐसा क्यों है? मैं जानना चाहूंगा और कृपा कर आप मेरी जिज्ञासा शांत करें कि 'अहम्' शब्द से आत्मा में कोई दोष उत्पन्न नहीं

होता लेकिन इसके प्रयोग से अनात्म में आत्म की प्रतिष्ठा उत्पन्न होने का संदेह हो जाता है। वास्तव में इस शब्द का उच्चारण जहां से होता है यानि दंत, ओष्ठ और तालु इनमें कोई भी अहम नहीं है, यहां तक कि मनुष्य के शरीर के सभी अंग, उपांग, सिर, हाथ, पैर, त्वचा रूप आदि आत्मा से पृथक् हैं। आप स्वयं सोचिए। इनमें आत्मा का प्रयोग आप किसके लिए और कहां करेंगे और जब समस्त जीव शरीर में एक ही आत्मा के अंश रूप में विद्यमान हैं और जब आत्मा एक से अलग कोई वस्तु नहीं है-तब मैं, तुम, आप, वे का प्रयोग निरर्थक ही तो है। इसलिए 'मैं मैं हूं, तुम राजा हो, यह वाहन है और ये उसके चालक हैं। यह समस्त प्रजा है' इनमें से कोई भी रूप तो सत्य नहीं।

लकड़ी की शिविका के बारे में जो वृक्ष से लकड़ी काटकर बनाई गई है, आप इसे वृक्ष कहेंगे या लकड़ी कहेंगे या शिविका। तत्त्वत: लकड़ियों के एक विशिष्ट आकार से बनाई गई एक रचना रूप में यह शिविका यदि एक लकड़ी से भिन्न है तो क्या आप लकड़ी की सत्ता को अलग कर विचार कर सकते हैं? आपके सिर पर जो यह छत्र विद्यमान है इसकी शलाखाओं से अलग क्या इसका कोई महत्त्व है? यदि यही तथ्य हम स्वयं पर या तुम पर लागू करें तो पंचभूत तत्त्वों से बना यह शरीर जिसमें सभी पशु-पक्षी, हाथी, घोड़े, गाय, बकरी, पुरुष तथा वृक्ष लताएं आदि आते हैं, कर्म हेतु शरीर भेद ही तो हैं। ये भेद तो कर्मफल के भोग के भिन्न-भिन्न रूप मात्र हैं क्योंकि जीव न तो देवता है, न ही मनुष्य तथा न पशु है और न वृक्ष ही।

वास्तव में देखा जाए तो इस जगत् में विभिन्न पद धारण किए व्यक्ति चाहे राजा हो या प्रजा, सेनापति हो या सैनिक, पारमार्थिक रूप से सत्य न होकर मात्र कल्पना ही तो है। परमार्थ वस्तु तो वही है जिसकी परिमाण आदि के कारण कोई संज्ञा ही न रह जाए। तुम अपने बारे में स्वयं सोच सकते हो। तुम्हारे कितने ही रूप है। प्रजा के लिए तुम राजा हो, पत्नी के लिए पति, पिता के लिए पुत्र, बहिन के लिए भाई, मित्र के लिए मित्र और शत्रु के लिए शत्रु हो। किंतु मेरे लिए क्या हो? क्या केवल सिर हो? केवल पैर हो? ग्रीवा हो? स्कंध हो या केवल उदर? ये सभी अंग-उपांग क्या तुम्हारे हैं? वास्तव में राजन्, तुम इनसे अलग हो। अब तुम स्वयं सोच सकते हो कि तुम क्या हो, कौन हो? वास्तव में आत्मतत्त्व को इन सब चीजों से अलग करके ही समझा और समझाया जा सकता है। अब तुम्हीं बताओ, इस अहम् का मैं तुम्हें क्या परिचय दूं।

राजा सौवीरराज ने इस प्रकार भरतजी द्वारा परम रहस्यपूर्ण एवं दिव्य तत्वज्ञान को पाकर श्रद्धापूर्वक उनसे विनय करते हुए कहा-हे देव, मैं मूढ़मति तो यही तत्वज्ञान प्राप्त करने के लिए

पूज्यनीय महर्षि मुनि कपिल की शरण में जा रहा था लेकिन अब मुझे लगता है कि साक्षात् आपके रूप में कपिल मुनि ने ही मुझे दर्शन देकर कृतार्थ किया है। अब आप कृपा करके यह बताकर अनुग्रहीत करें कि व्यक्ति का परमश्रेय क्या है?

इस पर भरतजी ने राजा से कहा कि राजन, पहले यह विचार करो कि तुम श्रेय जानना चाहते हो या परमार्थ क्योंकि सभी श्रेय अपरमार्थिक है। एक तरफ धन, सम्पत्ति, राज्य, वैभव, पुत्र की कामना वाले व्यक्ति के लिए देवताओं की आराधना करके इन्हें प्राप्त करना ही श्रेय होता है तो वे पदार्थ उसके लिए परम श्रेय है लेकिन स्वर्गलोक की प्राप्ति की कामना वाले के लिए यज्ञादि भी श्रेय है जबकि वास्तविक श्रेय तो आत्मा का परमात्मा से मिलन ही है। इस प्रकार श्रेय तो हजारों हैं परंतु इन्हें परमार्थ नहीं कहा जा सकता। धन, धर्म के लिए त्याज्य है और भोग के लिए प्राप्य है। अतः यह परमार्थ नहीं। इसी प्रकार पुत्र आदि भी परमार्थ नहीं क्योंकि कोई भी पुत्र किसी का पिता हो सकता है और कोई भी पिता किसी का पुत्र। इस तरह प्रत्येक पुत्र अपने पिता का रूप और अपने पुत्र का परमार्थ रूप कहलाएगा इससे तो सभी कारणों के कार्य परमार्थ कहलाए जाएंगे। राज्य आदि भी परमार्थ नहीं हैं क्योंकि वे अस्थायी हैं। कभी हैं, कभी नहीं और यदि ऐसा मान लिया जाए तो परमार्थ को भी आने-जाने वाला माना जाएगा जबकि वह नित्य और अनश्वर है। इसी प्रकार यज्ञादि भी वेद आदि से सम्पन्न होने के कारण परमार्थ नहीं हैं। ये भी घी, समिधा, चरु आदि नाशवान द्रव्यों से संपन्न होते हैं और इनसे पूर्ण होने वाली क्रिया-यज्ञ आदि भी नाशवान होते हैं। ज्ञानी पुरुष परमार्थ को अविनाशी बताते हैं। इसी प्रकार निष्काम कर्म मुक्ति रूप को पाने के लिए साधन तो हैं, साध्य नहीं। इसीलिए परमार्थ नहीं। शरीर से आत्मा के पृथक होने की प्रक्रिया भी पार्थक्य भाव के कारण परमार्थ नहीं होती। इसमें भेद भावना है जबकि परमार्थ अभेद है। देखा जाए तो आत्मा और परमात्मा का संयोग भी परमार्थ नहीं। इसमें भी एक तत्त्व का दूसरे तत्त्व के साथ एकमेव भाव संभव नहीं क्योंकि जिस प्रकार गौ और अश्व को एक नहीं किया जा सकता, उसी प्रकार आत्मा और परमात्मा की भिन्नता को अभिन्न नहीं किया जा सकता, उसी प्रकार आत्मा और परमात्मा में यदि बिम्ब-प्रतिबिम्ब का सहभाव भी मान लें तो भी इसे उपाधि का निराकरण ही कहा जाएगा। यही कारण है कि इन्हें परमश्रेय कहा जा सकता है, परमार्थ नहीं। परमार्थ का स्वरूप एक भिन्न वस्तु है।

वास्तव में आत्मा एक ऐसा अवयव है जो प्रकृति से परे अविकारी, जन्ममरण और वृद्धि से मुक्त सर्वव्यापी और निर्गुण तथा शुद्ध रूप माना जाता है। इसका न तो कभी असद पदार्थों से कभी मेल हुआ है और न कभी संभव हो सकता है। नाना देहों में विचरण करता हुआ भी यह एक है और यह ज्ञान ही परमार्थ तत्त्व है जबकि द्वैत भावना एक अपरमार्थ दर्शन है। इसे इस प्रकार भी कहा जा सकता है कि एक ही वायु-वेणु के विभिन्न छिद्रों से निकलकर सरगम की

ध्वनियां निकालती हैं। यह ध्वनि भेद ही उसमें द्वैत का आभास कराता है। इसी तरह नाना देहों के कारण, नाना कर्म प्रवृत्तियों के कारण यह परमात्मा भी भेदवान प्रतीत होता है लेकिन वास्तव में यह भेद अविद्या रूपी अंधकार के आवरण तक ही सीमित है।

भरत ने राजा को महर्षि ऋभु द्वारा महात्मा निदाघ को दिए गए आदेश का वृत्तान्त सुनाया- ऋभु मुनि श्री ब्रह्माजी के ही एक पुत्र थे, जो परमार्थ तत्त्व के ज्ञाता थे। पुलस्त्य मुनि का पुत्र निदाघ उनका परम प्रिय शिष्य था। यही कारण था कि ऋषि ने निदाघ की गुरुभक्ति से प्रसन्न होकर उसे संपूर्ण तत्त्वज्ञान का उपदेश दिया लेकिन इसी बीच ऋभु ने यह भी अनुभव किया कि निदाघ की निष्ठा अद्वैत में नहीं है।

इस घटना के हजारों वर्ष बाद एक दिन ऋभु मुनि देविका नदी के किनारे बसे मुनि पुलस्त्य के उपवनों से सज्जित, समृद्धि से सम्पन्न और अत्यंत रमणीय वीर नगर में निदाघ से मिलने आए। गुरु चरणों की श्रद्धापूर्वक वन्दना करते हुए निदाघ उचित रूप में अर्घ्य दान करके मुनि ऋषि से भोजन के लिए घर चलने का अनुरोध करने लगा। यह जानकर मुनि ने स्पष्ट रूप से निदाघ को बताया कि विप्रवर! मेरी किसी भी प्रकार के कुत्सित अन्न की अभिलाषा नहीं है। अतः तुम यह बताओ कि तुम्हारे यहां किस प्रकार का भोज्य पदार्थ प्रस्तुत है? इस पर निदाघ ने बताया कि जौ, सत्तू, बाटी और पूड़े इस समय उपलब्ध हैं -इनमें जो भी आपको रुचिकर हो उसी को गुरु के श्रीचरणों में उपस्थित करूं। यह सुनकर ऋभु ने कहा ये सभी कुत्सित भोज्य हैं। रुचि के अनुकूल खीर, हलुवा, मट्ठा और खांड के स्वादिष्ट पदार्थ का भोग करने की मेरी अभिलाषा है। इस पर निदाघ ने अपनी पत्नी से इसी प्रकार का भोजन यथाशीघ्र तैयार कराकर गुरु सेवा में प्रस्तुत कर दिया। इसको ऋभु ने इच्छा अनुकूल रुचि के साथ भोग लगाया। भोजनोपरांत निदाघ ने गुरु से पूछा-प्रभु! क्या आप पूर्ण रूप से तृप्त हो गए, आप कहां के रहने वाले हैं? कहां से पधारे है और आगे किधर जाने का विचार है? यह सुनकर ऋभु ने बतलाया- प्रियवर! जिसे क्षुधा सताती है, तृप्ति उसी की होती है। मुझे तो कभी भूख लगी ही नहीं। इसीलिए तृप्ति का प्रश्न ही कहां पैदा होता है, शरीर में पोषण अवयवों की कमी से भूख तथा जल की कमी से प्यास लगा करती है। लेकिन ये तो देह के धर्म हैं, मेरे नहीं। मैं तो इन सबसे परे हूं। न कभी भूख अनुभव की न प्यास, न कभी तृप्त हुआ न कभी स्वस्थ या अस्वस्थ। आने और जाने के प्रत्युत्तर में मुनि ऋभु ने बताया-मैं न तो कहीं जाता हूं न कहीं आता हूं। देह आदि के कारण अलग दिखाई देने के कारणभूत तत्त्व में भेद नहीं इसीलिए तू मैं और वह मूलरूप में अलग नहीं

हैं। यह तू न तू है, और मैं न मैं हूं। हममें आत्म तत्त्व अभेद है। मैंने तुमसे मधुर अन्न तुम्हारी बुद्धि परीक्षा के लिए ही मांगा था अन्यथा भोजन के इच्छुक के लिए क्या मीठा क्या तिक्त? क्योंकि समय किसी स्वादिष्ट भोजन को नितान्त अस्वादु और सुस्वादु भोजन को नितांत स्वादिष्ट बना देता है। क्या कोई ऐसा अन्न भी है जो प्रारम्भ से अंत तक एक ही स्वाद लिये हो। ज्ञानी पुरुष को स्वादु-अस्वादु के भेद से परे चित्त को समान भाव दृष्टि वाला बना लेना चाहिए। यही समानता भाव ही मोक्ष का एकमात्र साधन है।

ऋभु के द्वारा परमार्थ तत्त्व से ज्ञान के प्रबोधित निदाघ उनके प्रति श्रद्धा से नत हो गया तथा अपने ज्ञान चक्षु खुल जाने के कारण गुरु की कृपा का बखान करते हुए उनसे परिचय पाने की अनुनय-विनय करने लगा। शिष्य के श्रद्धा भाव को देखकर ऋभु ने अपना परिचय देते हुए सकल जगत् का कारण रूप वासुदेव परमात्मा का स्वरूप जानने में रुचि रखने और अभेद बुद्धि रखने का उपदेश देते हुए-अपने मार्ग पर लौट जाने का उपक्रम किया।

पुनः कई हजार वर्ष बाद एक बार फिर अपने शिष्य की मनोदशा की परीक्षा लेने के लिए ऋभु उसी वीर नगर में गए। वहां एक राजा की सवारी निकल रही थी तथा निदाघ कुशासन लिये समिधा के साथ भीड़ से अलग एक ओर खड़ा था। निदाघ के समीप जाकर मुनि ऋभु ने उससे अपरिचय की मुद्रा में प्रणाम किया तथा उसके इस प्रकार भीड़ से अलग खड़े होने का कारण पूछा। निदाघ ने कहा कि इस नगर का राजा हाथी पर सवार होकर राज्य नगरी में आ रहा है। अतः प्रजा की भीड़ उसे देखने के लिए टूट रही है। मैं इन सबसे अलग इसी कारण इधर खड़ा हूं। तब ऋभु ने निदाघ से यह पूछा कि आप तो इसी नगर के हैं क्या बताएंगे कि कौन राजा है और कौन दूसरे लोग हैं? निदाघ ने सीधा-सपाट उत्तर दे दिया देख नहीं रहे, पहाड़ के समान ऊंचा जो महामानव मस्त हाथी पर चला आ रहा है, वही तो राजा है।

शंका करते हुए ऋभु ने निदाघ से पूछा-प्रभु! आपने हाथी और राजा को एक साथ बता दिया। कृपा करके पृथक्-पृथक् कर बताइए ताकि मैं निश्चित कर सकूं कि कौन राजा है और कौन हाथी है। अब निदाघ कुछ विचलित हुआ। फिर भी संयम रखते हुए उत्तर दिया अरे भाई! जो नीचे है वही गज है और जो सवारी करता आ रहा है, वही राजा है। दोनों में वहन करने और होने का सम्बन्ध है। क्या यह इतनी सामान्य-सी बात भी तुम नहीं जानते! ऋभु ने अनजान बनते हुए निदाघ से कहा-महात्मन! नीचे और ऊपर से आपका क्या अभिप्राय है? यह सुनकर निदाघ मुनि के कंधों पर चढ़ गया और बोला-मैं तुम्हारे कंधों पर राजा के समान हूं तुम मेरा भार वहन कर रहे हो, नीचे हो, अतः हाथी हो। ऋभु ने प्रश्न किया- यह ठीक है कि आप राजा के समान हैं और

मैं हाथी के समान, लेकिन यह बताइए, आप कौन हैं और मैं कौन हूं? ऋभू द्वारा यह तर्क सुनते ही निदाघ को आत्मज्ञान हो गया तथा गुरु ऋभु को पहचानकर उसने उनके पैर पकड़ लिये तथा उनकी इस निष्काम अहैतुकी कृपा के लिए बार-बार आभार प्रकट करने लगा। इस पर ऋभु ने निदाघ को स्पष्ट बताया कि बाल्यकाल में तुमने मेरी मन से श्रद्धापूर्वक सेवा की थी। इसीलिए तुम्हारे हित-काम भाव से ही मैं पुनः तुम्हारे समीप आया हूं। हे महाबुद्धि! संसार में सकल पदार्थों में अद्वैत भाव-दृष्टि रखना ही परमार्थ का सार है। यही तुम्हारे लिए मेरा उपदेश है।

अब प्रबोधित निदाघ को गुरुमंत्र देकर ऋभु चले गए। निदाघ ने सर्वत्र आत्मबुद्धि तथा अद्वैत भाव को मंत्र रूप में धारण किया। फलस्वरूप उसको मुक्ति प्राप्त हो गई। इस कथा को सौवीर नरेश को सुनाते हुए भरत जी ने कहा- राजन! जैसे आकाश एक है लेकिन वर्ण भिन्नता के कारण भिन्न रूप दिखाई पड़ता है उसी प्रकार भ्रम एवं अज्ञान के कारण ही आत्मा भिन्न-भिन्न रूप भेदमय दृष्टिगोचर होती है। वास्तव में जगत् में नित्य आत्मा के अतिरिक्त कुछ सार नहीं। व्यक्ति को मित्र-अमित्र के भाव को तिलांजलि देते हुए अद्वैत विष्णु हरि का ही नाम जपते हुए मुक्ति का लाभ प्राप्त करना चाहिए।

इस प्रकार पराशरजी ने मैत्रेयजी को बताया कि सौवीर नरेश ने तत्त्व बोध से परमार्थ बुद्धि को अपनाते हुए अद्वैत को मूल मंत्र स्वीकार कर लिया। भरतजी की भी इसी जन्म में मुक्ति हो गई।

तृतीय अध्याय

सभी मन्वंतरों के बारे में पराशरजी से संपूर्ण वृत्तान्त सुनकर मैत्रेयजी ने उनके अधिपति मनुओं का विस्तार से परिचय जानना चाहा। पराशरजी ने कहा -स्वायंभुव प्रथम मनु थे। उनके बाद स्वरोचिष, उत्तम, तामस, रैवत और चाक्षुष मनु पूर्वकाल में हो चुके हैं। इस समय सूर्य पुत्र वैवस्वत मनु का सातवां मन्वंतर चल रहा है। स्वारोचिष मन्वंतर में पारावत तथा तुषित देवता थे। इन्द्र महाबली विपश्चित देवराज के तथा उर्ज्ज, स्तम्भ, प्राणवात, वृषभ, निरय और परीवान सप्तर्षि थे।

स्वारोचिष मनु के दो पुत्र उत्पन्न हुए जिनके नाम थे चैत्र तथा किम्पुरुष। उत्तम मन्वंतर में पांच देवता थे-सुधाम, सत्य, जप, प्रतर्दन और वशवर्ती तथा इन्द्र थे सुशांति नाम के देवाधिदेव वशिष्ठ के सात पुत्र मन्वंतर के सप्तर्षि थे। अज, परशु और दीप्त आदि उत्तम मनु के पुत्र थे। तामस

मन्वंतर में सुपार, हरि, सत्य तथा सुधि चार देवगण हैं और प्रत्येक देवगण में सत्ताईस देवता होते हैं। सौ अश्वमेध करने वाला राजा शिवि इस मन्वंतर का इन्द्र था। सप्तर्षि थे ज्योतिर्धामा, पृथु, काव्य, चैत्र, अग्नि, वनक तथा पीवर। तामस मनु के नर, ख्याति, केतुरूप और जानुबंध आदि पुत्र थे।

रैवत मन्वंतर के चार देवगण हुए अमिताभ, भूतरथ, वैकुण्ठ तथा सुमेधा जिनमें प्रत्येक के अधीन चौदह देवता होते हैं। विभु इनके इन्द्र तथा हिरण्यरोमा वेद श्री ऊर्ध्वबाहु, वेदबाहु, सुधामा, पर्जन्य और महामुनि इनके सप्तर्षि थे। बलवन्धु, सम्भाव्य और सत्यक आदि इनके पुत्र हुए। चाक्षुष मन्वंतर के देवगण थे आप्य, प्रसूत, भव्य, पृथक् और लेख जिनके प्रत्येक के अधीन आठ-आठ देवता थे। इनके इन्द्र थे मनोजव तथा सुमेधा, विरजा, हविस्मान, उत्तम, मधु, अतिमानव और सहिष्णु इनके सप्तर्षि हुए हैं। उरु, पुरु, और शतद्युम्न इनके बलशाली पुत्र हुए।

इस समय चल रहे श्राद्ध मन्वंतर के देवता आदित्य वसु तथा रुद्रादि हैं। पुरन्दर नामक इन्द्र हैं तथा वसिष्ठ, कश्यप, अत्रि, जमदग्नि, गौतम, विश्वामित्र और भारद्वाज इस मन्वंतर के सप्तर्षि हैं। श्राद्ध मनु के नौ धर्मात्मा पुत्र हुए जिनको इक्ष्वाक, नृग, धृष्ट, शयोति, नारेष्यंत, नाभाग, अरिष्ट, करुष, और पृषध्र के नाम से अमेहित किया गया।

इन सातों मन्वंतरों के परमपद विष्णु के भिन्न-भिन्न रूप में मूर्तिमान हुए। अखिल विश्व के कर्ता-भर्ता और संहर्ता विष्णु ही हैं। यह विश्व उन्हीं की देन है।

इसीलिए उन्हें विष्णु कहा जाता है। मन्वंतरों के सभी देव, इन्द्रादि, सप्तर्षि, मनु पुत्र विष्णु की ही विभूतियां हैं। स्वायंभुव मन्वंतर में आकूति के गर्भ से उत्पन्न यज्ञपुरुष, स्वरोचिष में तुषिता के गर्भ से उत्पन्न अजित, उत्तम से सल्या के गर्भ से उत्पन्न सत्य, तामस में हर्या के गर्भ से हरि, रैतव में संभूति के गर्भ से मानस, चाक्षुष में विकुंठा से उत्पन्न वैकुण्ठ तथा सातवें श्राद्ध मन्वंतर में अदिति के गर्भ से उत्पन्न वामन रूप में विष्णु ही प्रकट हुए और अखिल विश्व का पालन किया।

विश्वकर्मा की पुत्री संज्ञा का सूर्य से विवाह होने पर मनु, यम, और यमी तीन संतानें हुईं। सूर्य के तेज को सहन न कर पा सकने के कारण संज्ञा ने छाया को पति सेवा में छोड़ स्वयं तपस्या के लिए वन को प्रस्थान किया। इसके पश्चात् सूर्य ने छाया के साथ विचरण करते हुए शनिश्चर एवं मनु तथा तपती एक पुत्री एवं दो पुत्रों को और उत्पन्न किया। एक बार सूर्य को यह रहस्य ज्ञात हुआ कि छाया संज्ञा की रूपधारिणी है वास्तव शरीर तो वन में अश्व रूप में तपलीन है तो सूर्य स्वयं अश्व रूप में वन को गए। वहां संज्ञा के साथ दो अश्वनीकुमार को जन्म दिया। वीर्यस्राव के दौरान रेवंत को जन्म दिया। इसके बाद सूर्य संज्ञा को अपने साथ ले आए। विश्वकर्मा ने सूर्य के

तेज को कुछ कम करने का प्रयास किया लेकिन वह केवल तेज का आठवां हिस्सा ही कम कर सकें। वह आठवां हिस्सा पृथ्वी पर गिरकर विश्वकर्मा द्वारा विष्णु का चक्र, शंकर का त्रिशूल, कुबेर का विमान, कार्तिकेय की शक्ति और अन्य अनेक देवअस्त्रों के निर्माण में काम आया। छाया पुत्र मनु संज्ञा पुत्र मनु के समान होने पर सावर्णि कहलाया।

आने वाले आठवें मन्वंतर के अधिपति ये ही सावर्णि मनु होंगे। इसके देवता सुतप, अमिताभ, मुख्यगण होंगे। प्रत्येक गण के अधीन बीस देवता होंगे, इसके इन्द्र विरोचन पुत्र बलि होंगे। दीप्तिमान, गालव, राम, कृप, अश्वत्थामा, व्यास, तथा श्रृंग सप्तर्षि होंगे। विरजा, ऊर्वरीवान तथा निर्भीक आदि इनके पुत्र होंगे।

दक्ष सावर्णि नवें मन्वंतर के अधिपति होंगे। मरीचि, गर्ग तथा सुधर्म देवगण तथा इनमें प्रत्येक के अधीन बारह देव होंगे। अद्भुत इन्द्र होंगे तथा सवन, द्युतिमान, भव्य, वसु, मेधातिथि, ज्योतिष्मान् और सत्य इनके सप्तर्षि होंगे। इनके धृतकेतु, दीप्तिकेतु, निरामय और पृथुश्रवा आदि पुत्र होंगे। ब्रह्म सावर्णि दसवें मन्वंतर के अधिपति होंगे। सुधामा और विशुद्ध दो देवगण होंगे। इनके अधीन सौ-सौ देव होंगे। शांति इनके इन्द्र होंगे। हविष्मान, सुकृत, सत्य, तमोमूर्ति, नाभाग, अप्रतिमौजा और सत्यकेतु सप्तर्षि होंगे। सुक्षेत्र उत्तमौजा तथा भरिवेषा आदि इनके पुत्र होंगे। धर्म सावर्णि ग्यारहवें मन्वंतर के अधिपति होंगे। विहंगम कामगम तथा निर्वाणमति देवगण होंगे। (प्रत्येक के अधीन तीस देव होंगे।) वृष इंद्र होंगे तथा निःस्वर, अग्नितेजा, वपुष्मान, घृणि, आरुणि, हविष्मान और अनध सप्तर्षि होंगे। सर्वत्रग, सुधर्मा, और देवानीक आदि इनके पुत्र राज्य संचालन का कार्य संभालेंगे।

रुद्र पुत्र सावर्णि बारहवें मन्वंतर का अधिपति होगा। हरित, रोहित, सुकर्मा, और सुराप देवगण होंगे प्रत्येक के अधीन दस देव होंगे। ऋतु धाय, देवराज इंद्र बनेंगे तथा तपस्वी, सुतपा, तपोमूर्ति, तपोरति, तपोधृति, तायोद्युति तथा तपोधन सप्तर्षि होंगे। इनके देववान, उपदेव तथा देव श्रेष्ठ आदि महान् तेजस्वी पुत्र होंगे।

रुचि तेरहवें मन्वंतर का अधिपति होगा। सुनामा, सुकर्मा, सुधर्मा, देवगण, (प्रत्येक के तैंतीस देवता) दिवस्पति इन्द्र होंगे। निर्मोह, तत्त्वदर्शी, निष्प्रकम्प, निरुत्सुक, धृतिमान, अव्यय, और सुतपा सप्तर्षि होंगे। इनके पुत्र चित्रसेन और विचित्र बड़े कुशल शासक होंगे। भौम चौदहवें मन्वंतर के अधिपति होंगे। चाक्षुष, पवित्र, कनिष्ठा भ्राजिक तथा वाचा देवगण होंगे। शुचि इन्द्र तथा अग्निबाहु, शुचि, शुक्र, मागध, अग्नीघ्र युता और जित सप्तर्षि होंगे। उरु एवं गंभीरबुद्धि आदि पुत्र होंगे, जो पृथ्वी का पालन करेंगे। हे मैत्रेयजी, प्रत्येक चार युग की समाप्ति पर जब वेदों का नाम समाप्त हो जाता है तो मन्वंतर के सप्तर्षि ही वेद प्रचार करते हैं। सत्य युग के प्रारंभ में धर्म

की मर्यादा की स्थापना के लिए मनु का प्रादुर्भाव होता है। देवता यज्ञभाग ग्रहण करने वाले होते हैं, जो देवराज इंद्र के आदेश पर कार्य सम्पन्न करते हैं। मनु के पुत्र एवं वंशधर मन्वंतर की समाप्ति तक पृथ्वी का लालन--पालन करते हैं। इस तरह न केवल मनु बल्कि सप्तर्षि, देवगण इन्द्र तथा मनुवंशी भी मन्वंतर के अधिकारी माने जाते हैं।

चौदह मन्वंतरों के अंत में-एक हजार युग की अवधि वाले कल्प की समाप्ति होती है। तब इतने समय की ही रात्रि होती है। इस समय तीनों लोकों को ग्रसित कर परमपद विष्णु शेष शय्या लीन होकर निद्रामग्न हो जाते हैं। इस महाप्रलय रात्रि के अवसान पर पुनः रजोगुण के प्रभाव से सृष्टि संरचना होती है। इसलिए मनु, देवता, इन्द्र तथा मनु पुत्र एक तरह से विष्णु के ही सात्विक अंश हैं।

स्वयं श्रीनारायण ही अनेक रूपों में अवतरित होते हैं- सत्ययुग में कपिल रूप में ज्ञान उपदेश करते हैं। त्रेतायुग में चक्रवर्ती राजा के रूप में दुष्टों का संहार और संतों की रक्षा करते हैं। द्वापर में वेदव्यास रूप में वेदों का विस्तार करते हैं। कलिकाल में कल्कि रूप में दुराचारियों पर शासन करते हुए उन्हें सुमार्गी बनाते हैं। इस तरह स्वयं विष्णु ही संपूर्ण सृष्टि के कारणभूत हैं।

यह वृत्तान्त सुनकर मैत्रेयजी ने भगवान के व्यास रूप के विवरण का वृत्तांत जानना चाहा। इस पर पराशरजी ने उन्हें अब तक अट्ठाईस द्वापरों का व्यास-विवरण इस प्रकार दिया :

युग संख्या		**व्यास**	**युग संख्या**		**व्यास**
प्रथम	द्वापर	ब्रह्मा	एकादश	द्वापर	त्रिशिख
द्वितीय	"	प्रजापति	द्वादश	"	भारद्वाज
तृतीय	"	शुक्राचार्य	त्रयोदश	"	अंतरिक्ष
चतुर्थ	"	बृहस्पति	चतुर्दश	"	वर्णी
पंचम	"	सूर्य	पंचदश	"	त्रय्यारुण
षष्ठ	"	मृत्यु	षोडश	"	धनञ्जय
सप्तम	"	इन्द्र	सप्तदश	"	ऋतुञ्जय
अष्टम	"	वसिष्ठ	अष्टदश	"	जय
नवम	"	सारस्वत	एकोनविंशति	"	भारद्वाज
दशम	"	त्रिधामा	विंशति	"	गौतम
एक विंशति	द्वापर	हर्यात्मा	पंच विंशति	द्वापर	शक्ति
द्वा विंशति	"	बालश्रवा	षड़ विंशति	"	पराशर
त्रि विंशति	"	तृणबिन्दु	सप्त विंशति	"	जातुकर्ण
चतुर्विंशति	"	ऋक्ष वाल्मीकि	अष्ट विंशति	"	कृष्ण द्वैपायन

सृष्टि के प्रारंभ में वेद अविभक्त तथा एक लाख मंत्र वाला था। अट्ठाईसवें द्वापर में वेदव्यास ने अपने पूर्व के वेदव्यासों के अनुरूप ही चार भागों में संयुक्त वेद को विभक्त किया। इनके अध्ययन के लिए चार विद्वान् शिष्यों को दीक्षित किया। पैल को ऋग्वेद, वैशम्पायन को यजुर्वेद, जैमिनी को सामवेद तथा सुमन्तु को अथर्ववेद का ज्ञाता बनाया। सूतजातीय रोमहर्षण को पुराण-इतिहास की शिक्षा दी। ऐसा करने के पश्चात् वेदव्यास ने यजु से अध्वर्यु के, ऋक् से होता के, सोम से उद्गाता के तथा अथर्वण से ब्रह्मा के कर्म की स्थापना की। इस तरह वेदव्यासजी ने पहले तो वेद वृक्ष की चार शाखाएं प्रस्फुटित कीं तदनन्तर पूरे वेद वन की सृष्टि की जिसे इस प्रकार देखा जा सकता है-पैल ने ऋग्वेद का दो वर्गों में विभाजन किया और अपने दो शिष्यों इन्द्रप्रमिति तथा वास्कलि को एक-एक खंड सुनाया। वास्कलि ने अपने खंड की चार शाखाएं अपने चार शिष्यों को-बोध्य, अग्निमातृक, याज्ञवल्क्य और पराशर को पढ़ाया। इन्द्र प्रमिति ने अपने भाग को अपने पुत्र मार्कण्डेय को सुनाया एवं पढ़ाया। इसी प्रकार इनकी शाखाएं तथा प्रशाखाएं शिष्य-परम्परा से आगे फूटती रहीं और इनका प्रसार होता रहा। इसी परम्परा में शाकल्य वेदमित्र ने संहिता का अध्ययन किया तथा आगे पांच शिष्यों-मुद्गल, गोमुख, वात्स्य, शालीय तथा शरीर को पांच उप शाखाओं के रूप में विभाजित किया। इस प्रकार ऋग्वेद की शाखा-प्रशाखाओं के मध्य विस्तार हुआ। इनका प्रचार करने वाले इसीलिए बहवृच कहलाए।

व्यासजी ने यजुर्वेद का अपने सत्ताईस शिष्यों को अलग-अलग खंड रूपों में ज्ञान दिया। इनमें एक शिष्य ही ब्रह्मरत पुत्र याज्ञवल्क्य था। एक समय की बात है कि मेरु पर्वत पर कुछ विद्वान् महर्षियों ने सम्मिलित रूप से एक आयोजन किया तथा यह भी विधान किया कि उसमें अनुपस्थित रहने वाला ब्रह्महत्या का दोषी कहलाएगा। स्वयं वैशम्पायन ने इस आदेश की अवज्ञा की जिससे उन्हें स्वयं ब्रह्महत्या का दोष सहना पड़ा। इसी क्रम में उनका भगिनी-पुत्र भी कालग्रस्त हो गया। यह देखकर वैशम्पायन ने इस दोष की गंभीरता समझते हुए अपने शिष्यों से इससे मुक्ति के लिए प्रयास करने का व्रत करने के लिए कहा। इस समय उनके एक याज्ञवल्क्य ने अत्यंत साहस से व्यासजी से कहा-प्रभु! ये सभी ब्राह्मण निस्तेज हैं। आपके लिए कुछ नहीं कर सकेंगे। मैं अकेला ही आपको इस दोष से मुक्त करने के लिए समर्थ हूं। याज्ञवल्क्य की इस दर्पपूर्ण उक्ति को सुन व्यासजी न अपने सभी शिष्यों का अपमान अनुभव किया और याज्ञवल्क्य से अपनी दी हुई सभी दीक्षा लौटाने का आदेश दिया। तत्काल ही याज्ञवल्क्य महाराज ने सारा यजुर्वेद उगलकर फेंक दिया। जिसे सभी शिष्यों ने तीतर होकर एकत्रित किया इसीलिए इन यजुश्रुतियों को त्तित्तिर रूप में ग्रहण करने वाले ऋषि तैत्तिरीय कहलाएं। जिन्होंने ब्रह्महत्या दोष के निवारण के लिए अनुष्ठान किया वे सभी चरकाध्वर्य कहलाए।

यजुर्वेद के ज्ञान से वंचित याज्ञवल्क्य मुनि ने पुनः यजुर्वेद की शिक्षा प्राप्त करने के प्रयास में सूर्य की स्तुति की। सूर्य प्रसन्न होकर अश्व रूप में याज्ञवल्क्य के समक्ष प्रकट हुए। अभीष्ट वर मांगने को कहा। भक्तिपूर्वक प्रभु दर्शन से कृतकृत्य याज्ञवल्क्य ने उनसे याचना की-

नम: सवित्रे सूर्याय, भास्कराय विवस्वते।

आदित्यायादिभूताय देवादीनां नमो नम:।।

इस प्रकार स्तवन करते हुए याज्ञवल्क्य महाराज ने कहा-हे प्रभु! आप मुझे यजुश्रुतियों का ज्ञान प्रदान कीजिए जो मेरे गुरु श्री वैशम्पायनजी के स्मरण में भी न हों। ऐसी भक्त याज्ञवल्क्य की जिज्ञासा जानकर सूर्यदेव ने उन्हें आयातयाम यजुश्रुतियों का ज्ञान दिया। सूर्य ने यह ज्ञान देते समय वाजी रूप धारण कर रखा था। इसीलिए इन श्रुतियों को वाजनेयी संहिता भी कहते हैं। जो भी इसके ज्ञाता या अध्ययन करते हैं वे वाजी कहलाते हैं-याज्ञवल्क्य द्वारा प्राप्त इन श्रुतियों की कण्व आदि पन्द्रह शाखाएं हुई।

पराशरजी ने सामवेद की शाखाओं का विवेचन करते हुए बताया कि महर्षि जैमिनि के पुत्र सुमन्तु और उनके पौत्र सुकर्मा ने सामवेद के भागों का अलग-अलग अध्ययन किया, सुकर्मा ने अपनी संहिता के एक हजार भेद किए तथा अपने दो कुशाग्र बुद्धि शिष्यों-हिरण्यनाभ तथा पौष्पिञ्जि को इनका ज्ञान कराया। ये दो भागों में आगे प्रचारित हुए। हिरण्यनाभ ने संहिता को अपने पांच सौ शिष्यों को पढ़ाया तथा वे उदीच्च सामग कहलाए। पौष्पिञ्जि ने अपने शिष्यों को अपनी-अपनी संहिताओं का अध्ययन कराया, ये प्राच्य सामग कहलाए। हिरण्यनाभ के ही एक शिष्य ने सारे सामवेद को केवल चौबीस शाखाओं में विभक्त करके अपने शिष्यों को दीक्षित किया। इस प्रकार सामवेद का प्रचार हुआ।

अथर्ववेद की सर्वप्रथम सुमन्तु ने कबन्ध को शिक्षा दी। कबन्ध ने आगे इसे अपने दो शिष्यों-देवदर्श तथा पथ्य को दिया। देवदर्श के चार शिष्य-मेध, ब्रह्मबलि, शौल्कायनि तथा पिप्पलाद और पथ्य के तीन शिष्य-जाबालि, कुमुदादि और शौनक ने इन्हें संहिताओं में विभाजित किया। शौनक ने आगे अपनी संहिता बभ्रु और सैन्धव नाम के शिष्यों को पढ़ाई। सैन्धव के शिष्य मुज्जकेश ने इसे अपने पांच शिष्यों में बांट दिया जिन्हें नक्षत्र, कल्प, वेद कल्प, संहिता आंगिरस तथा शांति कल्प कहा गया।

इस प्रकार व्यासजी महाराज ने वेदों का विधिवत् शाखाओं-उपशाखाओं में विभाजन के पश्चात् आख्यान, उपाख्यान, गाथा तथा कल्प शुद्धि संहिता पुराणों की रचना की। व्यास ने पुराण का ज्ञान अपने खास शिष्य रोमहर्षण जी को दिया। इन रोमहर्षण सूतजी महाराज के सुमति, अग्निवर्या, मित्रायु, शांसपायन अकृतव्रण और सावर्णि, छह शिष्य हुए-ये सभी संहिताकार थे। व्यासजी ने पुराणों को अठारह भागों में विभक्त किया जो इस प्रकार हैं- 1. ब्रह्म पुराण, 2. पद्म पुराण, 3. विष्णु पुराण, 4. शिव पुराण, 5. भागवत पुराण, 6. नारद पुराण, 7. मार्कण्डेय पुराण, 8. अग्नि पुराण, 9. भविष्यत् पुराण, 10. ब्रह्मवैवर्त पुराण, 11. लिंग पुराण, 12. वाराह पुराण,

13. स्कन्द पुराण, 14. वामन पुराण, 15. कूर्म पुराण, 16. मत्स्य पुराण, 17. गरुड़ पुराण, 18. ब्रह्माण्ड पुराण। कुछ मुनियों-महर्षियों ने इनके अतिरिक्त भी कुछ अन्य शाखाएं करते हुए उपपुराण भी कहे हैं किन्तु इनमें सभी में सृष्टि, प्रलय, मन्वंतर, देवता, रुद्र उनके वंश आदि का विस्तार से वर्णन मिलता है।

आगे पराशरजी ने इन पुराणों में ही पद्म पुराण के अनन्तर कहा गया पुराण मैत्रेयजी को सुनाने का उपक्रम करते हुए उसमें शर्ग, प्रतिसर्ग, वंश मन्वंतरादि का वर्णन करते हुए परमपद विष्णु महाराज के गुणों की विस्तार से महिमा का गायन किया है। उन्होंने बताया कि विद्याएं चौदह प्रकार की होती है। छह वेदांग (शिक्षा, कल्प, व्याकरण, निरुक्त, छन्द, ज्योतिष) चार वेद (ऋग्यजुःसामथर्वण) तथा मीमांसा, न्याय, पुराण और धर्मशास्त्र। इनमें भी आयुर्वेद, अथशास्त्र, धनुर्वेद तथा गान्धर्व को भी सम्मिलित कर लिया जाए तो अठारह विद्याएं हो जाती हैं। तीन ऋषि होते हैं-ब्रह्मर्षि, देवर्षि तथा राजा। लगभग सभी मन्वन्तरों में शाखा भेद एक समान ही रहते हैं क्योंकि ब्रह्मा के मुख से निस्सृत श्रुति ही दिव्य है। ये भेद तो मात्र उसके विकल्प हैं।

मैत्रेयजी द्वारा मनुष्य का मृत्यु पर विजय पाने के उपाय हेतु उपलक्ष्य की जिज्ञासा देखकर पराशर मुनि नकुल द्वारा पितामह भीष्म से किए गए प्रश्न के उत्तर को सुनाते हुए कहा-भीष्म ने नकुल से कहा था कि उनका एक मित्र था। वह कलिंग देश का ब्राह्मण था। एक बार उसकी मुलाकात जातिस्मर मुनि से हुई। उस मुनि ने ब्राह्मण को उसके भविष्य के बारे में जो कुछ बताया वास्तव में बाद में वही कुछ उसी तरह घटित हुआ तो निश्चय ही ब्राह्मण के मन में मुनि के प्रति श्रद्धा एवं आस्था उत्पन्न हुई। अब ब्राह्मण ने मुनि से कुछ अन्य प्रश्न पूछे और सत्य कथन सुनकर उसकी श्रद्धा-आस्था और अधिक बढ़ गई। अपने प्रति इस प्रकार आस्थावान ब्राह्मण की भक्ति देखकर मुनि ने ब्राह्मण को यम तथा यमदूतों के बीच होने वाला संवाद वर्णित किया। वह संवाद हे नकुल, मैंने अपने मित्र से मित्रता के कारण जान लिया था। वही मैं तुम्हें सुना रहा हूं- यमराज ने अपने अनुचरों को यह स्पष्ट आदेश दिया था कि विष्णु भक्तों को कभी कष्ट नहीं देना है क्योंकि यम रूप में मुझे महाप्रभु विष्णु ने ही पृथ्वी पर पाप-पुण्य का लेखा-जोखा रखने का कार्य सौंपा है। इसीलिए तुम विष्णु के शरणागत भक्तों का आदर करते हुए उन्हें मात्र प्रणाम करके ही छोड़ दोगे, हां, जो विष्णु भक्ति से विमुख हैं उन पर तुम अपना अधिकार जमा सकते हो। विष्णु भक्ति ही यमलोक और मृत्यु के बन्धन से मुक्तिदायिनी होती है।

विष्णु भक्त द्वारा यम से मुक्ति की बात कहकर पराशरजी ने सगर और और्व के संवाद को सुनाया। राजा सगर ने और्व से वर्णाश्रम के बारे में जानना चाहा तो मुनि और्व ने इस प्रकार बताया कि ब्राह्मण का मुख्य कर्त्तव्य अध्ययनशील होना, दान लेना तथा भजन करना ही होना चाहिए।

अपनी जीवनचर्या के लिए दूसरों के लिए यज्ञ करना तथा उन्हें पढ़ाना चाहिए। सभी से मित्रतापूर्वक व्यवहार करना चाहिए। स्नान नित्य लेकिन पत्नी समागम ऋतुकाल में ही करना चाहिए। क्षत्रिय का धर्म है ब्राह्मणों को दान देना, यज्ञादि का कार्यक्रम संपन्न करना। शस्त्रादि से प्रजा की रक्षा, दानवों का दमन तथा पृथ्वी का पालन। वैश्य को आजीविका के लिए पशुपालन, कृषि एवं व्यापार करना चाहिए। किंतु, अध्ययन, दान, यज्ञ, नित्यनैमित्तिक कार्य करने उसके लिए भी आवश्यक हैं। शूद्र का धर्म है ब्राह्मणों या अपने से अवर जाति के मनुष्यों की सेवा करना। उसे व्यवहार में विनम्र, शौचवान, कपटहीन, स्वामी सेवा में रत, पूजन तथा सत्संग में संलग्न रहना चाहिए। इस पर भी जीव के प्रति दयाभाव, सहिष्णुता, सत्य बोलना, पवित्रता का ध्यान रखना, मीठा बोलना, निष्काम कर्म के प्रति आकृष्ट होना तथा व्यय के दान के प्रति उदार होना, सभी वर्ण के व्यक्तियों के समान रूप से आचरण के लिए आवश्यक धर्म है। हां, आपात काल में अवश्य ब्राह्मण-वैश्य या क्षत्रिय धर्म का, क्षत्रिय-केवल न वैश्य वर्ण के अनुरूप वृत्ति अपना सकता है लेकिन समयानुकूल परिस्थितियां होते ही पुनः अपनी वृत्ति पर वापस लौट आना चाहिए।

पांच वर्ष की अवस्था के पश्चात् उपनयन (यज्ञोपवीत) संस्कार कराकर बालक को शिक्षा हेतु गुरु आश्रम में प्रवेश दिला देना चाहिए, जहां वह गुरु सेवा करता हुआ गुरु के उपदेशानुसार सत्य का आचरण, वेद का अध्ययन तथा व्रत का पालन करता है। अपनी क्षुधा की पूर्ति के लिए उसके लिए भिक्षाटन ही एक मार्ग है। गुरु की प्रसन्नता ही उसका लक्ष्य होना चाहिए।

विध्याध्ययन करने के उपरांत शिष्य को गुरु को दक्षिणा आदि से प्रसन्न करके विवाह करके गृहस्थाश्रम में प्रवेश करना चाहिए। इस आश्रम में पिण्डदान से पितरों की, यज्ञ द्वारा देवताओं की, अन्नदान से अतिथियों की, स्वाध्याय से ऋषियों की, सन्तान पैदा करके प्रजापति की तथा भिक्षादान से परिव्राजकों की सेवा करनी चाहिए। गृहस्थी का कर्त्तव्य है कि वह घर में आए अतिथि का सम्मान करे, मीठी वाणी से कुशल मंगल की सुध ले, सोने एवं भोजन के लिए शैया तथा आसन की समुचित व्यवस्था करे।

एक निश्चित अवधि तक गृहस्थ सुख भोगने के बाद सद् गृहस्थी का यह धर्म हो जाता है कि वह अपनी पत्नी को पुत्र के हाथों सौंपकर या अपने साथ रखते हुए वन में तपस्या के लिए गमन करे। केश-दाढ़ी बढ़ाकर पत्र, फल-फूल आदि का आहार ग्रहण करते हुए पृथ्वी पर शयन करते हुए गर्मी, सर्दी, बरसात की चिंता से मुक्त तपस्या करे। नित्यकर्मों का पालन करता हुआ व्यक्ति इस प्रकार समस्त दोषों को दूर करता हुआ नित्यलोक को प्राप्त करता है।

संन्यास आश्रम में व्यक्ति को भिक्षु धर्म अपनाना चाहिए इसमें वह काम, क्रोध, मंद, लोभ, दर्प तथा मात्सर्य आदि बुराइयों से मुक्त रहता हुआ ममता से परे हो जाता है। वह वृत्ति के लिए वृत्ति अपनाता है। समस्त जीवों को अभयदान देना उसका परम दायित्व हो जाता है। इस प्रकार विधिवत संपूर्ण जगत को ब्रह्म की प्रतिकृति मानते हुए धर्म का पालन करते हुए आचरण करने वाला मनुष्य अंत में ब्रह्मलोक का अधिकारी हो जाता है।

सगर के अनुरोध पर पिता का कर्तव्य समझाते हुए ऋषि और्वजी ने कहा-पुत्र उत्पन्न होने पर उसके सभी आवश्यक संस्कार जातकर्म आदि पूर्ण करते हुए व्यक्ति का धर्म है कि अभ्युदय श्राद्ध करे। अभ्युदय श्राद्ध में उस भक्त को दो ब्राह्मणों को श्रद्धापूर्वक भोजन कराकर देवों का भजन, पितरों का तर्पण करते हुए उन्हें अन्न फलादि से तृप्त करते हुए पिंडदान करना होता है। पुत्र-प्राप्ति के दसवें दिन नामकरण संस्कार के पुत्र जन्म का अनुष्ठान करते हुए पुत्र का नाम रखना चाहिए। नाम से पहले देव वाचक शब्द होना चाहिए और वह अमंगलवाचक नहीं होना चाहिए। नाम के अंत में वर्णसूचक संकेत-शर्मा, वर्मा, गुप्ता और दास का प्रयोग आवश्यक है।

आठ वर्ष का हो जाने पर पुत्र का यज्ञोपवीत संस्कार करना चाहिए और इसके पश्चात् उसे विद्या पढ़ने के लिए गुरुकुल भेज देना चाहिए। शिक्षा के संपूर्ण होने एवं दीक्षित होने पर यदि पुत्र नैष्ठिक ब्रह्मचारी के रूप में जीवन व्यतीत करना चाहे तो उसे वहीं गुरु आश्रम में गुरु एवं गुरु-पुत्रों की सेवा करना चाहिए। यदि वानप्रस्थ या संन्यासी बनना चाहे तो उसे उसके लिए स्वतंत्र कर दिया जाए। गृहस्थ पालन में अपनी वृत्ति बना ले तो सुयोग्य कन्या से उसका विवाह कर देना चाहिए। कन्या की आयु वर की आयु की तीन चौथाई होनी चाहिए।

और्व मुनि ने विवाह का उल्लेख करते हुए सगर को बताया कि विवाह आठ प्रकार के होते हैं। ब्रह्म विवाह, दैव विवाह, आर्य विवाह, प्राजापात्य विवाह, असुर विवाह, गन्धर्व विवाह, राक्षस विवाह तथा पिशाच विवाह। इनमें से अपने-अपने वर्ण में मान्य और अपनी कुल-परंपरा के अनुसार पिता को चाहिए कि पुत्र का घर बसाए। एक पिता का अपनी संतान के प्रति यही नैमित्तिक और काव्य कर्म है। इसी की पूर्ति करने पर वह इस लोक में यश का तथा परलोक में परम गति का अधिकारी होता है।

पराशरजी ने गृहस्थ के मुख्य आचरण इस प्रकार बताए-बुद्धिमान व्यक्ति का धर्म है कि सुबह सवेरे उठे। आलस्य को त्यागकर ग्राम या कस्बे से दूर शौचादि से निवृत्त होना चाहिए। मलमूत्र के समय सिर को वस्त्रों से ढक लेना चाहिए। ऐसे स्थान पर मनुष्य को अधिक समय न तो रहना चाहिए और न बोलना चाहिए। मलमूत्र से निवृत्ति के बाद एक बार लिंग में तीन बार गुदा में मिट्टी लगाकर साफ करना चाहिए। दस बार बाएं हाथ को सात बार दोनों हाथों को धोना

चाहिए फिर पैरों का प्रक्षालन करके कुल्ला करके मुंह धोकर स्नानादि से निवृत्त होकर देवों, पितरों तथा ऋषियों का तर्पण करना चाहिए। यदि घर पर उपस्थित हों तो कुलपुरोहित ब्राह्मण और अतिथि को भी भोजन करना चाहिए।

इसके बाद स्वयं शांतिपूर्वक भोजन करना चाहिए। उसे पहले मीठा, फिर नमकीन, फिर खट्टा और अंत में कटु और तीक्ष्ण पदार्थों का सेवन करना चाहिए। मनुष्य को पहले द्रव, बीच में ठोस तथा अंत में द्रव का सेवन करने से कभी रोग नहीं घेरता। वह सदैव स्वस्थ रहता है। इसके बाद धर्म के अनुरूप कार्य करता हुआ अपनी आजीविका के लिए धन अर्जित करने का उपक्रम करें। दिनांत के समय सायं काल को संध्या-उपासना करनी चाहिए। संख्या-उपासना दिन के उदय और अंत के समय दोनों समय करना बुद्धिमान पुरुष का परम कर्त्तव्य है।

सद्गृहस्थ को यह भी ध्यान रखना चाहिए कि वह पुल्लिंग नक्षत्र में युग्म और उनमें भी पीछे की रात्रियों में शुभ समय में अपनी विवाहिता स्त्री के साथ ही समागम करे। यदि स्त्री अप्रसन्न है, रोगी है, रजस्वला है, अनिच्छुक है, क्रुद्ध है, दुखी या गर्भवती है या स्वयं पुरुष इनमें से किसी से ग्रस्त है, तो उसे समागम नहीं करना चाहिए। भूखे पेट या अत्यंत गरिष्ठ भोजन किए होने पर भी स्त्री समागम वर्जित है। इसके अतिरिक्त चतुर्दशी, अष्टमी, पूर्णिमा और संक्रान्ति में प्रातःकाल, सायंकाल तथा मलमूत्र के वेग के समय में ब्राह्मण, देवता और गुरु के आश्रम, चैत वृक्ष के नीचे, पशुशाला, तीर्थस्थान चौराहा जल-आंगन में भी कभी मैथुन नहीं करना चाहिए। इससे न केवल बल, धन, आयु की हानि होती है बल्कि व्यक्ति अपयश का भागी बनता हुआ घोर नरक वासी होता है।

एक अच्छे गृहस्थी का धर्म है कि उसे सदैव स्वच्छ उजले वस्त्र धारण करके रहना चाहिए। सत्य, प्रिय और मधुरभाषी होना चाहिए। सज्जनों के प्रति उदार और सेवाभाव रखने वाला तथा सोच-विचारकर काम करने वाला होना चाहिए। नाक न कुरेदना, बंद मुंह से न खांसना, जोर से न हंसना, शब्द करते हुए अपानवायु न छोड़ना, नाखूनों को न चबाना, मूंछ-दाढ़ी के बाल न चबाना, पृथ्वी पर न लिखना, दूसरे की नग्न स्त्री को न देखना, उदय और अस्त होते सूर्य को न देखना, रात्रि में चौराहे, चैत्य वृक्ष, श्मशान और उपवन में न सोना, सोते-जागते, उठते, नहाते, स्त्री समागम करते, व्यायाम करते अधिक समय न लगाना, नंगे होकर न सोना और न आचमन, देव पूजन करना तथा भोजन, देवपूजन, शुभकर्म और यज्ञादि के समय न थूकना या न छींकना तथा अकाल, बादलों की गर्जना, पर्व त्योहारों, चन्द्र और सूर्य ग्रहण के समय या किसी अशुद्ध स्थिति में अध्ययन का न करना ही अपेक्षित है।

इस प्रकार और्व मुनि ने राजा सगर को एक सदगृहस्थ के लिए आचरण के योग्य विधि विशेष का उपदेश देते हुए आगे प्रेत-क्रिया की विधि बताते हुए कहा-अपने बन्धु-बान्धवों को ठीक प्रकार से स्नान कराकर फूल मालाओं से सज्जित कर गांव के बाहर शव का अन्तिम संस्कार करना चाहिए। इसके लिए पहले उन्हें वस्त्रों सहित किसी जलाशय में स्नान कराके मृत सम्बन्धी को जल की अंजलि देनी चाहिए। शाम के समय गांव में प्रवेश करके तिनकों की शैया पर सोना चाहिए। अशौच काल में केवल दिन में ही निरामिष भोजन करना चाहिए। अरिष्टि काल तक नित्य प्रति पृथ्वी पर मृत पुरुष के लिए विष्णुदान करते रहना चाहिए। चौथे दिन मृतक की अस्थियों का चयन करना चाहिए। इसके अलावा ब्राह्मण के लिए दस दिन, क्षत्रिय के लिए बारह दिन. वैश्य के लिए पन्द्रह दिन और शूद्र के लिए एक मास का अशौच माना गया है। अर्थात् इतने दिनों के बाद ही इन वर्णी पुरुषों की शुद्धि हो पाती है। इस काल में दान, यज्ञ, स्वाध्याय आदि कर्म नहीं करने चाहिए। अशौच काल के अंत में क्षमता के अनुसार तीन, पांच, सात या नौ ब्राह्मणों को श्रद्धापूर्वक भोजन कराना चाहिए प्रेत की तृप्ति के लिए कुशासन पर पिंडदान करके चारों वर्णों के प्राणियों को जल, शस्त्र, कोड़ा और लाठी का स्पर्श करना चाहिए।

इस कर्म के पश्चात् एक वर्ष तक प्रत्येक मास मृत्यु की तिथि पर ब्राह्मण भोज, मृतक के लिए पिण्डदान करते हुए यह कार्य संपन्न करना चाहिए। यह ध्यान रखना चाहिए कि अपने कुल का पुत्र, पौत्र, प्रपौत्र, भाई, भतीजा अथवा सपिंड संतानों में पैदा हुआ पुरुष ही श्रद्धादि कर्म करने का अधिकारी होता है।

माघ की अमावस्या के रोज यदि शतभिषा नक्षत्र का योग हो जाए तो यह संयोग पितृगण की तृप्ति के लिए दुर्लभ किन्तु परम पावन एवं उत्कृष्ट होता है, घनिष्ठा नक्षत्र के योग से उस समय अपने कुलवंशी द्वारा दिया गया तर्पण दस हजार वर्षों तक पितरों को तृप्त करने वाला होता है। भाद्र नक्षत्र के योग से एक हजार वर्ष तक तृप्त होते हुए सोते रहते हैं। इसी तरह किसी भी तिथि को गंगा, शतद्रु, यमुना, पिपासा, सरस्वती, गोमती आदि नदियों में स्नान करके आदर एवं श्रद्धापूर्वक किया गया तर्पण पितरों को सुख एवं आनंद प्रदान करता है। पितृगण सदैव यही इच्छा एवं कामना करते हैं कि उनके कुल में ऐसा मतिमान वंशज उत्पन्न हो जो धन से, लोभ से मुक्त होकर हमारे लिए पिण्ड का दान करे।

और्व मुनि ने बताया कि श्राद्ध कर्म के लिए पवित्र बुद्धि एवं सुशिक्षित वेदज्ञ ब्राह्मण होना चाहिए। किसी भी दुष्कर्म में प्रवृत्त व्यक्ति, मित्रघाती, चोर या कुमार्गी ब्राह्मण इस कर्म के लिए आमंत्रित न किया जाए इसके लिए श्राद्ध से एक दिन पूर्व सुपात्र को श्रद्धापूर्वक आमंत्रित करना चाहिए। हां, यदि श्राद्ध के दिन कोई बिना बुलाया ब्राह्मण आ जाए तो उसे भी भोजनादि कराकर संतुष्ट करके भेजना चाहिए। श्राद्ध कर्म के लिए सबसे पहले ब्राह्मण के पैर धुलाकर कुशासन पर आसीन कराके अर्घ्य दान करे, उनकी आज्ञा लेकर देवों का आह्वान करें। विधिपूर्वक धूपदान

करके ब्राह्मण के निर्देश पर मंत्रोपचार द्वारा पितरों का आह्वान करें। तदनन्तर अग्नि में मिष्ठान्न की आहुति देकर ब्राह्मणों को श्रद्धापूर्वक भोजन कराएं। ब्राह्मणों को भोजन कराते समय अपने पितामह या पितृगणों को ब्राह्मणों के शरीर के अवस्थित मानकर श्रद्धापूर्वक उनकी तृप्ति करनी चाहिए। श्राद्ध कर्म करने वाले कर्त्ता के लिए यह आवश्यक है कि वह सतोगुणी भाव बनाए हुए क्रोध, उद्वेलन और असहिष्णुता अथवा असंयम का आचरण न करे।

गयाजी में किया गया श्राद्ध कर्म अधिक पुण्यदायी होता है और ऐसा करने वाला श्राद्धकर्मी अपने पितरों को शान्त करके अपने जन्म को सफल करता है। नपुंसक, चांडाल, पापी, रजस्वला स्त्री आदि की दृष्टि से गुजरे हुए अन्न को पितृगण ग्रहण नहीं करते। अतः पितृगण के लिए प्रस्तुत किया जाने वाला अन्न अनुकूल और उपयुक्त होना चाहिए और कुदृष्टि से दूर होना चाहिए। इस प्रकार इन सदाचारी कर्मों का पालन करने वाला मनुष्य पृथ्वी लोक ही नहीं बल्कि परलोक में भी पुण्यात्मा ही रहता है।

मैत्रेयजी को सत् शब्द का व्यापक अर्थ बताते हुए मुनि पराशरजी कहने लगे- सत् शब्द का अर्थ साधु होता है अर्थात् सत्कर्म करने वाला दोषरहित व्यक्ति ही साधु है और ऐसे व्यक्ति द्वारा किया गया आचरण ही सदाचार है। इसके वक्ता और कर्त्ता सप्त ऋषिगण मनु और प्रजापति हैं। एक ओर सदाचारी व्यक्ति जहां अपने सत्कर्मों से लोक-परलोक को सुधार लेता है, वहीं इनके प्रतिकूल व्यवहार करने वाला व्यक्ति अपने कर्मफल के आधार पर दुर्गति पाता है।

मैत्रेयजी ने पराशरजी से कहा-कृपया मुझे नग्न का स्वरूप समझाते हुए बताइए कि नग्न किसे कहते हैं और व्यक्ति अपने किस आचाण से नग्न होता है? इसके उत्तर में पराशरजी ने महात्मा वसिष्ठ द्वारा भीष्म को दिया गया वक्तव्य सुनाया।

प्राचीन काल में देवता और राक्षसों के बीच काफी समय तक घमासान युद्ध होता रहा। उस युद्ध में देवता पराजित हो गए। तब देवताओं ने क्षीर-सागर के उत्तरीय तट पर जाकर तपस्या करके भगवान विष्णु की स्तुति की और अनेक प्रकार से उनकी आराधना की। देवताओं के इस प्रकार स्मरण किए जाने पर भक्तवत्सल विष्णु गरुड़ पर सवार होकर अपने पूर्ण रूप में प्रकट हुए। उनके हाथों में शंख, चक्र, गदा, पद्म सुशोभित थे। देवताओं ने अपने समक्ष विष्णु को देखकर उनसे दैत्यों से रक्षा करने की प्रार्थना की। देवताओं की दुर्दशा देखकर द्रवित हुए भगवान विष्णु ने माया मोह को अपने शरीर से अलग किया और देवताओं को मोहनी शक्ति देते हुए बोले कि यह शक्ति मोहिनी के रूप में मैं तुम्हें देता हूं जिससे दैत्य मोहित हो जाएंगे और वेद के प्रतिकूल आचरण करने लगेंगे। इस प्रकार पथभ्रष्ट होकर युद्ध में पराजित होकर मारे जाएंगे। अपने उपक्रम में सफल हुए देवगण मोहिनी शक्ति को लेकर पुनः युद्ध क्षेत्र में आ गए। माया-शक्ति अपना कार्य करने लगी। मयूर पिच्छधारी दिगंबर और मुंडित केश माया मोह ने नर्मदा नदी के किनारे तपस्या करते दैत्यों की एकाग्रता भंग करते हुए उनसे पूछा, आप लोग यह तप किस लिए कर रहे हैं? सांसारिक सुख वैभव के लिए या जन्म सफल की कामना से? दैत्यों ने तप का उद्देश्य पारलौकिक

फलेच्छा को बताया। तब माया मोहिनी शक्ति ने उन्हें सुझाया- इसके लिए मेरे अपेक्षाकृत सरल धर्म का सहारा क्यों नहीं लेते। अनावश्यक रूप से स्वर्ग प्राप्ति या मुक्ति के लिए इस बेचारे शरीर को कष्ट देने की क्या आवश्यकता? इस तरह माया मोह ने झूठी साधना के भुलावे में तपस्यारत दैत्यों को वेद-विरुद्ध और भ्रष्ट आचरण में प्रवृत्त कर दिया। माया-मोह के इस भुलावे में पड़कर दैत्यों ने कर्तव्य-अकर्तव्य, धर्म-अधर्म की चिन्ता किए बिना घोर अनैतिक और भ्रष्ट आचरण शुरू कर दिए। वेद परंपरा का त्याग कर दिया। इसके पश्चात् माया-मोह में अन्य असुरों से भी बुद्ध धर्म का उपदेश देकर उन्हें यज्ञकर्म से विरत कर दिया। यहां तक कि अब ये लोग इनकी निंदा पर उतर आए और इनके द्वारा निर्देशित विधिनिषेध का, यज्ञपालन का और पितृगणों के श्राद्धकर्म का उपहास करने लगे।

एक तरफ तो देवताओं में मायामोह द्वारा असुरों और दैत्यों को वेदभ्रष्ट कर दिया, दूसरी तरफ स्वयं भीषण युद्ध की तैयारी में लग गए। इस प्रकार एक बार जब फिर युद्ध की स्थिति आई तो पथभ्रष्ट और सत्त्वहीन होने के कारण दैत्यों को पराजय का मुंह देखना पड़ा और मारे गए। इनकी पराजय का कारण इनकी नग्नता थी। इनका अपने धर्म का कवच नष्ट हो गया था। माया-मोह में फंसने के कारण ये कर्म-अकर्म का भेद भुला बैठे थे, वेदमार्ग छोड़ बैठे थे। इस प्रकार वेदत्रयी का परित्याग करने से ही ये लोग नग्न कहलाए? इसीलिए त्रयी धर्म का परित्याग ही नग्नता है। अपने धर्म का पालन न करके अन्य कर्म में प्रवृत्त भी नग्न ही कहलाता है।

इस प्रकार के आचार ही नम्न से वार्तालाप भी हानिप्रद होता है। इस संबंध में एक कथा है:

बहुत पहले पृथ्वी लोक में शतधनु नाम का एक राजा हुआ था। उसकी पत्नी का नाम शैव्या था, यह बड़ी धर्मपरायणा थी। उस धर्म परायण एवं पतिव्रता के साथ एक बार शतधनु ने परम समाधि द्वारा परम पद विष्णु की आराधना की। दोनों पति-पत्नी श्रद्धापूर्वक, श्रद्धाभाव से व्रतदान करते हुए जपोपासना से पूजन करने लगे। एक दिन कार्त्तिक पूर्णिमा के दिन उपवास करके दोनों पति-पत्नी गंगा में स्नान करके एक साथ ही बाहर आए। वहां सतेन्द्र अपने अभिन्न मित्र धनुर्केदाचार्य के मित्र एक पाखंडी नग्न के दर्शन हो गए। अपने मित्र के भाव में उन्होंने उस नग्न से बातचीत कर ली यद्यपि विदुषी, धर्मपरायणा तथा सुलक्षणा पत्नी शैव्या ने उससे कोई संवाद नहीं किया तथा सूर्य दर्शन द्वारा उस पाप का शमन भी किया। इसके पश्चात् दोनों ने पूजन समाप्त किया।

कुछ समय के पश्चात् शतधनु की मृत्यु हो गई। शैव्या पतिव्रता थी अतः पति के साथ ही जलकर अग्नि समाधि ले ली। नग्न पाखंडी से संवाद के कारण शतधनु तो कुत्ते की योनि में उत्पन्न हुआ और शैव्या काशी के नरेश के यहां उत्पन्न हुई। शैव्या को पूर्वजन्म की सारी घटनाएं स्मरण थी, वह पूर्व स्मरणा थी। इस कारण उसने विवाह नहीं किया अपितु पूर्व पति को खोजने का निश्चय किया। अपनी दिव्य दृष्टि से उसने जान लिया कि उसका पति विदिशा नगरी में कुत्ते के रूप में जन्मा भटक रहा है। वह वहां जाकर अपने पति को संबोधित करके बोलीं-हे महाराज,

याद कीजिए, अपने पूर्वजन्म के बारे में विचारिए। व्रत-उपवास काल में आपने पाखंडी से संवाद किया था, इसी कारण आपको यह निकृष्ट एवं घृणित योनि मिली है। राजकन्या-पूर्वजन्म वाली शैव्या रानी के अनेक बार स्मरण कराए जाने पर कुत्ते को सभी स्थितियां ज्यों-की-त्यों याद आ गईं। इससे वह उद्विग्न हो गया और प्राण त्याग दिए।

इसके पश्चात् राजा ने गीदड़, बगुला तथा कौए की योनियां प्राप्त की। विदुषी कन्या ने अपने ज्ञानचक्षु के बल पर ये सभी तथ्य जान लिये। अपने पति को उन रूपों में अनेक बार प्रबोधित किया जिससे राजा ने एक योनि से दूसरी, दूसरी से तीसरी में प्रवेश किया। अंत में मयूर योनि मिली। काशिराज की कन्या ने इस जन्म में भी पूर्वजन्म की याद दिलाकर उसे प्रबोधित किया। घर जाकर अश्वमेध के जल से उसे स्नान कराया। इससे उसके सारे पाप शमित हो गए। अब वह अगले जन्म में जनक के घर में उत्पन्न हुआ। जनक के पुत्र के युवा होने पर काशी नरेश की कन्या ने अपने पिता से यह कहकर स्वयंवर का आयोजन कराया कि वह अपने पूर्वजन्म के पति को पुनः पति रूप में वरण करेगी। राजकन्या ने ऐसा ही किया और इसके पश्चात् बहुत समय तक दोनों ने संयुक्ता रहकर अनेक प्रकार से सुखी जीवन व्यतीत किया। इस प्रकार दोनों ही जप, तप, दान आदि से विष्णु का आराधन, स्तवन करते हुए परमधाम के अधिकारी बने।

यह कथा सुनाने के पश्चात् पराशरजी ने पाखंडियों, नग्नों, दुराचारियों तथा पापियों के साथ क्षण भर भी व्यतीत होने के पातक को बताते हुए इनसे दूर रहने का ही उपदेश दिया। बिना किसी कारण के जटा रखने वाला अथवा मुंडन कराने वाला, देवों, पितरों तथा अतिथि को श्रद्धा से न देखने वाला, पितरों या पूज्यों से पहले भोजन करने वाला, अपविद्ध या अपवित्र तथा वेदत्रयी के विरुद्ध आचरण करने वाला व्यक्ति नग्न कहलाता है। ये सभी घोर पातकी नरक के भागी होते हैं। इनकी छाया से भी दूर ही रहना चाहिए। इसी में कल्याण है।

चतुर्थ अध्याय

मैत्रेयजी द्वारा राजवंशों का आख्यान सुनने की जिज्ञासा देखकर श्री मुनि पराशरजी ने कहा- मुनिवर! अब तुम सर्वप्रथम इस श्रृंखला में मनुवंश का आख्यान सुनो। मनुवंश के आदि पुरुष स्वयं ब्रह्माजी हैं। इस वंश में अनेक पराक्रमी, पुरुषार्थी, तेजवान, यशस्वी और कुशल राजा हुए हैं।

इस सृष्टि के आदिदेव विष्णु हैं। उन्हीं के शरीर रूप में हिरण्यगर्भ ब्रह्मा का सर्वप्रथम अवतरण हुआ। ब्रह्मा के दायें अंगूठे से प्रजापति दक्ष, दक्ष से पुत्री अदिति का जन्म हुआ। इन्हीं ब्रह्मा की पौत्री अदिति के यहां विवस्वान ने जन्म लिया। ये मनु इन्हीं विवस्वान के पुत्र थे। आगे मनु के ही दस पुत्र उत्पन्न हुए इनका नाम था-इक्ष्वाकु, नृग, धृष्ट, शर्याति, नरिष्यंत, प्रांशु, नाभाग, दिष्ट, करुष और पृषध्र।

एक और रुचिकर प्रसंग यह है कि मनु ने पुत्र की इच्छा से मित्रावरुण को प्रसन्न करने के लिए यज्ञ का अनुष्ठान किया किंतु याज्ञिक की भूल से अनुष्ठान विपरीत क्रम से संपन्न हुआ। परिणामस्वरूप मनु के यहां इला नाम की कन्या ने जन्म लिया। किंतु मित्रावरुण की कृपा से यह कन्या तत्काल ही सुद्युम्न नामक पुत्र में रूपांतरित हो गई। सुद्युम्न का भली-भांति पोषण होने लगा। युवा सुद्युम्न एक बार पार्वतीजी के आरक्षित क्षेत्र में प्रवेश करने के कारण शाप का भागी बना और पुनः स्त्री रूप में परिणत हो गया। इसी परिवर्तित कन्या का चन्द्रमा के पुत्र बुध के साथ पाणिग्रहण हुआ जिसके फलस्वरूप स्त्री बने सुद्युम्न के गर्भ से पुरुरवा का जन्म हुआ।

तत्पश्चात् ऋषियों ने सुद्युम्न के पुनः युवक रूप में परिणत हो जाने के लिए प्रभु का यज्ञ रूप में बड़ी तन्मयता एवं निष्ठा से आह्वान किया। यज्ञ प्रसाद के फलस्वरूप यह स्त्री पुनः सुद्युम्न रूप में परिवर्तित हो गई। अब पुरुष सुद्युम्न ने उत्कल, गय तथा विनत नाम के तीन पुत्रों को प्राप्त किया। महाराज मनु ने मनु वशिष्ठ के आदेश से सुद्युम्न को प्रतिष्ठान नगर का अधिपति नियुक्त किया। सुद्युम्न ने यह राज्य अपने पूर्व पुत्र पुरुरवा को सौंप दिया। पुरुरवा की क्षत्रिय संतान अनेक दिशाओं में फैल गई।

मुनि वसिष्ठ की गाय की हत्या कर देने के दोष के कारण मनु का एक पुत्र वृषघ्र शाप का भागी बना और शूद्र योनि को प्राप्त हुआ। करुष के यहां कारुष नाम से महा पराक्रमी क्षत्रिय उत्पन्न हुए। दिष्ट का एक पुत्र नाभाग वणिक हो गया। इसका वंश इस प्रकार फला- नाभाग के यहां बलधन, बलधन के यहां वत्सप्रीति, वत्सप्रीति से प्रांशु तथा प्रांशु से प्रजापति नाम का यशस्वी बालक उत्पन्न हुआ। प्रजापति से खनित्र > चाक्षु > विंश > विविंशक > खनिनेत्र > अतिविभूति > करधम > अवीक्षित > प्रतापी > मरुत > ननिष्यं > दम > राज वदनि > सुवृद्धि > केवल > सुघृति > नर > चन्द > केवल (द्वितीय) > बंधुमान > बेगमान > बुध > तृण > विंदु > विशाल > हमचन्द > चन्द्र, धीम्राक्ष > सृञ्जय, सहदेव > वृशाश्व > सोमदत्त। सोमदत्त ने सौ अश्वमेध यज्ञ किए थे। इन्हीं सोमदत्त के यहां जनमेजय ने जन्म लिया। जनमेजय से सुमति उत्पन्न हुए। ये सभी विशाल वंशी कहलाए। महाराजा विशाल बड़े प्रतापी राजा थे। विशाला नगरी भी इन्हीं की बसाई हुई थी।

शर्याति की पुत्री सुकन्या ने च्यवन ऋषि से विवाह करके आनर्त को जन्म दिया जो बहुत ही धार्मिक प्रवृत्ति का था। शर्याति ने बाद में इसे अपने पुत्र के रूप में गोद ले लिया। आनर्त के रेवत नामक पुत्र जन्मा, जिसके बाद में सौ पुत्र उत्पन्न हुए। इनमें सबसे बड़ा रैवत कुकुदमी हुआ। रेवत की पुत्री का नाम रेवती था। रेवती के लिए सुयोग्य वर की इच्छा से रैवत कन्या के साथ ब्रह्मलोक में श्री ब्रह्माजी के समीप पहुंचा। ब्रह्मा उस समय गंधर्वों का नृत्य- गायन सुनने में

व्यस्त थे। रैवत को प्रतीक्षा करनी पड़ी और इस प्रतीक्षा में उसे कई युग बीत गए। यद्यपि रैवत को यह समय एक मुहूर्त के समान ही लगा कार्यक्रम की समाप्ति पर रैवत ने ब्रह्मा से अपने आगमन का प्रयोजन बतलाया। ब्रह्म ने रैवत से उसकी इच्छानुकूल वरों के बारे में जाना तो आश्चर्यचकित होकर कहने लगे-राजन! तुम्हें यहां आए बहुत लंबा समय बीत गया है। कई चतुर्युग पूरे हो चुके हैं। इस समय पृथ्वी पर अट्ठाईसवां मन्वंतर समाप्ति पर है। कलियुग शुरू होन वाला है जिन लोगों के नाम तुमने संभावित वरों-में गिनाएं है उसमें झनेक के वंशों का भी लोप हो चुका है। तुम्हारे स्वयं के सभी बंधुबांधव, मित्र, सगे संबंधी परलोकगामी हो चुके हैं।

घबराए हुए रैवत ने ऐसा जानकर ब्रह्माजी से अनुनय करते हुए कहा-प्रभु! ऐसी दशा में मैं अपनी कन्या का हाथ किसके हाथ में सौपूं। तब ब्रह्मा ने कहा-राजन्! सर्वभूतों के आदि पुरुष स्वयं विष्णु इस समय अपने अंश रूप में अवतरित हो गए हैं। तुम्हारी कुशस्थली अब द्वारिका पुरी में बदल चुकी है। वहां स्वयं नारायण बलराम के रूप में विराजमान हैं। तुम अपनी कन्या का पाणिग्रहण उन्हीं के हाथों करो। ऐसा सुनकर रैवत ब्रह्मलोक से लौट गया। द्वारिकापुरी में श्री बलराम के साथ कन्या रेवती का पाणिग्रहण करा दिया। बलराम ने उस कन्या के ऊंचे कद को अपने हल की नोक में दबाकर नष्ट कर दिया।

दूसरी ओर रैवत कुकुदमी की अनुपस्थिति में राक्षसों ने यह जान लिया कि वह ब्रह्मलोक में ही मोक्ष को प्राप्त हो गया है तथा उसके नगर कुशस्थली पर अपना अधिकार जमा लिया। कुकुदमी के भाइयों को मारकर भगा दिया। भयभीत रैवत वंशी छितराए हुए इधर-उधर भाग गए। उनके अनेक दिशाओं में फैलने के कारण ही उनके वंशज क्षत्रिय सब दिशाओं में फैल गए। मनु पुत्र धृष्ट्र के वंश में धार्ष्टक क्षत्रिय हुए। नाभाग मनु के एक अन्य पुत्र थे। नाभाग के यहां अम्बरीष ने जन्म लिया। इनके वंश में क्रमशः विरूप, पृषदश्क तथा रथीतर उत्पन्न हुए। रथीतर के पुत्र आंगिरस थे। अपने ऊंचे तपोमय जीवन व्यतीत करने के कारण ये क्षत्रिय जन्म लेने पर भी ब्राह्मण कहलाए। इन्हें इसीलिए क्षात्रोपेत ब्राह्मण कहा गया। इक्ष्वाकु भी मनु पुत्र थे। इक्ष्वाकु के सौ पुत्रों में विकुक्षि, निमि और दंड प्रमुख थे। इनमें पचास पुत्र उत्तर भाग के तथा पचास पुत्र दक्षिण भाग के अधिपति बने। एक बार इक्ष्वाकु ने अष्टक श्राद्ध का आयोजन किया। अपने ज्येष्ठ पुत्र विकुक्षि को श्राद्धयोग्य मांस लाने के लिए आदेश दिया। पिता की आज्ञा के अनुसार वह धनुषबाण लेकर वन में मृगों का शिकार करने चल दिया। वन में विकुक्षि ने कई हिरनों आदि उपयोगी पशुओं का वध करके उनका मांस एकत्रित कर लिया। संध्या समय थकान के कारण लौटते समय वह भूख सहन न कर सका। एक खरगोश के मांस को स्वयं खाकर शेष मास यज्ञ

के लिए लाकर पिता को सौंप दिया। इक्ष्वाकु के कुलपुरोहित ने अपने ईश्वरीय ज्ञान से यह रहस्य जानकर राजा से यज्ञ पूर्व मांस भक्षण से श्राद्ध भोग के अपवित्र हो जाने का दोषी विकुक्षि को बतलाया। पिता ने यह सुनकर विकुक्षि का परित्याग कर दिया। तब से ही यह शशाद के रूप में जाना गया।

राजा इक्ष्वाकु के स्वर्ग सिधारने पर विकुक्षि सिंहासन पर बैठा। विकुक्षि के पुत्र का नाम पुरंजय था। पुरंजय का एक दूसरा प्रसिद्ध नाम था कुकत्स्थ। राजा पुरंजय का यह नाम उसके द्वारा बैलरूप धारी इन्द्र के कंधों पर आरूढ़ होकर दैत्यों के संहार करने पर पड़ा था। यह कथा इस प्रकार है- एक बार त्रेता में भयंकर देवासुर संग्राम हुआ। देवता हारने लगे तो सभी देवों ने परम पद विष्णु से रक्षा के लिए विनती की। विष्णु ने उन्हें बताया, वे पुरंजय के शरीर में अंश रूप में अवतरित होकर देवताओं की रक्षा के लिए दैत्यों का नाश करेंगे। इसलिए देवता पुरंजय को इस युद्ध के लिए तैयार करें। देवताओं ने पुरंजय से जब अपनी इच्छा कही तो राजा ने इन्द्र के स्कंधों पर आरूढ़ होकर ही युद्ध करने की शर्त रखी। देवताओं ने यह शर्त स्वीकार कर ली। इसके लिए इन्द्र को वृषभ का रूप धारण करना पड़ा। युद्ध में परमपद विष्णु के तेज से स्फूर्त राजा पुरंजय ने दैत्यों का एक-एक कर संहार कर दिया। कुकत्स्थ (पुरंजय) का वंश क्रमशः इस प्रकार है - अनेना > पृथु > विष्टरावश्व > चन्द्र > युवनाश्व > श्रावस्त > बृहदश्व > कुवलाश्व > दृदाश्व > हर्यश्व > निकुम्भ > अमिताश्व > कृशाश्वद्र > प्रसेनजित > युवनाश्व (द्वितीय)। युवनाश्व निःसंतान थे। अपनी संतानहीनता के कारण युवनाश्व वन में तपस्वी की तरह रहने लगे। आश्रम वासियों से उनका यह दुःख सहा नहीं गया। उन्होंने युवनाश्व के लिए पुत्रेष्टि यज्ञ किया। आधी रात के समय यज्ञ के समाप्त होने पर मंत्रपूत जल के घड़े को यज्ञ-वेदी पर ही रखकर सो गए। रात को जागे युवनाश्व ने प्यास लगने पर वह मंत्रपूत यज्ञ जल ही पी लिया। प्रातःकाल घट को खाली देख ऋषियों ने पूछताछ की कि युवनाश्व की पत्नी को पुत्र-प्राप्ति के लिए दिया जाने वाला जल किसने पिया? राजा ने अपने अनजाने ही चरु को पी जाने की बात कह सुनाई। उस चरु के प्रभाव से राजा के पेट में गर्भ स्थापित हो गया। सही समय पर राजा की दायीं कोख से सकुशल गर्भ बाहर आ गया। संयोग से तथा ऋषियों की कृपा से राजा युवनाश्व भी सकुशल बच गए।

पुत्रोत्पत्ति पर समस्या यह हो गई कि मां के दूध के अभाव में यह बालक पोषित कैसे होगा? देवराज इन्द्र ने उसे अपना आश्रय दिया। इसीलिए इस बालक का नाम मान्धाता पड़ा। बालक के मुख में इन्द्र ने अपनी तर्जनी उंगली डाल दी। इस प्रकार यह बालक उंगली के स्तन का पान करते हुए विकसित होने लगा। बड़ा होने पर सात द्वीपों वाली पृथ्वी का यह मान्धाता अधिपति

बना। मान्धाता ने शतबिंदु की पुत्री बिंदु से विवाह करके पुरुकुत्स, अम्बरीष तथा मुचकुंद पुत्रों तथा पचास पुत्रियों को जन्म दिया।

एक स्थान पर सौभरि मुनि तपस्यारत थे। मुनि को बारह वर्ष से तपस्या करते हुए कोई व्यवधान नहीं आया था किंतु जिस जलाशय में मुनि तपोरत थे, वहां एक विशालकाय मत्स्यराज अपने परिवार के साथ सुखपूर्वक रहता था। मुनि को उसके पारिवारिक सुखमय जीवन को देखकर जिज्ञासा हुई। वह स्वयं भी पारिवारिक सुख की इच्छा से तपस्या छोड़ मान्धाता के पास गए तथा उनसे विवाह की इच्छा रखी क्योंकि वह यह जानते थे कि कुकत्स्थ वंश में किसी भी उपलक्ष्य से आया व्यक्ति खाली हाथ नहीं लौटता। अतः उन्होंने कहा- अपनी पचास कन्याओं में से एक का मेरे साथ पाणिग्रहण कर दो। राजा मान्धाता सौभरि ऋषि की जीर्ण-शीर्ण देह को देखकर संकोच करते हुए सोचने लगे-यदि अस्वीकार करता हूं तो ऋषि के शाप का भागी बनना होगा और कन्या को ऐसे व्यक्ति के हाथों कैसे सौंपूं! अंततोगत्वा राजा ने चतुराई से काम लेते हुए कहा-मुनिवर! हमारे यहां की परंपरा के अनुसार कन्या स्वयं अपने लिए वर चुनती है, फिर चुने हुए उसी व्यक्ति के साथ उसका विवाह कर दिया जाता है। ऋषि भी राजा की शंका और संकोच को ताड़ गए। किंतु कहा- ठीक है, मुझे अपने अंतःपुर में जाने को अनुमति दो।

राजा ने सेवक को बुलाकर मुनि को अंतःपुर में प्रविष्ट कर दिया। सौभरि मुनि ने अपनी योग शक्ति से एक हृष्ट-पुष्ट सुंदर युवक का रूप धारण कर लिया। जैसे ही सेवक द्वारा कन्याओं को राजा के मन्तव्य और मुनि की इच्छा का भान हुआ तो उनमें मानों प्रतिस्पर्धा-सी हो गई और पचासों स्वयं को सर्वोपरि मानकर सौभरि से विवाह को आतुर होने लगीं। इस स्पर्धा में उनमें झगड़ा हो गया तो ऋषि ने सभी से प्रेमपूर्वक विवाह करने का वचन देकर शांत किया। राजा ने सेवक से जब यह समाचार पाया तो अपना सिर ही धुन लिया। वह प्रतिज्ञाबद्ध था। अतः सौभरि से पचासों कन्याओं का विवाह कर दिया। विवाह के बाद मुनि पचासों को अपने आश्रम में ले आए। उन्होंने विश्वकर्मा को बुलाकर प्रत्येक कन्या के लिए सुवासित आवास के निर्माण का आदेश दिया। राजकुमारियों को यहां पति-सुख के साथ भौतिक सुख उपभोग को मिले।

पुत्रियों के स्नेहवश एक बार राजा मान्धाता सौभरि के आश्रम में आए। राजा ने यहां आकर जब अपूर्व राज- वैभव-संपन्न छटा देखी तो हतप्रभ रह गए। एक पुत्री के महल में जाकर उसकी कुशल-क्षेम पूछी तो उन्हें मालूम हुआ कि पुत्री सभी प्रकार से सुखी है किंतु सौभरि मुनि सदैव उसी क साथ रहते हैं। इससे उसकी अन्य बहनें उससे शायद संतुष्ट न हों यह आशंका रहती है। राजा सौभारि मुनि के पास पहुंचे और उनकी योग शक्ति की भूरि-भूरि प्रशंसा करते हुए वापस अपने महल को लौट गए।

अपनी पत्नियों के साथ सुखपूर्वक रमण करते हुए सौभरि ने डेढ़ सौ पुत्र उत्पन्न किए। उनका लालन-पालन करते हुए वह प्रतिदिन उनकी लीला में मग्न रहने लगा। वह उनके बाल्यकाल में ही युवा होने, उनके विवाह एवं पुत्र-पौत्रों की कल्पना कर-करके प्रसन्नमना समय व्यतीत करने लगा। निश्चित समय पर उसने अपने पुत्रों का विवाहादि किया। वह पुत्र-पौत्रादि से भरे-पूरे परिवार का सुख लेने लगा।

इस प्रकार पारिवारिक सुख आनंद उपभोग करते हुए एक समय अचानक ऋषि को अपने कर्त्तव्य का बोध हुआ। वह विचार करने लगा-मनुष्यों की इच्छाओं का कभी अंत नहीं है, यौन सुख भोगने के पश्चात् भी अब वह पौत्रादि के जन्म की वांछा में लिप्त रहता है। आखिर इस भौतिक वृत्ति का क्या कहीं अंत होगा? एक इच्छा पूर्ति के बाद दूसरी इच्छा जुड़ जाती है। मन के फेर में पड़ा व्यक्ति कभी अपने मन को परमार्थ में नहीं लगा पाता है। ऋषि सौभर ऐसा विचार करते हुए चिंतन करने लगे-उनकी यह सुखों में आसक्ति उनके साथ जलाशय में रहने वाले मत्स्यराज की संगति से उपजी थी। वास्तव में यह साथ ही सब दुर्गुणों एवं दोषों की जड़ है। इसीलिए तो शास्त्रों में मनुष्य की मुक्ति के लिए निस्संगता को आवश्यक बताया गया है। अब मुझे अपनी विषयासक्ति पर नियंत्रण करते हुए कर्त्तव्य की ओर आगे बढ़ना चाहिए। ऐसा विचार करके सौभरि ने पत्नी, बच्चों, पुत्रवधुओं, पौत्रों आदि का संपूर्ण वैभव-विलास के साथ परित्याग कर दिया और पुनः परमपद विष्णु की शरण में जाने का उपक्रम किया। इस तरह प्रभु चरणों में पुनः अनुरक्ति से प्रभु कृपा से उन्हें अंत में स्वर्ग की प्राप्ति हुई।

मान्धाता के पुत्र अम्बरीष के यहां उत्पन्न युवनाश्व के पुत्र हारीत की संतति अंगिरा गोत्रीय होने के कारण हारीतगण कहलाई। मान्धाता का ज्येष्ठ पुत्र पुरुकुत्स महापराक्रमी एवं प्रतापी राजा हुआ है। बहुत पहले पाताल लोकवासी लगभग छह करोड़ मौनेय गन्धर्वों ने नागवंश के सभी प्रमुख रत्न और अधिकार छीनकर श्रीहीन कर दिया। नाग देवताओं ने श्री विष्णु की गुहार की और उनसे रक्षा की प्रार्थना की। श्री विष्णु ने उन्हें बताया कि वे मान्धाता के बड़े पुत्र पुरुकुत्स के शरीर में अंश रूप में अवतरित होकर गंधर्वों को उनकी उद्धतता का फल देंगे और उन्हें नष्ट करके नाग देवताओं को उनके रत्न तथा अधिकार पुनः लौटा देंगे। विष्णु के द्वारा आश्वस्त नागों ने अपनी बहिन नर्मदा को- जो राजा पुरुकुत्स की पत्नी भी थी पुरुकुत्स को पाताल ले जाने के लिए तैयार किया। पाताल में पहुंचकर राजा पुरुकुत्स ने विष्णु कृपा से गन्धर्वों का वध कर नागों को उनके अधिकार दिलवा दिए। इसी के फलस्वरूप नागों ने नर्मदा को यह वरदान दिया नर्मदा का स्मरण करने वालों को कभी कोई सर्प नहीं काटेगा। यदि यह श्लोक ध्यानपूर्वक निष्ठा से पढ़ा जाय-

नर्मदायै नमः प्रातः नर्मदायै नमः निशि।

नमोऽस्तु नर्मदे तुभ्यं त्राहि मां विष सर्पतः।

तो सर्प का विष प्रभावहीन हो जाएगा। पुरुकुत्स की वंशबेलि इस प्रकार है : नर्मदा के पुत्र त्रसदस्यु > अनरण्य > पृषदश्व > हर्यश्व > हस्त > सुमना > त्रिधन्वा > त्रयारुणि > सत्यव्रत। यही सत्यव्रत मुनि विश्वामित्र के कारण त्रिशंकु कहलाए। दैवदोष से किसी प्रकार त्रिशंकु को चांडलता चिपक गई जिसके शाप से राज्य में बारह वर्ष तक वर्षा ही नहीं हुई। मुनि विश्वामित्र उस समय तपस्यालीन थे। सत्यव्रत अपनी चांडलता से मुक्ति के लिए नित्यप्रति मुनि पत्नी एवं पुत्र की सेवा हेतु गंगा के किनारे स्थित वटवृक्ष पर मृग का मांस रख आता था। तपस्या के पश्चात् जब मुनि को सत्यव्रत की सेवा का रहस्य ज्ञात हुआ तो उन्होंने तपोबल से सत्यव्रत को संदेह स्वर्ग भेजने का उपक्रम कर दिया। इन्द्रादि देवगण स्वर्ग के नियमों के अनुसार किसी भी पृथ्वी लोकवासी का सदेह स्वर्ग आना सहन न कर सकें। इन्द्र ने उसे पुनः वापस पृथ्वी लोक में भेजने का उपक्रम किया। इस कारण पृथ्वी से चला किन्तु स्वर्ग न पहुंचा सत्यव्रत अधर में लटक गया। इसी कारण वह त्रिशंकु कहलाया। राजा त्रिशंकु के पुत्र हरिश्चचंद्र से रोहिताश्व > हरित > चञ्चु > विजय > रुरुक > वृक > बाहु तक यह वंश-परम्परा चली। बाहु युद्ध में तालगंध तथा हैहय क्षत्रियों से पराजित हो जाने पर अपनी पत्नी महिषी को साथ लेकर वन में चला गया। दूसरी ओर महिषी की सपत्नी ने गर्भहीन करने के लिए महिषी को विष खिला दिया। इस कारण यह गर्भाशय में सात वर्ष तक ठहरा रहा। राजा बाहु तो वृद्ध होकर और्व मुनि के आश्रम में मृत्यु को प्राप्त हुआ। पति शोक में गर्भवती महिषी सती होने के लिए चिता में जाने लगी। मुनि और्व रानी की गर्भावस्था के बारे में जानते थे। अतः उन्होंने रानी को उसका धर्म समझाते हुए बाहु के वंशज को उदर में लेकर सती होने के अधर्म से रोक दिया। फलतः कुछ ही समय बाद रानी के गर्भ से एक सुन्दर प्रसन्नचित्त पुत्र उत्पन्न हुआ। यह बालक क्योंकि विष के साथ उत्पन्न हुआ था, अतः इसका नाम सगर रखा गया।

युवा होने पर सगर को अपने पिता की मृत्यु के कारण रूप हैहय और तालजंध क्षत्रियों का ज्ञान हुआ तो सगर ने प्रतिज्ञा की कि वह अपने पिता के हत्यारों का वध करके ही शांति पा सकेगा। सगर ने हैहय तथा तालजंध क्षत्रियों का वध किया और अपने पिता की आत्मा को शांति प्रदान की सगर के क्रोध से बचे क्षत्रिय सगर के कुलगुरु वशिष्ठ की शरण में रक्षा की याचना के लिए गए। वशिष्ठ उन क्षत्रियों की बिगड़ी हुई वेशभूषा करके, मुंडवाकर, कुछ को

आधा मुंडवाकर, कुछ को बढ़े हुए केश वाला बनाकर जाति से निकाला दे दिया तत्पश्चात् सगर ने कुल गुरु वशिष्ठ का शरणागत मानकर इन पर दया करके इन्हें जीवित छोड़ दिया और अपने यहां सेवा कर्म के लिए नियुक्त कर दिया।

सगर ने दो विवाह किए-पहली पत्नी सुमति तथा दूसरी विदर्भ के राजा की पुत्री केशिनी थी। पुत्र की इच्छा से राजा सगर ने महर्षि और्व की पूजा-स्तुति की। महर्षि ने प्रसन्न होकर एक को एक तथा दूसरी को साठ हजार पुत्रों का वरदान देते हुए उनकी इच्छा जाननी चाही-सुमति ने साठ हजार पुत्रों की तथा केशिनी ने एक पुत्र की कामना की। तथास्तु कहकर मुनि ने उन्हें पुत्रवती होने का वर दिया। केशिनी के यहां एक पुत्र असमंजस ने जन्म लिया। यह पुत्र बड़ा होने पर कुमार्गी हो गया। दुर्भाग्य से सगर के अन्य साठ हजार पुत्रों ने भी उसी कुमार्गी पुत्र का ही अनुसरण किया। अपने राज्य कर्म के अनुसार राजा सगर ने अश्वमेध यज्ञ का आयोजन। व्यवस्था के अनुसार सगर पुत्र उस यज्ञाश्व की सुरक्षा न कर सके और एक व्यक्ति अश्व को चुराकर ले गया। अश्व के पग चिह्नों के आधार पर जब सगर पुत्र उसे खोजते हुए पाताल में पहुंचे तो वहां उन्होंने देखा कपिल मुनि तपस्या कर रहे हैं और यज्ञाश्व पास ही घूमता फिर रहा है। दुर्बुद्धि पुत्रों ने कपिल मुनि को ही यज्ञाश्व को चुराने वाला धूर्त समझकर समाधि अवस्था में ही मुनि पर शस्त्रों से प्रहार कर दिया। कपिल ने जब सगर-पुत्रों के शोर एवं अव्यवस्था फैलाने से समाधि भंग होती देखी तो उन्हें क्रोध आ गया। उन्होंने ज्यों ही अपने नेत्र खोले- समस्त सगर पुत्र अपने ही शरीर से निकली ज्वाला से झुलसकर भस्म हो गए।

राजा सगर को अपने दुर्बुद्धि पुत्रों द्वारा कपिल मुनि के साथ अशोभनीय व्यवहार तथा पुत्रों के अकारण मृतप्राय हो जाने का अत्यंत कष्ट हुआ। किन्तु यज्ञ के पूर्ण करने के लिए यज्ञाश्व आवश्यक था। अतः सगर ने अपने पौत्र अंशुमान (असमंजस के पुत्र) को विनम्र जानकर कपिल मुनि के आश्रम से यज्ञाश्व लाने का दायित्व सौंपा अंशुमान मेधावी एवं सूझबूझ वाला बालक था। उसने आश्रम में पहुंचकर सर्वप्रथम मुनि की स्तुति-वन्दना करते हुए उनका अभिवादन किया। मुनि ने अंशुमान के सौम्य एवं श्रद्धालु व्यवहार से प्रसन्न होकर यज्ञाश्व ले जाने की अनुमति प्रदान की। साथ ही यह वरदान भी दिया कि अंशुमान के पौत्र द्वारा लाए गए गंगा के जल से-ब्रह्मशाप दंडित उसके पितृगण का उद्धार हो जाएगा तथा वे सद्गति को पा जाएंगे। कृतकृत्य अंशुमान मुनि कृपा से अभिभूत हो गया तथा यज्ञाश्व लेकर वापस लौट आया। सगर ने यज्ञ संपन्न कराया। वस्तुतः सगर पुत्रों ने यज्ञाश्व की खोज में जितना धरती को खोदा था, वहीं सागर (जल कुंड) बन गया था। अपने पुत्रों के स्नेह के कारण सगर ने सागर को अपना पुत्र मान लिया।

अंशुमान के यहां दिलीप जन्मे। दिलीप के यहां भगीरथ उत्पन्न हुए। भगीरथ ही कठोर तप के बल से धरती पर गंगा लाए। उन्ही के पुरुषार्थ के कारण गंगा को भागीरथी कहा जाता है। भगीरथ ने गंगा के जल से मुनि कृपा स्वरूप अपने पितरों का उद्धार कराकर उन्हें सद्गति प्रदान की। भगीरथ के यहां सुहोत्र से श्रुति, श्रुति से नाभाग, नाभाग, से अम्बरीष सिन्धुद्वीप, स्थिन्धुद्वीप से अयुतायु, अयुतायु से ऋतुपर्ण, ऋतुपर्ण से सर्वकाम, सर्वकाम से सुहास, सुहास से सौदास मित्रसह उत्पन्न हुए।

एक बार राजा मित्रसह वन में घूम रहे थे। उन्होंने दो व्याघ्र को देखा। इन हिंसक पशुओं पर राजा ने जंगल के अन्य जीवों की रक्षा के हित वाण से प्रहार किया। ये व्याघ्र वस्तुतः असुर थे। अतः मरते समय दोनों ने राजा से प्रतिशोध लेने का संकल्प लेकर प्राण त्याग दिए। समय बीत गया। एक बार मित्रसह ने एक यज्ञ किया। यज्ञ के समाप्त होने पर कुलगुरु मुनि वसिष्ठ जब कक्ष से बाहर चले गए तो दैत्यों में से एक ने मुनि वसिष्ठ का रूप धारण कर राजा से कहा-यज्ञ की पूर्ण आहुति के पश्चात् नरमांस का भोजन करना चाहिए। तुम ऐसा भोजन तैयार कराओ, मैं आता हूं-कहकर वह रूपधारी वसिष्ठ चला गया। दूसरा दैत्य रसोइए के रूप में भोजनशाला में विराजमान था। राजा के आदेश का पालन करते हुए दूसरे दैत्य ने नरमांस का पकवान तैयार कर दिया। वास्तविक मुनि वसिष्ठ के आने पर भ्रमित राजा ने सोने के पात्रों में मुनि को नरमांस युक्त भोजन परस दिया। वसिष्ठ को राजा द्वारा मांस के प्रस्ताव में कुटिलता तथा छद्म का आभास हुआ। अपने ब्रह्मज्ञान से उन्होंने जब यह जान लिया कि यह नरमांस है तो उनको अत्यंत क्रोध आया। जिसके फलस्वरूप उन्होंने राजा को नरमांस के खाने वाले राक्षस हो जाने का शाप दे दिया। राजा के द्वारा स्वयं मुनि द्वारा ऐसे भोजन के प्रस्ताव का सत्य कहे जाने पर मुनि ने पुनः संपूर्ण रहस्य को जानने के लिए समाधि धारण की तो उन्हें वास्तविक रहस्य ज्ञात हो गया। मुनि ने राजा के लिए बारह वर्ष की अवधि तक दैत्य रूप में रहने का प्रावधान करते हुए शाप में संशोधन कर राजा को राहत दे दी। किंतु राजा स्वयं को निर्दोष मानता हुआ मुनि के शाप से असंतुष्ट क्रोध में उन्मत्त होकर विवेक खो बैठा तथा मुनि को ही शाप देने के लिए हाथ ऊपर उठ गया और जल लेकर संकल्प-जल छोड़ने लगा। राजा की पत्नी ने अनुरोध करके राजा को इस अधर्म कर्म से बचा लिया। वह संकल्प स्वयं राजा के द्वारा लोकहित में आकाश या धरती पर फेंकने की जगह स्वयं अपने पैरों पर डाल देने से उसके पैर काले पड़ गए इसीलिए मित्रसह कल्माषपाद के नाम से प्रसिद्ध हुआ।

शाप की अवधि में वन में घूमते हुए मित्रसह मनुष्यों का भक्षण करने लगा। संयोग की बात है कि एक बार एक मुनि ऋतु काल में अपनी पत्नी के साथ भोग-विलास कर रहे थे। मित्रसह

की दृष्टि जब उन पर पड़ी तो वह भयभीत होकर भाग खड़े हुए। मित्रसह ने भागकर ऋषि को पकड़ लिया तथा उन्हें भोजन के लिए खाने लगा। तभी मुनि पत्नी ने आगे आकर उसे रोकते हुए कहा-हे प्रभु! आप स्वयं को पहचानिए। आप इक्ष्वाकु वंश के मित्रसह हैं जो शापवंश नरमांस भक्षी दैत्य बने हैं तथा मनुष्य भक्षण के इस बुरे कर्म को छोड़ दीजिए। मुनि पत्नी ने यह भी कहा कि मैं कामपीड़ित एक अतृप्त स्त्री हूं तथा तुम स्त्री की कामदशा से भली-भांति परिचित हो। अतः मेरे पति को मुक्त कर मुझे तृप्ति के लिए अवसर दो। किंतु यह सुनकर भी मित्रसह स्वयं को नहीं पहचान सका और उसने ऋषि को उदरस्थ कर लिया।

ब्राह्मण पत्नी ने अपने पति के इस प्रकार दुःखद अंत से दुखी होकर अग्नि में समाधिस्थ होते हुए मित्रसह को- 'स्वयं कामपीड़ित अवस्था में संभोग की क्रिया में तुम्हारी भी मृत्यु हो जाएगी', कहते हुए शाप दे दिया। शाप की अवधि की समाप्ति पर पुनः अपने राजसी जीवन को प्राप्त कर राजा ने जब अपनी पत्नी मदयंती से रमण की इच्छा प्रकट की तो तत्काल ही उसे ऋषि पत्नी के शाप का ध्यान आ गया। उसने अपने जीवन की रक्षा के लिए अपनी काम-भावना का दमन करते हुए संभोग सुख का त्याग कर दिया। मदयंती पुत्रहीन न रहे यह सोचकर मुनि वसिष्ठ न उस गर्भाधान कराया। सात साल बीत जाने पर भी जब गर्भ प्रसव में परिणत नहीं हुआ तब दुखी मदयंती ने उस पर पत्थर से चोट मार दी जिससे उत्पन्न बालक अश्मक कहलाया। अश्मक ने पुत्र मूलक को जन्म दिया। परशुराम ने पृथ्वी पर से क्षत्रियों का वंश नाश करने का बीड़ा उठाया था तो उस समय नग्न स्त्रियों ने चारों तरफ से घेरकर इस बालक की प्राण रक्षा की थी। तभी से इसका नाम नारी कवच पड़ गया।

मूलक का पुत्र दशरथ हुआ, दशरथ का इलिविल, इलिविल का विश्वसह और विश्‌वसह का खट्वांग नाम का पुत्र पैदा हुआ। देवताओं के आह्वान पर खट्वांग ने देवासुर संग्राम में देवताओं की ओर से लड़कर दैत्यों का वध किया। देवाताओं ने खट्वांग के बाहुबल से अभिभूत होकर उसे वरदान मांगने का प्रस्ताव किया। खट्वांग ने वरदान के फलस्वरूप अपनी आयु जाननी चाही। देवताओं के द्वारा उसे ज्ञात हुआ कि वह एक मुहूर्त और जीवित रहेगा। यह जानकर खट्वांग शीघ्र ही देवयान पर बैठकर पृथ्वी लोक पर आ गया और श्री वासुदेव में अपना ध्यान लगाकर उन्हीं में लीन हो गया। इसी खट्वांग के वंशज थे श्रीराम। यह वंश इस प्रकार है-खट्वांग के पुत्र दीर्घबाहु के रघु, रघु के अज, अज के दशरथ और दशरथ के चार पुत्र- राम, लक्ष्मण, भरत, शत्रुघ्न हुए। राम बहुत बलशाली थे। इन्होंने बाल्यकाल में ही मुनि विश्वामित्र के साथ उनके आश्रम में रहते हुए यज्ञ रक्षा की, ताड़का वध किया, मारीच को यज्ञशाला से समुद्र के पार

फेंक दिया। सुबाहु आदि दैत्यों को मृत्यु का मुख दिखाया। तिरस्कृत अहिल्या का उद्धार किया। राजा जनक की प्रतिज्ञा पूरी करते हुए शिव धनुष को तोड़कर सीता का वरण किया। इसके बाद उन्होंने धनुष-भंजन से क्षुब्ध क्षत्रिय शत्रु परशुराम का मान भंजन किया।

पिता राजा दशरथ की आज्ञानुसार राम, सीता और लक्ष्मण के साथ वन को चले गये। वन में रामचन्द्रजी ने खर, दूषण, कबंध और बलि जैसे दुष्ट राक्षसों का वध किया। समुद्र पर पुल बांधकर रावण का संपूर्ण राक्षसों सहित वध किया। सीताजी को मुक्त कराया। रावण के यहां एक वर्ष रहने के कारण अपवादग्रस्त सीता का अग्नि-परीक्षण कराकर राम वन की अवधि समाप्त कर पुनः अयोध्या को लौट आए। और इस प्रकार राम ने ग्यारह हजार वर्षों तक अयोध्या पर राज्य किया। राम के भाइयों में भरत ने गंधर्व लोक पर विजय प्राप्त की तथा शत्रुघ्न ने राक्षस लवण का वध करके मथुरा नगर बसाया। एक लंबे समय तक पृथ्वी पर शांति एवं सुख का साम्राज्य चलाने के पश्चात् राम अपने भाइयों सहित देवलोक वापस चले गए। चारों भाइयों के यहां दो-दो पुत्र उत्पन्न हुए। राम के लव-कुश, लक्ष्मण के अंगद और चन्द्रकेतु, भरत के दक्ष और पुष्कल तथा शत्रुघ्न के सुबाहु और शूरसेन। यह वंश परम्परा कुश से आगे इस प्रकार चली > कुश > अतिथि > निषध > नल > नभ > पुण्डरीक > क्षेम > देवानीक > अहिनक > रुरु > पारियत्र > देवल > वच्छल > उक्थ > वज्रनाभ > शंखण > व्युषितव्युश्व > विश्वसह > हिरण्यनाभ > पुष्य > ध्रुवसंधि > सुदर्शन > अग्निवर्ण > शीघ्र > मरु > रसुशंक > सुसंधि > अमर्ष > सहस्वान > विश्वभव > वृहद्वल आदि।

इक्ष्वाकु के द्वितीय पुत्र निमि के वंश का वर्णन करते हुए पराशरजी ने बताया कि निमि ने एक हजार वर्ष तक चलने वाला यज्ञ करने का निश्चय किया। यज्ञ के होता के लिए उन्होंने वसिष्ठ मुनि का निर्णय किया। वसिष्ठ ने इन्द्र के यज्ञ में व्यस्त रहने के कारण उन्हें पांच सौ वर्ष प्रतीक्षा करने के लिए कहा। यह सुनकर निमि मौन हो गए। निमि के मौन को वसिष्ठ ने स्वीकृति जानकर शीघ्रतापूर्वक इन्द्र का यज्ञ समाप्त कर निमि के यज्ञ के लिए पधारे किन्तु वहां होता के स्थान पर गौतम को यज्ञ संपन्न कराते हुए देखकर वह क्रोधित होकर भड़क उठे। सोए हुए निमि को देहहीन हो जाने का शाप दे दिया। राजा निमि ने जागने पर बिना कारण जाने मुनि वसिष्ठ को भी देहहीन हो जाने का शाप दे डाला। निमि के शाप से वसिष्ठ का लिंग-देह मित्रावरुण के वीर्‌य में प्रविष्ट हुआ। मित्रावरुण द्वारा उर्वशी के रूप पर मुग्ध होने से स्खलित हो जाने पर वीर्य द्वारा वसिष्ठजी का पुनर्जन्म हो गया। दूसरी ओर देवताओं ने निमि की देह को भी तेल गंधादि में सुरक्षित रखा।

यज्ञ की समाप्ति पर यजमान के कष्ट को देखकर यज्ञ भाग के लिए आए देवगणों से पुरोहितों ने उसे आशीर्वाद देने के लिए कहा। तब निमि ने कहा मैं दोबारा देह धारण करना नहीं चाहता। मेरी कामना है कि सभी प्राणियों के नेत्रों में मेरा वास हो। 'तथाऽस्तु' कहकर देवों ने निमि को लोक नेत्रों में बसने का वरदान दे दिया।

राजा के राज्य विहीन होने पर अराजकता के भय से मुनियों ने राजा के शरीर का अरणि के साथ मन्थन कराके जनक का जन्म कराया। अपने पिता के विदेह हो जाने के कारण जनक वैदेह कहलाए। इन्हें मिथि के नाम से भी पुकारा गया क्योंकि अरणि-मन्थन से इनका जन्म हुआ था। जनक के उदावसु > नंदिवर्धन > सुकेतु > देवरात > बृहदुक्थ > महावीर > सुधृति > धृष्टकेतु > हर्यश्व > मनु > प्रतिक > कृतिरथ > देवमीट > विवुध > महाधृति > कृतराज > महारोमा > सुवर्णरोमा > ह्रस्वरोमा > सीरवज > भानुमान > शतद्युम्न > कृति > अंजन > कुक्षजित > अरिष्टनेमि > शतायु > सुपार्श्व > सुंजय > क्षेमावी > अनेना > भीमरथ > सत्यरथ > उपगु > उपगुप्त > स्वगत > स्वानन्द > सुवर्चा > सुपार्श्व > सुभाष > सुश्रुत > जय > विजय > ऋत > सुनय > वीतहव्य > धृति > बहुलाश्वकृति राजा पैदा हुए यह कृति जनक के वंश का अंतिम शासक था। ये सभी मिथिला के राजा तत्त्वदर्शी और आत्मज्ञाता थे।

चन्द्रवंशी राजाओं के वंश का विवरण देते हुए पराशरजी ने कहा-ब्रह्मा के पुत्र अत्रि प्रजापति का पुत्र चन्द्रमा था। अपनी शक्ति के मद में चन्द्रमा ने देवगुरु की पत्नी तारा को हरण करके अपनी पालिता बना लिया। बृहस्पति ने देवों से तथा फिर ब्रह्मा से चन्द्रमा के अधिकार का दुखड़ा रोते हुए शिकायत की। ब्रह्मा ने चन्द्रमा को समझाकर तारा को वापस करने के लिए आदेश दिया किन्तु हठी चन्द्रमा ने किसी की बात नहीं मानी। इसी क्रम में बृहस्पति के पक्ष एवं विपक्ष में दो दल बन गए। ज्यों-त्यों करके तारा बृहस्पति को दिला दी गई। तारा चन्द्र के द्वारा गर्भवती हो गई थी। यथासमय उसने एक पुत्र को जन्म दिया। इस नवजात बालक के सौंदर्य पर बृहस्पति और चन्द्र दोनों ही मुग्ध हो गए तथा दोनों ही उसे अपनाने के लिए आतुर हो गए। दोनों में फिर झगड़ा हुआ। तब देवों द्वारा तारा से यह पता करके कि यह बालक किसका अंश है। बालक चंद्रमा को दे दिया गया। चन्द्रमा ने उसका नाम बुध रखा। इला से विवाह कर बुध ने पुरुरवा को जन्म दिया। मित्रावरुण के शाप के कारण उर्वशी को कुछ समय पृथ्वी लोक पर रहना था। इसीलिए जब यह पृथ्वी लोक आई तो राजा उसकी रूपराशि पर मुग्ध होकर उससे प्रणय निवेदन करने लगा। तब उर्वशी ने समर्पण से पूर्व तीन शर्त रखीं-पहली, उसके दो भेड़ के बच्चों को कभी शैया से दूर नहीं करना, कभी नग्न रूप में आंखों के सामने न आना तथा केवल घृत ही भोजन के रूप में देना। इनमें से किसी के भी उल्लंघन पर वह बिना सूचना के स्वर्गलोक

वापस लौट जाएगी। पुरुरवा ने उर्वशी की ये सभी शर्तें मान ली। अब वह उन्मुक्तता से उर्वशी के साथ रमण करने लगा।

स्वर्ग में उर्वशी की अनुपस्थिति खलने लगी। विश्वावसु गंधर्व को जब उर्वशी की प्रतिज्ञा के बारे में पता चला तो उसने एक रात को सोते समय उर्वशी के भेड़ के बच्चे धोखे से चुरा लिये। उर्वशी उनके अभाव में रोने लगी और उनकी रक्षा के लिए पुरुरवा के पौरुष को चुनौती देने लगी। अपनी नग्नता से बेखबर राजा गन्धर्वों के पीछे दौड़ पड़ा। राजा के इस प्रकार पीछा करने पर गंधर्वों ने तभी एक प्रकार से तेज प्रकाश उत्पन्न कर दिया। राजा को नग्न देखकर उर्वशी द्वारा रखी गई दो शर्तें टूट गईं और इस प्रकार उर्वशी स्वर्ग को लौट गई। गंधर्व भी भेड़ के बच्चों को छोड़कर स्वर्ग लौट गए। उर्वशी के वियोग में राजा पागल होकर विलाप करने लगा। उन्मत्त घूमते हुए एक बार कुरुक्षेत्र के कमल सरोवर में राजा को अपनी सहेलियों के साथ उर्वशी दिखलाई दी। राजा अत्यन्त दीन स्वर में उर्वशी से पुनः प्रणय याचना करने लगा। उर्वशी ने स्त्री में इतनी अत्यधिक अनुरक्ति पर पहले तो पुरुरवा को धिक्कारा फिर आश्वस्त किया कि वह इस समय गर्भवती है। ठीक एक वर्ष बाद इसी स्थान पर एक पुत्र पुरुरवा को सौंप देगी। एक वर्ष बाद पुरुरवा को उर्वशी ने आयु नाम का एक ओजस्वी पुत्र प्रदान किया। राजा पुरुरवा के आयु के अलावा अमावसु, विश्वावसु, श्रतायु, शतायु तथा अयुतायु नाम के छः पुत्र और थे। अमावसु की वंशावली में भीम > कांचन > सुहोत्र > जहु हुए जिसके लिए कथा है कि अपनी यज्ञशाला को गंगाजल से डूबा देखकर वह क्रुद्ध हो गया और उसे पी गया किन्तु देवों के अनुरोध पर पुनः गंगा को पुत्री रूप में अपनाया था। इसीलिए गंगा को जाहवी भी कहते हैं। जहु के पुत्र सुमत्तु > अजक > बलकाश्व > कुश उत्पन्न हुए। कुश से कुशाम्ब, कुशनाभ, अधूर्त्तरजा तथा वसु चार पुत्र हुए। कुशाम्ब ने इन्द्र के समान पुत्र प्राप्ति के लिए भयंकर एवं कठोर तप किया। कुशाम्ब के तप से अपने इन्द्रासन को खतरे में जानकर इन्द्र ने स्वयं उसके पुत्र के रूप में जन्म लिया। यह गाधि कहलाया।

गाधि के यहां सत्यवती ने जन्म लिया। सत्यवती को ऋचीक मुनि ने एक हजार श्याम वर्णा घोड़े देकर पत्नी रूप में प्राप्त किया। ऋषि ने सन्तान की इच्छा से सत्यवती के समक्ष चरु प्रस्तुत किया। सत्यवती की मां ने पुत्री को बहला-फुसलाकर उसका चरु स्वयं पी लिया तथा अपने लिए निर्धारित चरु को सत्यवती को दे दिया। ऋचीक को जब इस रहस्य का पता चला तो उन्होंने सत्यवती को काफी बुरा-भला कहा किन्तु सत्यवती ने अपने भोलेपन का हवाला देकर तथा ऋषि के चरण छूते हुए क्षमा-याचना की। यथासमय सत्यवती के यहां जमदग्नि तथा मां ने विश्वामित्र को जन्म दिया। जमदग्नि रेणु की कन्या रेणुका से विवाह किया जिनसे परशुराम ने

जन्म लिया। विश्वामित्र के यहां शुन: शेप ने जन्म लिया। यह बाद में देवरात के नाम से जाना गया। विश्वामित्र के अन्य पुत्रों में मधुच्छन्द, धनंजय, कृतदेव, अष्टक, कच्छप आदि हुए जिनसे आगे कौशिक वंश की काफी वृद्धि हुई।

आयु के वंश का विवरण सुनाते हुए पराशरजी ने कहा कि आयु का विवाह राहु की कन्या से हुआ। इसके यहां नहुष, क्षत्रवृद्ध, दम्भ रजि तथा अनेना नाम के पांच पुत्रों ने जन्म लिया। क्षत्रवृद्ध के पुत्र सुहोता का आगे वंश इस प्रकार चला। सुहोता के तीन पुत्र हुए काश्य, काश तथा गृत्समद। गृत्समद के शौनक हुए जिन्होंने चार वर्णों का प्रवर्तन किया। काश्य के पुत्र काशेय हुए। इनके वंश में राष्ट्र-दीर्घतपा- धन्वंतरि हुए। यही धन्वंतरि आयुर्वेद का विभाग करने वाला तथा यज्ञ भाग का भोग करने वाला हुआ। धन्वंतरि की वंशावली इस प्रकार है- केतुमान -भीमरथ - दिवोदास – प्रतर्दन - अलक - सन्नाते - सुनीथ - सुकेतु - धर्मकेतु - सत्यकेतु - विष्णु - सुविए - सुकुमार- धृष्टकेतु-वीतिहोम मार्ग- मार्गभूमि। मार्गभूमि से ही आगे वर्ण धर्म का प्रसार हुआ। वस्तुतः इस वंशावली में प्रतर्दन काफी महत्त्वपूर्ण एवं प्रसिद्ध हुआ। सभी शत्रुओं पर विजय पाने के कारण शत्रुजित, पिता द्वारा प्यार से वत्स पुकारे जाने के कारण वत्स, सत्यवादी होने के कारण ऋतध्वज तथा कुवलय नाम के अपूर्व अश्वधारी होने के कारण कुवलयाश्व के नाम से भी प्रसिद्ध हुआ।

आयु के चौथे पुत्र रजि के बारे में मैत्रयजी को सुनाते हुए पराशरजी बोले-एक बार देवासुर संग्राम शुरू होने से पहले ही देवताओं एवं दैत्यों दोनों ने तीनों लोकों के ज्ञाता ब्रह्मा से विजय के पक्ष की स्थिति जाननी चाही तो ब्रह्माजी ने उत्तर दिया कि आयु पुत्र रजि शस्त्र लेकर जिसकी ओर से लड़ेगा, उसी पक्ष की विजय होगी। यह सुनते ही सभी असुरों ने रजि को अपने पक्ष में करने के लिए शीघ्रता की और रजि से प्रार्थना करने लगे। दैत्यों से रजि ने विजयोपरांत स्वयं इन्द्र पद की इच्छा रखी। दैत्यों ने इन्द्र पद को हिरण्यकशिपु के पुत्र प्रहलाद के लिए सुरक्षित बताते हुए यह प्रस्ताव अस्वीकार कर दिया। अंततः रजि के पास देवगण आए जिन्होंने रजि को इन्द्र रूप में स्वीकार करते हुए उसकी शर्त सहर्ष मान ली। युद्ध हुआ। रजि के देवताओं के पक्ष में युद्ध के कारण देवताओं की विजय हुई। इन्द्रासन छिनने के भय से इन्द्र ने रजि के चरणों में अपना सिर रखते हुए पुत्र रूप में स्वीकार करने की विनती की। रजि ने स्वीकार कर लिया। इस प्रकार इन्द्र ने चालाकी से पुनः: इन्द्र पद प्राप्त कर लिया।

रजि के पांच पुत्र थे। जिन्होंने रजि की मृत्यु के बाद अपने उत्तराधिकारी होने का दावा प्रस्तुत करते हुए अपना राज्य मांगा तो इन्द्र ने उन्हें निराश किया। इस कारण युद्ध दुआ और इन्द्र हार

गए। रजि-यूत्रों ने पुनः अपने पिता का राज्य वापस लेकर इन्द्रत्त्व को पा लिया। इन्द्र इस पराजय को अधिक देर सहन न कर सका। उसने देवगुरु बृहस्पति से सहायता मांगी। बृहस्पति ने इसके उपाय हेतु ऐसे यज्ञ का अनुष्ठान किया कि रजि-पुत्र वेद-विमुख तथा ब्राह्मण विरोधी हो गए। इस प्रकार शास्त्र विरोधी होने के कारण वे तेजहीन हो गए। ऐसी दशा में वे इन्द्र के आक्रमण का मुकाबला नहीं कर सके। फलतः पराजित हो गए। इस प्रकार इन्द्र ने पुनः अपना खोया वैभव प्राप्त किया और सिंहासन पा लिया।

आयु के तीसरे पुत्र रम्भ के कोई संतान नहीं हुई। किन्तु दूसरे पुत्र शत्र - वृद्ध की संतानों का विस्तार हुआ। क्षत्रवृद्ध के पुत्र प्रतिक्षत्र > संजय > जय > विजय > कृत > हर्षवर्धन > सहदेव > अदीन > जयत्सेन > सांकृति- क्षत्रधर्मा। आयु के प्रथम पुत्र नहुष के याति, ययाति, संयति, अयाति, वियाति और कृति छह पुत्र हुए। याति के ज्येष्ठ पुत्र होते हुए भी राज्य में विरक्ति के कारण ययाति गद्दी पर बैठा। ययाति ने शुक्राचार्य की पुत्री देवयानी और वृषपर्वा की पुत्री शर्मिष्ठा से विवाह किया। देवयानी से यदु तथा तर्वसु तथा शर्मिष्ठा से द्रह्यु, अनु एवं पुरु पुत्र उत्पन्न हुए। ययाति शुक्राचार्य के शाप के कारण असमय ही बूढ़ा हो गया। स्वार्थी ययाति ने अपने ज्येष्ठ पुत्र यदु से उसके यौवन की मांग की। किन्तु यदु ने पिता की कामेच्छा का तिरस्कृत करते हुए उसकी मांग को ठुकरा दिया। क्रोधी ययाति ने पुत्र को संतानहीन होने का शाप दे दिया तथा स्वयं के उत्तराधिकार से अलग कर दिया। यही अनुरोध ययाति ने अपने अन्य पुत्रों से भी किया। पुरु को छोड़कर सभी ने पिता के अन्यायपूर्ण प्रस्ताव को तिरस्कार के साथ अस्वीकार कर दिया। पुरु ने पिता की दीन दशा को देखकर एक हजार वर्ष के लिए उन्हें अपना यौवन देकर स्वयं उनका बुढ़ापा स्वीकार कर लिया।

पुत्र से प्राप्त यौवन के बल से ययाति अब पूर्णरूप से विषय भोग में लिप्त हो गया। वह समझता था कि एक हजार वर्ष तक विषय भोग करके वह तृप्तकाम हो जाएगा किन्तु जब इतने पर भी उसकी काम-भावना शांत न हुई अपितु और अधिक भड़क गई तो उसकी समझ में आ गया कि जैसे अग्नि में घी डालने पर वह शांत होने की अपेक्षा और अधिक भड़कती है उसी प्रकार कामवासना में विषयभोग से तृष्णा शांत न होकर और भड़कती है। अतः इसके शमन का एकमात्र उपाय इसका त्याग ही है।

उसने ग्लानि का अनुभव करते हुए विषयों की दासता को तिलांजलि दे दी और ईश्वर-भक्ति में स्वयं को प्रवृत्त करने का निश्चय करके पुत्र का यौवन उसे लौटा दिया और स्वयं बुढ़ापे को ग्रहण करके पुत्र को राज्य सौंपकर वन को चला गया।

ययाति का बड़ा पुत्र यदु बड़ा प्रतिभाशली राजा हुआ। यदु के वंश में ही विष्णु ने कृष्ण रूप में अवतार ग्रहण किया था। यदु के सहस्रजित, क्रोन्टु, नल तथा नहुष चार पुत्र हुए। इनमें सहस्रजित के तीन पुत्र- हैहय, हेहय तथा वेणुहय हुए। हैहय का वंश क्रम इस प्रकार रहा- हैहय के धर्म > धर्मनेत्र > कुंति- सहजिता > महिष्मान > भद्रश्रेण्य > दुर्दम > धनक हुए। धनक के चार पुत्र हुए- कृतवीर्य, कृताग्नि, कृतधर्म एवं कृतौजा। कृतवीर्य के यहां महाप्रतापी अर्जुन ने जन्म लिया जिसने भगवान दत्तात्रेय को प्रसन्न करके अनेक वरदान प्राप्त किए। अर्जुन ने अपने पौरुष एवं वीरता के बल पर पिचासी हजार वर्ष तक राज्य किया। उसने अपने पर आक्रमण करने वाले शत्रु रावण को पशु के समान बांधकर नगर के सुनसान स्थान पर रख दिया। अर्जुन के अत्यंत आतताई हो जाने पर परशुराम ने इसका वध किया। अर्जुन के सौ पुत्र हुए जिनमें शूर, शूरसेन, वृषसेन, मधु तथा जयध्वज प्रमुख हुए। जयध्वज के पुत्र तालजंघ के भी सौ पुत्र हुए। इनमें वीतिहोत्र तथा भरत प्रमुख थे। भरत के यहां वृष ने जन्म लिया जिसके पुत्र वृष्णि के भी सौ पुत्र हुए। इसी कारण इसके वंश का नाम वृष्णि वंश कहलाया। महाराज यदु के नाम से यादव तथा मधु के नाम से माधव वंश भी पड़ा।

यदु के ही द्वितीय पुत्र क्रोष्टु का वंश ध्यजीनीवान से ख्याति- रुशंकु- चित्ररथ- शशिबिंदु तक चला। शशिबिंदु ने एक लाख स्त्रियों के साथ विवाह किया और दस लाख पुत्रों को जन्म दिया। इनमें पृथुश्रवा, पृथुकर्मा, पृधुकीर्ति, पृथुयज्ञा. पृथुजय तथा पृथुदान प्रमुख थे। इनमें पृथुश्रवा का वंश क्रम इस प्रकार चला > पृथुश्रवा > पृथुत्तम > उशना (उशना ने सौ अश्वमेध यज्ञ किये) > शितपु > रुक्मकवच > परावृत्त हुए। इनसे रुक्मेषु, पृथु, ज्यामध, वलित और हरित पांच पुत्र उत्पन्न हुए। ज्यामध बड़ा कीर्तिमान राजा था।

ज्यामध की पत्नी शैव्या वंध्या थी। उससे कोई संतान नहीं थी। लेकिन ज्यामध पर उसकी पत्नी पूरी तरह हावी थी इसलिए वह दूसरे विवाह के बारे में सोच भी नहीं सकता था। एक बार वह अपने शत्रुओं का दमन करके लौट रहा था वहां डर से भागे शत्रु नगर में एक नारी स्वर को करुण क्रंदन करते देख उसका हृदय पसीज गया और वह उसे अपने साथ राजमहल में ले आया। संतान के इच्छुक राजा ने उसे प्रभु कृपा रूप में जानकर स्त्री के रूप में स्वीकार करने का निश्चय किया लेकिन महल में पहुंचने पर रानी की क्रोधित भंगिमा को देख वह विचलित हो गया और उसने कन्या का परिचय शैव्या की पुत्रवधू के रूप में कराया। लेकिन वह संतानहीन थी। तब ज्यामध ने यह कहकर समस्या सुलझाई कि पुत्र होने वाला है। मैं पहले ही वधू का प्रबंध कर लाया हूं। ईश्वर कृपा से कुछ दिन में ही शैव्या गर्भवती हो गई। समय आने पर उसने विदर्भ नाम का पुत्र उत्पन्न किया। विदर्भ से उस कन्या का यथारीति से विवाह कर दिया। विदर्भ के क्रय, कोशिक तथा रोमपाद तीन पुत्र उत्पन्न हुए। रोमपाद के वंश में वभ्रु > धृति > कौशिक > चेदि हुए। चेदि के वंशज ही चैद्य कहलाए।

विदर्भ के पुत्र क्रथ का वंशक्रम इस प्रकार रहा- कुंति से धृष्टि > निधृति- दशार्ह > व्योमा > जीमूत > विकृति > भीमरथ > नवरथ > दशरथ > शकुनि > करंभि > देवरात > देवक्षत्र > मधु > कुमारवंश > अनु > पुरुमित्र > अंशु > सत्वत। इन्हीं सत्वत के चतुर्थ पुत्र अंधक के एक पुत्र भजमान के वंश में देवगर्भ उत्पन्न हुए। इनके पुत्र शूरसेन के पुत्र वसुदेव के यहां यदुवंशी कृष्ण ने जन्म लिया। सत्वत के वंश में उत्पन्न होने के कारण इनके वंशी सात्वत कहलाए। सत्वत के सात पुत्र हुए- भजन, भजमति, दिव्य, अंधक, देवावृद्ध, महाभोज तथा वृष्णि। भजन के छः पुत्र हुए। देवावृद्ध बहुत बड़े प्रतापी राजा के रूप में प्रसिद्ध हुए। इनके पुत्र बभ्रु भी महाप्रतापी हुए। महाभोज के वंशज भोजवंशी कहलाए। वृष्णि के सुमित्र तथा युधजित नाम के दो पुत्र हुए। इनमें सुमित्र के अनमित्र, अनमित्र के निध्य, निध्य के प्रसेनजित तथा सत्राजित दो पुत्र हुए।

सत्राजित सूर्य के मित्र थे। अतः सत्राजित ने सूर्य को प्रसन्न करके उनसे न्यमंतक मणि प्राप्त कर ली और अपने गले में लटकाकर जैसे ही उसने द्वारिका में प्रवेश किया लोगों ने मणि के प्रभाव से उसे ही सूर्य समझ लिया। कृष्ण के मन में उस मणि को प्राप्त करने की इच्छा तो हुई लेकिन राज्य में विद्रोह के भय से उन्होंने यह हिम्मत नहीं की। सत्राजित ने वह मणि अपने भाई प्रसेनजित को सौंप दी। प्रसेन को उस मणि के रख-रखाव का पूरा ज्ञान नहीं था। वास्तव में मणि को धारण करते समय मनुष्य को शुचिता का पूरा ध्यान रखना पड़ता था। वह लापरवाही में उस मणि को धारण करे हुए ही शिकार को चला गया। वन में उसे एक सिंह ने मार डाला। सिंह मणि को मुंह में रखकर जैसे ही चलने को हुआ जामवंत ने उसे मार डाला मणि को लेकर जामवंत गुफा में आ गया। मणि को खिलौना समझकर जामवंत के बच्चे खेलने लगे।

दूसरी ओर नगर में यह समाचार फैल गया कि कृष्ण स्वयं मणि हड़पना चाहते थे। अतः उन्होंने प्रसेन को मरवा डाला है। इस मिथ्या प्रचार को खत्म करने के लिए श्रीकृष्ण अपने साथियों सहित प्रसेन को ढूंढने निकल पड़े। खोजते हुए वन में उस जगह पहुंच गए जहां प्रसेन को सिंह ने मारा था। सिंह के चिह्न का पीछा करते हुए कृष्ण जामवंत की गुफा तक पहुंचे। कृष्ण और जामवंत का युद्ध हुआ। यह युद्ध इक्कीस दिन तक चला। गुफा से बाहर बैठे कृष्ण के साथियों ने सात-आठ दिन प्रतीक्षा करने के बाद कृष्ण को मरा समझकर निराश लौटने पर उनके सारे क्रिया-कर्म पूरे कर दिये।

कृष्ण ने जामवंत को पराजित करके अपने वश में कर लिया। फलस्वरूप जामवंत ने अपनी कन्या जामवती तथा स्यमंतक से मणि लेकर कृष्ण को सौंप दी। कृष्ण दोनों को लेकर द्वारिका लौट आए। कृष्ण को जीवित पाकर द्वारिका में पुनः हर्ष को लहर दौड़ गई। कृष्ण ने सत्राजित को उसकी धरोहर स्यमंतक मणि लौटा दी और अपने ऊपर लगे मिथ्या आरोप का खंडन कर दिया। कृष्ण के इस व्यवहार से प्रसन्न होकर सत्राजित ने अपनी बहन सत्यभामा का विवाह कृष्ण के

साथ कर दिया। अक्रूर, कृतवर्मा और शतधन्वा भी सत्राजित की बहन से विवाह के इच्छुक थे लेकिन अकस्मात् सत्राजित के इस व्यवहार से वे सत्राजित के विरोधी हो गए। शतधन्वा को भड़काकर मणि छीनने की योजना बना डाली।

इस बीच वरणावत में दुर्योधन की कूटनीति के शिकार होने के फलस्वरूप पाण्डवों के जलने का समाचार पाकर कृष्ण वरणावत चले गए। पीछे सत्राजित से मणि छीनकर शतधन्वा ने उसका वध कर दिया। दुखी सत्यभामा ने कृष्ण को स्वयं जाकर इस घटना की सूचना दी तो कृष्ण ने बलराम के साथ शतधन्वा पर आक्रमण कर दिया। ऐसे समय कृतवर्मा और अक्रूर ने भी कृष्ण का विरोध करने का साहस नहीं किया। मणि अक्रूर को सौंपकर शतधन्वा युद्ध के मैदान से जान बचाकर भाग खड़ा हुआ। कृष्ण ने उसका पीछा किया और सुदर्शन से उसकी गर्दन ही काट दी। शतधन्वा के मृत शरीर की तलाशी पर भी जब कृष्ण को मणि नहीं मिली तो कृष्ण को बलराम पर संदेह हो गया। बलराम को कृष्ण का अविश्वास सहन नहीं हो पाया और इस कारण उन्होंने कृष्ण से संबंध तोड़ लिये और विदेह नगर चले गए। कृष्ण भी निराश और दुखी मन से द्वारिका लौट आए।

स्यमंतक मणि शतधन्वा ने अक्रूर को सौंप दी थी। उसके प्रभाव से नित्य ही एक स्वर्णमुद्रा प्राप्त करके अक्रूर रोज ही यज्ञादि का अनुष्ठान करने लगे। सभी ओर सुख-शांति का साम्राज्य था। कृष्ण के विदेह जाकर अनुनय-विनय करने पर बलराम भी द्वारिका लौट आए थे। किंतु कुछ समय बाद किसी कारण खिन्न होने पर अक्रूर द्वारिका छोड़कर अन्यत्र कहीं चले गए तो मणि का सुख प्रभाव क्षीण होने लगा। दुर्भिक्ष, अनावृष्टि, रोग और उपद्रवों ने सब ओर त्राहि-त्राहि मचानी प्रारम्भ कर दी।

कृष्ण को एक वृद्ध अंधक नाम के यादव ने बताया-अक्रूर भी अपने पिता के समान प्रतापी है। अतः उनके यहां वापस आने पर अवश्य ही कुछ स्थिति संभल सकती है। इस प्रकार यादवों के आग्रह पर अक्रूर को फिर वापस द्वारिका बुला लिया गया और देखते-ही-देखते सारे कष्ट कट गए। उपद्रव शांत हो गए तो कृष्ण को लगा कि निश्चय ही अक्रूर के पास स्यमंतक मणि है।

कृष्ण ने बड़ी कुशलता से अक्रूर को यह जता दिया कि उन्हें ज्ञात हो गया है कि शतधन्वा के पास जो मणि थी वह उसने अक्रूर को दे दी है। कृष्ण मणि रखना नहीं चाहते किंतु बलराम के मन में अविश्वास को निकालने के लिए यह जरूरी है कि अक्रूर मणि का रहस्य बलराम पर स्पष्ट कर दें। अक्रूर ने को समझते हुए मणि कृष्ण को सौंप दी और यह अधिकार भी दे दिया कि वह चाहे जिसे दें। यादवों ने अक्रूर के इस कृत्य पर उनकी हृदय से प्रसंशा की और कृष्ण ने मणि पुनः अक्रूर को दे दी।

पराशरजी ने यदु वंश का विवरण आगे बढ़ाते हुए कहा कि अनमित्र के पौत्र प्रसेन एवं सत्राजित के अतिरिक्त अन्य पुत्र शिनि का पुत्र सत्यक हुआ। इसी के यहां युयुधान, जिसे सात्यिकि कहा गया युयुधान के संजय, संजय के कुणि और कुणि के युगंधर हुए। शिनी के वंशज शैन्य कहलाए। अनमित्र के ही एक पुत्र पृश्नि थे जिनके पुत्र श्वफल्क के यहां अक्रूर ने जन्म लिया था। भूरि के दूसरे पुत्र चित्रक ने मृत्यु, विपृथु आदि कई पुत्र उत्पन्न किए। श्वफल्क ने गांदिनी से अक्रूर को तथा एक अन्य पत्नी से उपमद्गु, मृदामृद, विश्वारि, मेजय आदि तेरह पुत्र उत्पन्न किए। अक्रूर के देववान तथा उपदेव दो पुत्र थे।

यदु कुल में ही जन्मे सत्वत के चौथे पुत्र अंधक की वंशावली इस प्रकार है - अंधक के चार पुत्र हुए- कुकुर, भजडमान, शुधुकम्वल और वर्हिष। कुकुर से धृष्ट > कपोतरमा > विलोमा > अनु > आनक दुन्दुभि > अनिजित, पुनर्वसु > आहुक > देवक और उग्रसेन-कंस। देवक के यहां चार पुत्र तथा सात पुत्रियां जन्मीं। ये सातों कृष्ण के साथ ब्याही गईं। अंधक के द्वितीय पुत्र भजमान से विदुरथ > शूर > शमी > प्रतिक्षत्र > स्वयंभोज > हृदिक > कृतवर्मा, शतधन्वा देवार्ह और देवगर्भ चार पुत्र हुए। देवगर्भ के पुत्र शूरसेन के यहां मारिषा के गर्भ से वसुदेव आदि दस पुत्रों एवं पांच पुत्रियों का जन्म हुआ- कृष्ण वसुदेव के पुत्र थे। शूरसेन की चार पुत्रियों में एक कन्या पृथा को अपने निःसंतान मित्र कुंति को दत्तक रूप में प्रदान की। इस पृथा (कुंती) का राजा पांडु से पाणिग्रहण हुआ. जिसने धर्म. वायु तथा इन्द्र के द्वारा क्रमशः युधिष्ठिर, भीम और अर्जुन को तथा अविवाहित रूप में सूर्य द्वारा कर्ण को जन्म दिया। पाण्डु की दूसरी पत्नी माद्री द्वारा अश्विनीकुमारों से नकुल एवं सहदेव की उत्पत्ति हुई। शूरसेन की दूसरी कन्या भुतदेवा का वृद्धधर्मा से विवाह हुआ जिसके यहां दंतवक्र नामक महादैत्य ने जन्म लिया। तीसरी कन्या श्रुतकीर्ति का केकयराज से विवाह हुआ। इसके यहां पांच पुत्र जन्मे। चौथी कन्या। राजाधिदेवी ने अवंति नरेश से विवाह किया जिसने यहां विंद और अनुविंद को जन्म दिया। पांचवी कन्या भुतश्रवा ने चेदिराज दमघोष के साथ विवाह करके शिशुपाल को जन्म दिया। पूर्व जन्म में यही शिशुपाल- दैत्यराज, हिरण्यकशिपु तथा महाबली रावण के रूप में उत्पन्न हो चुका था जो इस जन्म में कृष्ण के हाथों मारे जाने पर सायुज्य मुक्ति का अधिकारी हुआ।

इसके पश्चात् पराशरजी ने कृष्ण के परिवार का वृत्तांत सुनाते हुए कहा, वसुदेवजी की अनेक पात्नियां थीं। रोहिणी से बलभद्र, शठ, सारण और दुर्मद आदि अनेक पुत्र उत्पन्न हुए। इनमें बलभद्र ने रेवती से विशठ और उन्मुक को जन्म दिया। सारण ने साष्टि, शिशु, सत्य और धृति

को जन्म दिया। रोहिणी के गर्भ से ही वसुदेव द्वारा भद्राश्व, भद्रबाहु, दुर्दम और भूत आदि पुत्र जन्मे। वसुदेव द्वारा ही एक अन्य पत्नी मदिरा से नन्द, उपनन्द तथा कृतक का तथा एक अन्य भद्रा से उपनिधि और गद का जन्म हुआ, वैशाली के गर्भ से कौशिक उत्पन्न हुए।

देवकी के गर्भ से वसुदेव द्वारा उत्पन्न कीर्तिमान, सुषेण, उदायु, भद्रसेन, ऋजुदास और भद्रदेव को कंस द्वारा मार दिया गया। सातवें पुत्र को योगमाया ने रोहिणी के गर्भ में प्रस्थापित किया, इसका नाम संकर्षण था। इसके बाद आठवें पुत्र के रूप में स्वयं परमपद विष्णु का कृष्ण रूप में आगमन हुआ। इन्हीं की कृपा से योगनिद्रा ने यशोदा के गर्भ से जन्म लिया जो वसुदेव के यहां कृष्ण की जगह कंस द्वारा मार दी गई थी।

इस प्रकार कृष्ण रूप में अवतरित प्रभु ने पृथ्वी पर पुनः धर्म की स्थापना की। उनके पुत्र प्रद्युम्न का रुक्म की पुत्री रुक्मवती से चिवाह हुआ और अनिरुद्ध का जन्म हुआ। अनिरुद्ध का सुभद्रा से विवाह हुआ और वज नाम का पुत्र जन्मा। वज्र के प्रतिबाहु और प्रतिबाहु के सुबाहु जन्मे। इस तरह यदु वंश का काफी लंबा क्रम चला।

यदु वंश का वृत्तांत सुनाने के पश्चात् पराशरजी ने ययाति के अन्य पुत्रों को भी वृत्तांत इस प्रकार बताया - तुर्वसु से वहि > मार्ग > भानु > त्रयीसानु > करन्धम > मरुत हुए। मरुत्त निःसंतान थे। इन्होंने पुरुवंशीय दुष्यंत को पुत्र रूप में गोद लिया जिससे तुर्वसु का वंश पुरु वंश में समा गया। ययाति के तृतीय पुत्र द्रह्यु > बभ्रु > सेतु > आरण्य > गंधार > धर्म > धृत > दुर्दम > प्रचेता > शतधर्म जन्मे चौथे पुत्र अनु के तीन हुए-समानल, चक्षु तथा परमेशु। समानल से कालानल > सृञ्जयश > पुरञ्जय > जन्मेजय > महाशाल > महामना > उशीनर और तितिक्षु नामक दो पुत्र हुए। उशीनर के शिवि, नृग, नर, कृमि और वर्य नाम के पांच पुत्र हुए। आगे शिवि के पृषदर्भ, सुवीर, केकय तथा भद्रक चार पुत्र उत्पन्न हुए। तितिक्ष से रुशद्रथ-हेम-सुतपा-बलि का जन्म हुआ। बलि की पत्नी से दीर्घतमा नामक मुनि द्वारा अंग. वंग. कलिंग, सुह्य और पौण्ड्र नाम के पुत्र उत्पन्न हुए। इनके अधिकृत प्रदेश इन्हीं के नाम से प्रचलित हो गए। अंग के वंश में अनपान से दिविरथ > धर्मरथ > चित्ररथ > चतुरंग > पृथुलाक्ष > चम्प > हर्यंग > भद्ररथ > वृहद्रथ > वृहत्कर्मा > वृहदभानु > वृहन्मना > जयद्रथ > विजय > धृति > धृतव्रत > सत्यकर्मा से अतिरथ हुए। अतिरथ ने कुंती द्वारा त्याज्य पुत्र वसुसेन को पाला जिसे कर्ण के नाम से जाना गया। कर्ण से वृषसेन हुए। युद्ध में वृषसेन के संतानहीन मारे जाने से यह वंश यहीं समाप्त हो गया।

ययाति के कनिष्ठ पुत्र पुरु के यहां जन्मेजय का जन्म हुआ। आगे जन्मेजय से प्रचिन्दान > प्रवीर > मनस्यु > अभपद > सुघु > बहुगत > संयाति > अहंयाति से रौद्राश्व हुए। रौद्राश्व के दस

पुत्र हुए- ऋतेषु, स्यंडिलेषु, कृतेषु, जलेषु, धर्मेषु, धृतेंषु, स्थलेषु सन्नतेषु तथा वनेषु। इनमें ज्येष्ठ ऋतेषु के पुत्र अंतिनार के तीन पुत्र- सुमति, अप्रतिरथ तथा ध्रुव हुए। अप्रतिरथ के एक पुत्र काण्व के पुत्र मेधातिथि की वंशजी काण्वायन ब्राह्मण कहलाए। दूसरे पुत्र ऐलीन के यहां दुष्यंत ने जन्म लिया जिसके यहां शकुंतला के गर्भ से भरत ने जन्म लिया। भरत के नाम पर ही यह आर्य भूमि भारतवर्ष कहलाती है।

भरत की तीन पत्नियां थी। इनमें नौ पुत्र जन्मे। ये सभी पुत्र भरत के अनुरूप नहीं थे। अतः कामना से भरत ने मरुत्सोम यज्ञ किया। यज्ञ के फलस्वरूप मरुदगण ने उसे भरद्वाज नामक बालक पुत्र रूप में प्रदान किया। भरद्वाज के पुत्र मन्यु से वृहत्क्षत्र से महावीर्य. नर और गर्ग आदि कई पुत्र उत्पन्न हुए। पर से संस्कृति और संस्कृति से गुरुप्रीति एवं रति का जन्म हुआ। गर्ग से शिनी का जन्म हुआ। इसीसे ये क्षत्रोपेत ब्राह्मण गार्ग्य तथा शैन्य कहलाएं। महावीर्य से दुरक्षय और दुरक्षय से त्र्यामणि, पुष्करण्यि तथा कपि का जन्म हुआ। ये भी बाद में ब्राह्मण हो गए। वृहत्क्षत्र के ही एक अन्य पुत्र हस्ती ने हस्तिनापुर बसाया।

हस्ती के तीन पुत्र हुए जिनका नाम- अजमीढ़, द्विजमीढ़ तथा पुरुमीढ़ था। इसमें अजमीढ़ के एक पुत्र कण्व के वंशज भी काण्वायन ब्राह्मण कहलाएं। दूसरे पुत्र वृहदिषु से वृहदधनु > वृहत्कर्मा > जयद्रथ > विश्वजित > सेनजित से चार पुत्र रुचिराश्व, काश्य, दृढ़हनु और वत्सहनु। रुचिराश्व से पृथुसेन > पार > नील के सौ पुत्र हुए। इनमें ज्येष्ठ समर से पार, सदश्व और सुपार हुए। सुपार से पृथु > सुकृति > विभ्राज > अवह > ब्रह्मदत्त > विश्वसेन > उदकसेन > भल्लाभ ने जन्म लिया।

हस्ती के दूसरे पुत्र द्विजमीढ़ का वंश इस प्रकार चला- द्विजामीढ़ से यवीनर, यवीनर से धृतिमान > सत्यधृति > दृढ़नोमे > सुपार्श्व > सुमति > सन्नतिमान से कृत पैदा हुए। कृत ने हिरण्यनाभ से योग विद्या सीखकर प्राचीन सामग श्रुतियों की चौबीस संहिताओं की रचना की। इन्हीं कृत से उग्रायुध उत्पन्न हुए। इन्होंने नीपवंशी क्षत्रियों का नाश किया। उग्रायुध से क्षेम्य > सुधीर > रिपुंजय > बहुरथ हुए। ये सभी राजा पुरु के वंशज होने के कारण पुरुवंशीय कहलाए। हस्ती के सबसे बड़े पुत्र अजमीढ़ ने एक अन्य पत्नी नलिनी से नील को जन्म दिया। नील से शांति > सुशांति > पुरंजय > ऋक्ष > हर्यश्व हुए। आगे हर्यश्व के पांच पुत्र हुए- मुंगल, सृंजय, वृहदिषु, यवीनर और काम्पिल्य। पांचों पुत्र पांच देशों की रक्षा करने के कारण पांचाल कहलाए।

मुद्गल के पुत्र वृहदश्व के दिवोदास नाम से एक पुत्र तथा अहल्या नाम की पुत्री उत्पन्न हुई। अहल्या ने गौतम ऋषि से शतानन्द को जन्म दिया। शतानन्द के यहां धनुर्वेद में पारंगत सत्यधृति उत्पन्न हुए। सत्यधृति के यहां कृप तथा कृपी नाम के सुपुत्र एवं एक पुत्री उत्पन्न हुई। दिवोदास

> मित्रायु > च्यवन > सुदास > सौदास > सहदेव > सोमक हुए। सोमक के सौ पुत्र उत्पन्न हुए। इनमें सबसे बड़े पुत्र जन्तु तथा सबसे छोटे पृषत हुए। पृषत के यहां द्रुपद से धृष्टद्युम्न और धृष्टद्युम्न से धृष्टकेतु ने जन्म लिया।

अजमीढ़ के ही एक पुत्र ऋक्ष का वंश का इस प्रकार रहा > ऋक्ष > संवरण > कुरु (कुरु वंश के प्रमुख राजा) > जह्न, परीक्षित तथा सुघनु हुए। सुघनु से सुहोत्र > च्यवन > कृतक > उपरिचर वसु > प्रत्यग्र > कुशाम्बु > कुचेल > मत्स्य और वृहद्रथ पांच पुत्र हुए। वृहद्रथ का एक पुत्र कुशाग्र > वृषभ > पुष्पवान > सत्यहित > सुधन्वाझजतु जन्मे। वृहद्रथ का एक पुत्र जन्म के समय दो खंडों में बंटा हुआ उत्पन्न हुआ। इसको जरा द्वारा सिले जाने के कारण जरासंध कहा गया। जरासंध से सहदेव > सोमप > श्रुतिश्रवा उत्पन्न हुए।

कुरु के वंश का आगे परिचय देते हुए पराशरजी ने कहा- कुरु के एक पुत्र परीक्षित के यहां जनमेजय, श्रुतसेन, उग्रसेन तथा भीमसेन पुत्रों ने जन्म लिया। दूसरे पुत्र जह्नु के यहां सुरथ से विदूर > सार्वभौम > जयत्सेन > आराधित अयतायु > अक्रोधन > देवातिथि से ऋक्ष हुए। (ये ऋक्ष अजमीढ़ के पुत्र से भिन्न हैं) ऋक्ष से भीमसेनझ दिलीप- प्रतीप उत्पन्न हुए। प्रतीप के तीन पुत्र हुए- देवापि, शान्तनु तथा बाहीक। प्रतीप के ज्येष्ठ पुत्र देवापि ने बचपन में ही घर छोड़ दिया था और वन को चले गए थे। इस कारण शान्तनु ने राज्य की बागडोर संभाल ली थी।

पराशरजी ने बाहीक की वंश-परंपरा को इस प्रकार वर्णित किया-बाहीक के पुत्र सोमदत्त के तीन पुत्र हुए- भूरि, भूरिश्रवा तथा शल्य। शान्तनु के वंश का विस्तार इस प्रकार हुआ- शान्तनु ने गंगा से भीष्म तथा सत्यवती से चित्रांगद एवं विचित्रवीर्य-दो पुत्र उत्पन्न किए। चित्रांगद सन्तानहीन अवस्था में ही एक मृगया के समय गंधर्व के हाथों मारा गया। विचित्रवीर्य स्वयं यक्ष्मा का रोगी था। व्यास द्वारा विचित्रवीर्य की दो पत्नियों अम्बा एवं अम्बालिका ने नियोग के द्वारा धृतराष्ट्र एवं पाण्डु को जन्म दिया। इन राजवधुओं के साथ आई दासी के यहां विदुर ने जन्म लिया। धृतराष्ट्र के यहां गांधारी से सौ पुत्र जन्मे जिनमें दुर्योधन सबसे बड़े तथा दुःशासन सबसे छोटा था। पाण्डु को कामातुर क्रौंच पक्षी युगल में से एक को मार देने के कारण शाप था कि वह संभोग में प्रवृत्त होते ही समाप्त हो जाएगा। अतः इस असमर्थता के कारण कुन्ती द्वारा धर्म, वायु और इन्द्र के आह्वान पर युधिष्ठिर, भीम व अर्जुन ने जन्म लिया तथा माद्री द्वारा अश्विनीकुमारों से नकुल एवं सहदेव उत्पन्न हुए। ये पांचों पाण्डु पुत्र पाण्डव कहलाएं। इनके यहां द्रौपदी से क्रमशः युधिष्ठिर के प्रति-विन्ध्य, भीमसेन से श्रुतसेन, अर्जुन से श्रुतकीर्ति, नकुल से श्रुतानीक और सहदेव से श्रुतर्मा ने जन्म लिया। इसके अतिरिक्त भी अपनी-अपनी पत्नियों से भी इन्होंने संतान पैदा की। शौधेयी से युधिष्ठिर ने देवक को, भीम ने हिडिम्बा से घटोत्कच को और काशी

से सर्वग को, अर्जुन ने उलूपी से इरावान, मणिपुर राजकुमारी से बभ्रुवाहन तथा सुभद्रा से अभिमन्यु को उत्पन्न किया। नकुल ने रेणुमति से निरमित्र को तथा सहदेव ने विजया से सुहोत्र को जन्म दिया। अश्वत्थामा द्वारा ब्रह्मास्त्र छोड़े जाने पर अभिमत्यु पुत्र को उत्तरा के गर्भ में ही विनष्ट कर दिया गया किन्तु कृष्ण की माया द्वारा वह पुनः जीवित हो गया। यही अभिमन्यु पुत्र परीक्षित इस समय पृथ्वी पर राज्य कर रहा है।

इससे आगे पराशरजी ने पृथ्वी पर भविष्य में शासन करने वाले शासकों का वृत्तान्त सुनाते हुए बताया कि परीक्षित के यहां चार पुत्र उत्पन्न होंगे-जनमेजय, श्रुतसेन, उग्रसेन और भीमसेन। जनमेजय के वंश में पुत्र शतानीक से अश्वमेधदत्त > अधिसीम > निचक्नु > उष्ण > विचित्ररथ > शुचिरथ > वृष्णि > मान > सुषेणा > सुनीत > नृपझचक्षु > सुखावल > पारिपल्व > सुनय मेधवी > रिपुंजय > मृदु > तिग्म > वृहद्रथ > वसुदान > शतानिक(द्वि) > उदयन > अहिनर, दण्डपाणिझनिमृत्र से अन्तिम कुरुवंशी क्षेमक होगा। यहां आकर कुरुवंश समाप्त हो जाएगा।

इक्ष्वाकु वंश में वृहद्वल से वृहत्क्षण, उरुक्षय > वत्सव्यूहझ > प्रतिव्योम दिवकर > सहदेव > वृहदश्व > भानुरथ > प्रतीताश्व > सुप्रतीक > भरुदेव > सुनक्षकिन्नर > अन्तरिक्ष > सुपर्णा > अमित्रजित > वृहद्राज > धर्मी > कृतजंय > रणंजय > संजय > शाक्य > शुद्धोधन > सिद्धार्थ > राहुल > प्रसेनजित > क्षुद्रक > कुडंक > सुरथ। इक्ष्वाकु वंश का अन्तिम वंशज सुनीत होगा। इससे आगे कलियुग में इक्ष्वाकु वंश ही समाप्त हो जाएगा।

मगध वंश में जरासंध से सोमापि और सोमापि से चलता हुआ यह वंश आगे बीसवीं पीढ़ी में जाकर रिपुंजय पर समाप्त हो जाएगा और इस प्रकार मगध वंश भी एक हजार वर्ष तक शासन करने के पश्चात् समाप्त हो जाएगा। रिपुंजय का मंत्री सुनिक, रिपुंजय का वध कर अपने पुत्र प्रद्योत को राजगद्दी सौंप देगा। प्रद्योत से विशाखयूप > जनक > नन्दिवर्धन > नंदि तक यह शासन एक सौ अड़तीस वर्ष तक चलेगा।

नन्दिपुत्र शिशुनाभ जिसके आगे के शासक शिशुनाभ वंशी कहलाएंगे से काकवर्ण > क्षेमधर्मा > क्षतोजा > विधिसार > अजातशत्रु > अरमख > उदयन > नन्दिवर्धन (द्वि), महानन्दी के तीन सौ बासठ वर्ष तक शिशुनाभ वंशी यह शासन चलेगा। शूद्रा के गर्भ से उत्पन्न यह महानन्दी क्षत्रियों का नाश करेगा। इसके आठ पुत्र होंगे जिनमें सुमाली नाम का ज्येष्ठ होगा। ये सौ वर्ष तक राज्य करेंगे। इसी वंश के नौ नन्द्र राजाओं का कूटनीति के विद्वान् ब्राह्मण चाणक्य बिन्दुसार > अशोक > सुयशा > दशरथ > संयुत > शालिशूक > सोमशर्मा > शतधन्वा > वृहद्रथ दस मौर्य शासक 163 वर्ष तक राज्य करेंगे। इससे आगे दस शुंगवंशीय राजा होंगे। इनमें

पुष्यमित्र नाम का सेनापति अपने स्वामी वृहद्रथ का वध करके सत्ता हथिया लेगा। पुष्यमित्र से अग्निमित्र > सुज्येष्ठ > वसुमित्र > उदंक > पुलिंदक > घोषवसु > वज्रमित्र > भागवत > देवमूति तक चलता हुआ यह वंश 112 वर्ष राज्यासीन रहेगा। यहां आकर कण्ववंशीय वसुदेव देवभूति का वध करके स्वयं गद्दी पर बैठ जाएगा। वसुदेव से सुशर्मा तक की चार पीढ़ियां 45 वर्ष तक शासन करेंगी। सुशर्मा अपने सेवक बलि पुच्छक द्वारा मारा जाएगा।

बलि पुच्छक के बाद राज्य का उत्तराधिकारी उसका भाई कृष्ण होगा यह आन्ध्रजातीय शासन कृष्ण के शान्तकर्णी > पूर्णोत्संग > शात्कीर्ण > लम्बोदर > पिलाक > मेघस्वाति > पटुमान से होता हुआ पुलोमाचि आदि तीस पीढ़ियों से 456 वर्ष तक चलेगा। इसके बाद आभीर जाति के सात, गर्दभिल जाति के दस, शकजाति के सोलह, यवन जाति के आठ, तुर्क जाति के चौदह, मुण्ड जाति के तेरह, और मौन जाति के ग्यारह राजा 1060 वर्ष तक राज्य करेंगे।

कलियुग के अंत में पृथ्वी पर विपत्ति का नाश करने के लिए और धर्म की रक्षा करने के लिए स्वयं परमपद विष्णु भगवान नारायण सम्बल ग्राम के वासी एक ब्राह्मण विष्णु शर्मा के यहां कल्कि रूप में अवतार ग्रहण करेंगे। प्रभु के अवतरण से तब पृथ्वी पर सतयुग आएगा। लोगों में धर्म के प्रति आस्था पैदा होगी। बुद्धि निर्मल होगी। सुख-शान्ति और वैभव फैलेगा। कलियुग का कुल समय तीन लाख साठ हजार वर्ष श्रीकृष्णा के तिरोभूत होने से प्रारम्भ होकर कल्कि रूप में अवतरित होने तक चलता हुआ समाप्त हो जाएगा। पुनः कुरुवंशी राजा देवापि और इक्ष्वाकुवंशी राजा मरु पृथ्वी लोक पर आकर क्षत्रिय वंश का प्रारम्भ करेंगे। ये दोनों ही आगे आने वाले मनुवंश के प्रवर्त्तक होंगे।

इस प्रकार मैत्रेयजी को पूर्ववर्ती राजाओं के चरित्र को सुनाते हुए पराशर जी ने कहा कि महाबलवान और धर्मात्मा इक्ष्वाकु, जहु मान्धाता, सगर रघुवंशी राजा नहुष और ययाति आदि आज केवल कथाशेष रह गए हैं। उनके चरित्र का वृत्तान्त सुनकर मनुष्य सांसारिक मोहमाया में न पड़े, इसीलिए यह आख्यान सुनाया गया है।

पंचम अध्याय

पराशरजी ने विष्णु द्वारा यदुकुल में अवतार धारण करने का वृत्तांत सुनाते हुए मैत्रेयजी से कहा-बहुत पहले की बात है, महाराज देवक ने अपनी पुत्री देवकी का विवाह वसुदेव के साथ कर दिया। विवाह के पश्चात् कंस, वसुदेव ओर देवकी को विदा देने के लिए रथ पर बिठाकर ले जा रहा था। अचानक उसने आकाशवाणी सुनी-जिस देवकी को तुम प्रेमपूर्वक विदा दे रहे हो, उसी के गर्भ से पैदा हुई आठवीं सन्तान तुम्हारी प्राणनाशक होगी। यह अशुभ वाणी सुनकर कंस

अपन संतुलन खो बैठा और तुरंत ही तलवार से उसका वध करने के लिए तैयार हो गया। देवकी के पति वसुदेव ने अपनी नवविवाहिता पत्नी के प्राणों पर आए संकट को देखकर कंस से उसके जीवन की याचना करते हुए कहा कि हम तुम्हें देवकी के गर्भ से उत्पन्न सभी सन्तानें सौंप देंगे। तुम इसके प्राण मत लो। कंस ने यह सोचकर कि वह इसके गर्भ से होने वाली सन्तानों को जन्मते ही मार देगा, देवकी को मारने का विचार त्याग दिया।

दूसरी ओर पृथ्वी पर कालनेमि दैत्य के उग्रसेन के यहां कंस के रूप में उत्पन्न होने के कारण और अरिष्ट, धेनुक केशी, प्रलंब और सुन्द्रद आदि आदि अनेक धूर्त और भयंकर राक्षसों का भी अन्य अनेक राजाओं के घर में अवतरण होने से भयानक उत्पात होने लगे। भार-पीड़ित पृथ्वी भयभीत होकर गौ के रूप में सुमेरु पर्वत पर होने वाली देवताओं की सभा में गई और ब्रह्माजी से इन दैत्यों के भार से इनके द्वारा मचाए गए उत्पात से अपने पतन की ओर संकेत करते हुए उद्धार के लिए याचना की।

पृथ्वी की प्रार्थना सुनकर ब्रह्माजी ने सभी देवताओं को साथ लेकर विष्णुजी से पृथ्वी की करुण गाथा सुनाई और बताया कि पृथ्वी के ऊपर किस प्रकार दुष्टों और दैत्यों ने दमनकारी उत्पात मचा रखे हैं जिससे उसके पर्वत भी हिलने लगे हैं। पृथ्वी इस असहनीय भार से पीड़ित और दुखी होकर आपके समक्ष, आपकी शरण में आई है। कृपया इसका कष्ट हरण कर उद्धार करें।

ब्रह्माजी द्वारा पृथ्वी की इस तरह दुर्दशा को 'सुनकर महाप्रभु विष्णु ने अपने एक सफेद और एक काला दो केश उखाड़े। और कहा-मेरा यह काला केश देवकी के आठवें गर्भ से उत्पन्न होकर कंस जैसे राक्षसों का दमन करते हुए पृथ्वी का उद्धार करेगा। विष्णु भगवान ऐसा कहकर अंतर्धान हो गए। ब्रह्मा देवताओं सहित अपने-अपने लोक को लौट गए। नारदजी ने विष्णु द्वारा पृथ्वी को दिया गया यह आश्वासन सुन लिया। कंस ने जिस आकाशवाणी को सुना वह यही नारदवाणी थी। इसके पश्चात् कंस ने रथ को वापस मोड़कर वसुदेव और देवकी को अपने कारागार में बंद कर दिया। अपने वचन के अनुसार वसुदेव ने अपनी प्रत्येक सन्तान कंस को सौंपी और इस प्रकार कंस ने उनकी छः सन्तानों की हत्या कर दी। सातवीं सन्तान के समय भगवान विष्णु ने योगनिद्रा को बुलाकर उसे आदेश दिया कि वह सातवें गर्भ को अपने चमत्कार से वसुदेव की दूसरी पत्नी रोहिणी के गर्भ में इस प्रकार स्थापित कर दे कि गोकुल में रहने वाली रोहिणी ही उस सन्तान की वास्तविक जननी लगे। दूसरी तरफ मथुरा में वसुदेव यह प्रचारित कर दें कि देवकी का गर्भपात हो गया है । ऐसा करने से कोई संदेह नहीं हो पाएगा। रोहिणी के गर्भ

से उत्पन्न यह बालक गर्भ से आकर्षण के कारण संकर्षण कहलाएगा। देवकी के आठवें गर्भ से मैं स्वयं जन्म लूंगा। उस समय तुम गोकुल गांव में नन्द की पत्नी यशोदा के गर्भ से उत्पन्न हो जाना।

श्री नारायण के आदेशानुसार योगमाया ने यथादेश सातवें गर्भ को रोहिणी के उदर में स्थापित करा दिया और तब स्वयं श्री विष्णु ने देवकी के गर्भ में प्रवेश किया तथा यशोदा के गर्भ में योगमाया ने प्रवेश किया। समय पूरा होने पर कृष्ण का अवतरण हुआ। अपनी कोख से विष्णु को कृष्ण के रूप में उत्पन्न हुआ देखकर वसुदेव दम्पति ने प्रसनून भाव से उनकी स्तुति-वन्दना की और अपने चमत्कारिक रूप से कंस से रक्षा की कामना की। भक्तों पर कृपा करने वाले भगवान श्री नारायण को कृष्ण रूप में पाकर एक टोकरी में रखकर वर्षा की भीषण रात में वसुदेव उन्हें गोकुल ले जाने के लिए तैयार हुए। दूसरी ओर उनके इस प्रयास को सफल करने के लिए भगवान की योगमाया ने कारागृह के रक्षकों को गहरी नींद में सुलाते हुए सभी बंद दरवाजे खोल दिए और इस समय का लाभ उठाते हुए कृष्ण को टोकरी में छिपाए हुए वसुदेव बड़ी सरलता से बाहर आ गए। इसी समय भीषण जल वर्षा के कारण यमुना अपने पूरे यौवन पर थी लेकिन वहां भी श्रीनारायण की कृपा से वे बिना किसी बाधा के यमुना पार करते हुए गोकुल पहुंच गए।

जब वसुदेवजी नन्द के यहां पहुंचे तो उस समय तक यशोदा ने एक कन्या को जन्म दे दिया था। वसुदेवजी ने श्री विष्णु रूप कृष्ण को यशोदा की गोद में देते हुए नवजात कन्या को गोद में ले लिया और वापस मथुरा के कारागार में लौट आए। उस समय तक सभी सैनिक और द्वारपाल नींद में सोए हुए थे। कंस को भी इस प्रकार के बाल परिवर्तन को आभास नहीं हो पाया। उधर नन्द के यहां पुत्र उत्पन्न होने की खुशी में उत्सव मनाया जाने लगा। कंस को देवकी के यहां पुत्री के जन्म का समाचार मिला तो वह हतप्रभ हो गया किन्तु फिर आठवीं संतान को अपना प्राणनाशक मानते हुए उसने उसे विनष्ट करने में लेशमात्र भी संकोच नहीं किया। उसने रोती, बिलखती देवकी और वसुदेव के अनुनय-विनय की किंचित् भी चिंता नहीं की और कोमल बालिका को पत्थर की शिला पर पटक दिया। ठीक उसी समय वह बालिका उसके हाथों से छूटकर आकाश में विलीन हो गई। वहां से आकाशवाणी हुई जिसमें कहा गया- रे कंस, तेरा वध करने वाला तो पैदा हो चुका है। अब तू अपनी खैर मना। यह सुनकर कंस और अधिक चिंतित हो गया।

अपनी रक्षा के लिए कंस ने धेनुक, पूतना, प्रलम्ब, और केशी आदि अनेक दैत्यों और असुरों को बुलाकर पहले तो उनके सामने अपनी श्रेष्ठता सिद्ध की और अपनी अपौरुषेयता तथा

अजेयता का बखान करते हुए न केवल सभी देवताओं के अनिष्ट के लिए यज्ञ करने वालों को मारने का आदेश दिया बल्कि सभी ताजा पैदा हुए बच्चों को भी और विशेष रूप से उन बच्चों को जो शक्तिशाली और हृष्ट-पुष्ट दिखाई दें, मारने के लिए विशेष रूप से चेतावनी दी ताकि कंस को मारने वाली आकाशवाणी निष्फल हो सके।

ऐसा षड्यंत्र रचने के बाद चिन्तामुक्त होकर कंस ने देवकी और वसुदेव को भी जेल से मुक्त्त कर दिया और बनावटी दुःख प्रकट करते हुए वसुदेव और देवकी के समक्ष सांत्वना देने के बजाय पश्चात्ताप करने लगा और अपने महल में चला गया। कारागर से मुक्त होने के बाद वसुदेव ने नन्दजी के यहां जाकर बुढ़ापे में उन्हें पुत्र होने पर बधाई दी और सुखी जीवन की कामना करते हुए वापस लौट आये।

बच्चों को उठाकर ले जाने वाली और उनका रक्त पीने वाली पिशाचिनी पूतना ने ताजा उत्पन्न हुए बच्चों को मारने का व्रत लेते हुए एक दिन गोकुल में आकर रात को सोते हुए कृष्ण को अपनी गोद में लेकर उसे अपना स्तनपान कराने हेतु एक स्तन उनके मुंह में दे दिया। पूतना के लिए यह वरदान था कि वह जिस बालक को स्तनपान कराएगी वह तत्काल मृत्यु को प्राप्त हो जाएगा। भगवान त्रिकालदर्शी विष्णु के अंशरूप श्रीकृष्ण यह रहस्य जानते थे। अतः उन्होंने क्रोध में आकर अपने चमत्कारी हाथों से पूतना के स्तनों को इस प्रकार कसकर दबाया कि उसका सारा नाड़ी संस्थान चरमरा गया और वह शीघ्र ही मृत्यु को प्राप्त हो गई। मरते समय पूतना ने अपने विशाल दैत्य रूप को फैलाकर भयानक चीत्कार किया। उसका यह रौरव क्रन्दन सुनकर सारे गोकुलवासी जाग गए। उनके लिए यह एक अचरज था। उन्होंने देखा कि पूतना मरी पड़ी है और सामने कृष्ण मुस्करा रहे हैं।

यह दृश्य देखकर ममतामयी मां यशोदा ने भय से झटपट कृष्ण को उठा लिया और प्यार से चूमकर कलेजे से लगा लिया। बालक कृष्ण पर ग्रह दोषों को उतारने के खयाल से गाय की पूंछ से उसे झाड़ा तथा नन्द ने उसके कल्याण की कामना करते हुए बालक कृष्ण के मस्तक पर गोबर का तिलक लगा दिया। कुछ समय इसी संदेह में बीता। इसके बाद एक दिन यशोदा ने बालक कृष्ण को छकड़े के नीचे सुला दिया। कृष्ण की लात लगने से वह छकड़ा नीचे टूटकर गिर गया। उसमें रखा दूध और घी का बर्तन टूट गया। यशोदा को अचरज हुआ कि यह सब कैसे हो गया। छकड़े के टूटने से सब तरफ शोर-सा मच गया। यह कोई जान ही न पाया कि छकड़ा इतनी ऊपर से अपने आप कैसे गिर गया। जो बालक वहां पास में खेल रहे थे उन्होंने बताया कि कृष्ण की टांग उछालने से यह छकड़ा गिरा है। उन्होंने यह स्वयं अपनी आंखों से देखा है। यशोदा यह सुनकर अत्यंत चिंता करने लगी। उपाय स्वरूप उसने बालक कृष्ण को गोद में उठा लिया और उसके कल्याण के लिए उपाय करने लगी।

समय आने पर गर्ग मुनि ने देवकी के पुत्र का नाम कृष्ण तथा रोहिणी के पुत्र का नाम बलराम रख दिया। दोनों का उपनयन संस्कार भी यथाविधि संपन्न हुआ। दोनों ही बालक बड़े शरारती व ऊधमी थे। राख और गोबर से सने हुए दिन भर ग्वालों और बछड़ों के बीच खेलते रहते थे। यद्यपि यशोदा उन्हें इस प्रकार शरारतें करने से रोकती थी पर वे यशोदा मां की एक भी नहीं सुनते थे। एक दिन झुंझलाकर यशोदा ने कृष्ण को ओखली से बांध दिया और वह घर के काम में लग गई। कृष्ण शैतान तो थे ही, ऊखल को खींचते-खींचते यमल तथा अर्जुन नामक आंगन में लगे दो पेड़ा के पास ले गए और ऊखल को इस प्रकार खींचने लगे कि उनके कारण दोनों पेड़ जड़ से उखड़ गए। जैसे ही वृक्ष धराशायी हुए, भीषण शोर हुआ जिसे सुनकर सारे ब्रजवासी यशोदा के घर पर जमा हो गए। वहां का दृश्य अजीब मनोहारी था। ऊखल से बंधे कृष्ण मुस्करा रहे थे और पेड़ गिरे पड़े थे। उनके उदर से रस्सी (दाम) बंधी थी। उनका तभी से दूसरा नाम दामोदर पड़ गया।

नित्यप्रति होने वाले उत्पातों से भयभीत ब्रजवासियों ने अपने रहने का स्थान बदलवाया था क्योंकि पूतना, शकट आदि दैत्यों का वध तथा यमल अर्जुन का समूल गिर जाना अचरज तथा आतंकित करने वाली घटनाएं थीं। और इस तरह ब्रजवासी गोकुल छोड़कर वृन्दावन आ गए। यहां आकर भी कृष्णा अपने कौतुकों से ब्रजवासियों का मन खुश करते हुए उन्हें सुख पहुंचाते थे।

वर्षा ऋतु के आने पर आकाश में बादल छा गए। चांदनी मलिन हो गई चारों तरफ कभी इन्द्रधनुष, कभी बादल, कभी भयंकर वर्षा और कभी सूर्य का चमकना जैसे मोहक दृश्य उपस्थित होते। कृष्ण इस मनोहारी में ग्वालबालों को साथ लेकर वृन्दावन की कुंज गलियों में विहार करने लगे।

एक दिन बिना बलराम के वह अकेले ही यमुना के किनारे पहुंच गए। वहां उन्होंने भयंकर विषधर कालियनाग का एक विशाल कुंड देखा। इस भयानक विषधर की फुफकार से आसपास के किनारे लगे और खड़े पेड़ और वनस्पतियां विषैली हो रही थी तथा वहां के जल से पशु-पक्षी अंधे हो रहे थे। कृष्ण को तत्काल स्मरण हो आया कि गरुड़ से परास्त होकर यह विषधर कालियनाग यमुना में आकर छिप गया है तथा अपने विष से यमुना के जल को विषैला कर वनस्पतियों और पशु-पक्षियों तथा मनुष्यों तक को विष से प्रभावित कर दिया है। यह सोच त्रिकालदर्शी के बाल रूप ने पास ही के एक कदंब के वृक्ष पर चढ़कर उस विषधर के कुंड में छलांग लगा दी और ताल ठोककर एक कुशल योद्धा की भांति नाग को चुनौती दे डाली।

कृष्ण को बालक जानकर संघर्ष की मुद्रा में वह विषधर कालियनाग तत्काल उनके समीप आ गया। उसके एक ही संकेत से उनके संगी-साथी नागों ने कृष्ण को अपनी कुंडलियों में करना प्रारम्भ कर दिया और अपने दांतों से उन्हें काटना प्रारम्भ कर। दूसरी ओर जिन गोप-ग्वालों ने यह दृश्य देखा था वे घबरा गए और चीत्कार-सी करते हुए ब्रज की ओर भाग खड़े हुए। तुरंत जाकर मां यशोदा को यह दुःखद वृत्तांत कह सुनाया। यह सुनना था कि सारे ब्रज में शोक छा गया। सभी बिलखते हुए नन्दजी, बलराम और यशोदा मैया के साथ घटनास्थल पर पहुंच गए। उन्होंने देखा कि असहाय से कृष्ण सर्प के दंतक्षतीं का आघात सहते हुए अब भी सुरक्षा के लिए यत्नशील हैं। निरुपाय से सभी ब्रजवासियों ने यशोदा की बिलखती पुकार में स्वर मिलाते हुए विलाप करना शुरू कर दिया।

कृष्ण ने उछलकर पहले स्वयं को सर्पबंधन से मुक्त किया फिर अपने दाहिने हाथ से कालियनाग के विशाल फन को झुकाकर उसके मस्तक पर सवार हो गए और पुनः ताल ठोककर नाचने लगे। इस प्रकार कृष्ण के नृत्य करने से सर्प के फन से रक्त बह निकला। नाग पत्नियां अपने-अपने पतियों की यह दुर्दशा और पीड़ा देखकर कृष्ण के वास्तविक रूप को पहचानकर त्रिकालदर्शी भगवान से उनके जीवन की रक्षार्थ प्राणों की भिक्षा मांगते हुए अनुनय-विनय करने लगी। नागपत्नियों का निवेदन सुनकर कृष्ण को द्रवित होता जानकर कालियनाग भी साहस करके कृष्ण की स्तुति करने लगा और कहने लगा-हे परम कृपालु देव, आपने मेरे पौरुष एवं विष को नष्ट करके मेरा मान मर्दन कर दिया है। अब मैं आपसे अपने प्राणों की भीख मांगता हूं। कृपया मुझे मेरे कर्तव्य का बोध कराया जाए।

भक्तों पर कृपालु कृष्ण ने कालिया की इस प्रकार अनुनय-विनय से प्रसन्न होकर उसे आदेश दिया कि वह यमुना को सपरिवार छोड़कर समुद्र को अपना विश्राम-स्थल बनाए। मेरे कदम चिह्न तुम्हारे मस्तक पर अंकित हो गए हैं। अब कभी गरुड़ तुम पर आक्रमण नहीं करेगा। यह कहते हुए दीनबंधु कृष्ण ने कालिया को पल्लापर कर दिया। कृष्ण की आज्ञा के अनुरूप कालियनाग सपरिवार यमुना को छोड़कर समुद्र में वास करने चला गया। कृष्ण एक विजेता के रूप में हर्षित हुए बाहर निकले तो मृतप्राय मनुष्य के पुनर्जीवित हो जाने के समान गोप-वाले उन्हें गले लगाकर स्नेह से दुलारने लगे। एक दिन कृष्ण बलराम के साथ गौएं चराते हुए एक सुंदर तालाब के किनारे पहुंचे। वहां एक गधे की आकृति का धेनुक असुर रहता था। तालाब के किनारे लगे वृक्षों पर मीठे एवं रसीले फलों को देखकर कुछ ग्वाल गोपालों का मन विचलित हो गया। पर जैसे ही उन्होंने उस तरफ बढ़ना चाहा तभी कुछ ग्वाले-गोपों ने सावधान किया, इस तालाब पर रहने वाला राक्षस धेनुक इनकी रक्षा करता है यदि उस राक्षस से सामना करने का मन हो तो फलों की ओर आकृष्ट होना वरना लौट चलो। गोप-ग्वालों की बात की चुनौती जानकर तत्काल ही कृष्ण

ने और बलराम ने वृक्षों की टहनियां झुका दीं। काफी सारे फल झड़कर जमीन पर गिर पड़े। यह शोर सुनकर सोया माली धेनुक जाग गया। उसने आते ही बलरामजी की छाती पर भयानक चरण-प्रहार किया। इस पर क्रोधित बलरामजी ने उसे पैर से ही पकड़कर हवा में ही घुमाना शुरू कर दिया। जब वह कुछ निश्चेष्ट-सा होने लगा तो तालाब के किनारे लगे एक वृक्ष पर दे मारा। धेनुक के परिवार के दूसरे असुर जब उसकी रक्षा के लिए आए तो कृष्ण एवं बलराम ने मिलकर उनकी भी वही गति की। इसके बाद यह स्थान भी बिना किसी आतंक के, सभी गोपों के लिए रमणीय स्थान बन गया।

एक बार की बात है अपने संगी-साथी ग्वाल-गोपों के साथ वन में खेलते-कूदते हुए कृष्ण आनंदमग्न विचरण कर रहे थे कि प्रलम्व नाम का राक्षस भी गोपों की शक्ल बनाकर उनके बीच आ गया और सबके साथ मस्ती में नाचते हुए, मौका पाते ही बलरामजी को अपनी पीठ पर बिठाकर भाग खड़ा हुआ। बलराम तुरंत यह रहस्य जान गए। उन्होंने चिल्लाकर कृष्ण को पुकारते हुए कहा-एक राक्षस ग्वालों की शक्ल में धोखे से उठाकर ले जा रहा है। साधारण मुस्कराहट लाते हुए कृष्ण ने बलराम से अपने मनुष्य रूप को त्यागकर वास्तविक रूप को पहचानकर व्यवहार करने का संकेत दिया। यह सुनते ही बलरामजी ने अपनी दैवीय शक्ति से प्रलम्बासुर को चुनौती देते हुए उसके मस्तक पर ऐसा मुष्टि प्रहार किया कि उसके मुंह से रक्त बह निकला, नेत्र गोलकों से बाहर निकल आए। मस्तक की मर्म नस फट जाने से वह निश्चेष्ट होकर जमीन पर गिर पड़ा और मृत्यु को प्राप्त हुआ। इस प्रकार कंस के ही तीसरे रक्षक प्रलम्ब का भी अंत हो गया।

वर्षा काल के बीत जाने पर सारे ब्रज में शरत् काल के आगमन पर इन्द्रोत्सव मनाने की तैयारी होने लगी। इस पर कृष्ण ने ब्रज के बड़े वृद्धों से इसकी पूरी जानकारी की। बाबा नन्द ने कृष्ण की जिज्ञासा शांत करते हुए कहा-वत्स! इन्द्र जल के स्वामी हैं, उनकी कृपा एवं प्रेरणा से ही वर्षा होती है, वर्षा से अन्नादि पैदा होते हैं जिससे सभी जीवों का पालन होता है। यज्ञ, यागादि कार्य पूरे होते हैं। यह इन्द्र की कृपा ही है कि वे सूर्य से किरणें लेकर, पृथ्वी पर जल की वर्षा करते हैं। इसीलिए इन्द्र की कृपा को निरंतर प्राप्त करने के लिए हमारा सबका दायित्व है कि हम स्तुति-वंदना से उन्हें सदैव प्रसन्न बनाए रखें।

श्रीकृष्ण ने इन्द्र के प्रति अपनी अवज्ञा का मान दर्शाते हुए कहा- न तो हम किसान हैं और न व्यापारी, हम तो वन में रहने वाले है। हमारे लिए तो देवता हमारी गौएं ही हैं। जिस व्यक्ति की आजीविका जिससे चलती है वह तो उसकी आधार रूप में पूजा-स्तुति करता है। वही उसका वास्तविक इष्टदेव होता है। और जो मनुष्य अपने इष्ट देव की उपेक्षा करके अन्य किसी देव की

पूजा-अर्चना में समय गंवाते हैं वे कभी भी न लोक में, न परलोक में यश के भागी बन पाते हैं। हमारे पशु तो पहाड़ों पर घास आदि से ही अपनी क्षुधा मिटाते हैं। इसीलिए हमें तो पर्वतराज की स्तुति करनी चाहिए, अतः इन्द्र की जगह गिरि अथवा गौयज्ञ करना चाहिए।

यह कहते हुए कृष्ण ने सभी वृद्ध गोपों को संबोधित करते हुए आज्ञा दी कि जो भी सामग्री आपने इन्द्र पूजा के लिए एकत्रित की है उसे पर्वत-पूजा में प्रयुक्त करें। सारे ब्रज का दूध इकट्ठा करके ब्राह्मणों एवं भिखारियों को तृप्त करें। इसके बाद शीतकालीन फूलों से सजी गौएं पर्वतराज की परिक्रमा करें।

कृष्ण के ऐसे तर्कपूर्ण वचन सुनकर सभी गोप-वालों ने विधि-विधानपूर्वक यही किया। पर्वतराज की धूप, दीप, नैवेद्य द्वारा पूजा करने पर सबको ऐसा लगा कि भगवान विष्णु प्रसन्न होकर उन्हें गोवर्द्धन के रूप में दर्शन देकर कृतार्थ कर रहे हैं।

देवराज इन्द्र ने इस कृत्य को देखकर अपना अपमान अनुभव किया और तत्काल क्रोध में कुपित होकर भयंकर मेघ निर्मित कर घनघोर मूसलाधार वर्षा प्रारंभ कर दी। प्रलय का-सा दृश्य उपस्थित हो गया। सब ओर विनाश मुंह चौड़ा करके मानों तांडव करने लगा। गाय, बैल अन्य उपयोगी पशुओं के प्राणों पर संकट आ गया । ऐसी दशा में कृष्ण ने यह जानकर कि यह सारा उत्पात अपनी पूजा के बदले पर्वतराज की पूजा से रुष्ट इन्द्र का प्रतिशोध स्वरूप हैं- मन में विचार किया कि अगर इस समय ब्रजवासियों की इस संकट की स्थिति से रक्षा न की गई तो उनका कृष्ण पर से विश्वास ही उठ जाएगा। अस्तु, कृष्ण ने समूचे गोवर्द्धन को अपनी उंगली पर उठा लिया और उसके नीचे सभी को शरण के लिए बुला लिया। इस प्रकार गोवर्द्धन के नीचे आने से सभी ब्रजवासी, गाय, बैल तथा अन्य पशुगण इन्द्र के कोप से मुक्ति पाकर राहत अनुभव करने लगे।

इन्द्र ने गोवर्द्धन पर्वत की शरण में आए सभी जनों को सुरक्षित जानकर अपना प्रतिशोध बंद करते हुए सभी मेघ दलों को वापस बुला लिया। सारा उत्पात बंद हो गया। सभी गोकुलवासी सकुशल अपने-अपने घरों को वापस हो गए।

इस प्रकार अपनी हार से दुखी इन्द्र ने कृष्ण के दर्शन के लिए गोकुल प्रस्थान किया और कृष्ण की शरण में आकर निवेदन करते हुए कहने लगा-हे प्रभु! आपने पृथ्वी का भार हलका करने के उद्देश्य से ही अवतरण किया है। मैंने परंपरागत यज्ञ आदि के निषेध को अनुचित मानते हुए ही मेघों से यह उत्पात कराया था। आपने गोवर्द्धन धारण कर जिस प्रकार प्राणी मात्र की रक्षा का उपक्रम किया इससे प्रभावित होकर ही मैं आपका अभिनन्दन करने हेतु आपके श्रीचरणों में आया हूं। ऐसा कहते हुए इंद्र ने ऐरावत के घण्टे में भरे देव जल से कृष्णजी का

अभिषेक करते हुए उन्हें गौओं के स्वामी होने के कारण 'गोविन्द' नाम से सम्बोधित किया तथा बहुविधि स्तुति-वन्दना करते हुए निवेदन किया कि प्रभु मेरे अंश से उत्पन्न अर्जुन की रक्षा का दायित्व मैं आप पर सौंपता हूं। कृष्ण ने इन्द्र से प्रसन्न होकर उन्हें अर्जुन की रक्षा के प्रति आश्वस्त किया। इन्द्र के वापस देवलोक लौट जाने पर कृष्ण भी अपने गृह को लौट गए।

एक दिन श्रीकृष्ण बलरामजी के साथ अकेले ही रात को अपनी प्रिय वेणु पर मीठी मृदुल रागिनी में तान छेड़ बैठे। बांसुरी की तान का सुनना था कि उनके चारों ओर अनेक गोपियां, गोप-पत्नियां आकर जमा हो गईं। कृष्ण ने अपनी तरंग में गोपियों के साथ रासलीला करके शरत् ऋतु के चन्द्रमा की ज्योत्सना से रात्रि को प्रकाशवान कर दिया। इस समय सम्मोहन में फंसी गोपियों की दशा ऐसी हो गई कि वे एक क्षण को भी कृष्ण का विरह सहन नहीं कर सकीं। कृष्ण के पलभर को भी ओझल होते ही उनकी दशा बिन पानी की तड़पती मछली के समान होने लगती और कृष्ण के दिखलाई पढ़ते ही वे पुनः प्रसन्नमना हो जातीं। कृष्ण भी उनके साथ रमते हुए रासलीला करने लगे।

ऐसी ही एक रात्रि को सभी लोग रास में मग्न थे कि अरिष्ट नाम का दैत्य बैल के रूप में सबको भयभीत करने आ गया। उससे भयातुर सभी गोप पत्नियां, गोपियां, हे कृष्ण, हमें बचाओ, हमें बचाओ का उद्घोष करती हुई चीखने-चिल्लाने लगी। अपने रंग में बैल राज से भंग होता जानकर और समस्त गोपियों तथा गोपिकाओं के आर्तनाद से द्रवित होकर कृष्ण ने शेर की-सी गर्जना की और दैत्यराज को चुनौती दी। भगवान की नाभि में अपना सींग घुसेड़ने की नीयत से वह दैत्य बैल रूप में आगे दौड़ा। उस दैत्य के निकट आते ही कृष्ण ने उसके मन का भेद जानते हुए उसके सींग पकड़कर अपने घुटनों को उसके पेट पर दे मारा और उसकी गर्दन मरोड़ कर एक सींग ही उखाड़ दिया और तब तक उस पर प्रहार करते रहे जब तक वह नामशेष नहीं हो गया। यह दृश्य देखकर प्रेम में विभोर सभी गोपियों ने कृष्ण को गले लगा लिया। तथा उनका अभिनन्दन किया। नारद मुनि ने कृष्ण के इस प्रकार अलौकिक एवं चमत्कारी कृत्यों का बखान करते हुए कंस को आंदोलित कर दिया और वसुदेव तथा देवकी के गर्भ से आठवें पुत्र के रूप में कृष्ण को जन्म का रहस्य खोलते हुए अरिष्टासुर धेनुक, पूतना, प्रलम्ब का वध, कालिय नाग का मान मर्दन, यमल और अर्जुन जैसे वृक्षों का जड़ से उखाड़ फेंकना, शकट का उलट देना एवं गोवर्धन पर्वत को धारण कर लेने वाली घटनाएं कह सुनाई। इन्हें सुनकर कंस बहुत चिंतित हो गया। कंस ने भरी सभा में वसुदेवजी को बुलाकर डांटा और निश्चय किया कि वह दोनों आतताई बालकों बलराम तथा कृष्ण को युवा होने से पूर्व ही खत्म कर देगा।

इस तरह आपने महाबली चाणूर तथा मल्ल विशेषज्ञ मुष्टिक जैसे मल्लों से अथवा कुवलयापीड़ हाथी से उन्हें मरवाने की योजना बनाते हुए अक्रूरजी को दोनों ही बालकों को मथुरा ले आने के लिए भेज दिया। केशी दैत्य पहले से ही कृष्ण के वध के लिए वृन्दावन में आ

चुका था। वह अश्व रूप में गोपों पर आक्रमण करने लगा। उसके आतंक से पीड़ित सभी गोप-गोपियां कृष्ण की शरण में रक्षा की वांछा लिये आकर जुड़ गए। उनकी रक्षा का आश्वासन देते हुए कृष्ण ने अश्व को ललकारा। कृष्ण ने क्रोधित होकर उसके मुंह में हाथ डालकर उसके सारे दांत तोड़ डाले और क्षणभर में ही यमलोक पहुंचा दिया। राक्षस केशी से मुक्ति पाए सभी ब्रजवासी कृष्ण के प्रति आभार प्रकट करते हुए उनकी प्रशंसा तथा अभिनन्दन करने लगे। गोकुल में उपस्थित होकर नारद मुनि ने कृष्ण को प्रणाम करके उनका प्रथम तो अभिनंदन करते हुए उत्पाती राक्षस केशी को मारने पर साधुवाद किया और उन्हें केशव के नाम से सम्बोधित किया और कहा-प्रभु! अब मुझे आज्ञा दीजिए मैं चलता हूं अब तो मैं दो दिवस उपरांत कंस से आपके संघर्ष वाले दिन युद्धस्थल पर ही आपके दर्शन करूंगा और आपके हाथों कंस के मारे जाने पर आपका पुनः अभिनन्दन करूंगा।

अगले दिन अक्रूरजी कंस के आदेशानुसार रथ पर चढ़कर कृष्ण को बलराम के साथ लेने आ पहुंचे। ब्रज में प्रथम तो वे बलराम तथा कृष्ण के दर्शन करके प्रसन्न होते हुए कृतकृत्य अनुभव करने लगे। तत्पश्चात् अपना परिचय देकर प्रणाम करते हुए उन्हें गले से लगा लिया। कृष्णजी अक्रूर को सम्मान देते हुए प्रेमपूर्वक उन्हें घर ले आए। भोजनादि करने के पश्चात् अक्रूर ने कंस द्वारा वसुदेव के प्रति किए गए दुष्ट आचरण का वर्णन किया। कृष्ण ने बताया कि वे यह सब पहले से ही जानते हैं। उनकी मनोदशा समझते हुए कृष्ण ने बलराम के साथ मथुरा जाना स्वीकार कर अक्रूरजी को आश्वस्त किया।

दूसरे, कृष्ण और बलराम का अक्रूरजी के साथ मथुरा जाने का समाचार सुनकर सभी गोपिकाएं, ब्रजांगनाएं तथा ग्वाल-बालों पर मानों वज्रपात-सा हो गया। सभी लोग विलाप-सा करते हुए कृष्ण को मथुरा जाने के रोकने के निष्फल प्रयास करने लगे। लेकिन होनी को कोई नहीं टाल सका।

रास्ते में यमुना में कृष्ण और बलराम के स्नान करते समय जब अक्रूरजी ने भी स्नान करके ईश्वर में ध्यान लगाया तो उन्हें कृष्ण और बलराम के वास्तविक रूप में परब्रह्म के दर्शन हो गए। अक्रूरजी के लिए यह अत्यंत दुर्लभ किंतु सौभाग्य की घटना थी। श्रद्धापूर्वक अक्रूर ने उनको प्रणाम करते हुए स्तुति-वंदना तथा पूजन किया। अपने को सफल कामी मानते हुए आगे गमन किया।

मथुरा में पहुंच कर कृष्ण ने एक रंगरेज के घर में प्रवेश करके उनसे कुछ रंग-बिरंगे वस्त्र मांगे। रंगरेज ने उन्हें न केवल तिरस्कृत किया बल्कि काफी बुरा-भला भी कहा। इस पर कृष्ण ने उसका सिर ही धड़ से अलग कर दिया और मनपसंद कपड़े पहनकर बाहर आ गए। यहां से आगे वे एक माली के घर में प्रविष्ट हुए। माली ने उन्हें कोई देव पुरुष जानकर स्वागत किया और उन्हें

पुष्पादि भेंट किए। माली ने उनके आगमन को अपना सौभाग्य मानते हुए बार-बार उनके अनुग्रह का आभार प्रकट किया और स्तुति-अभिनंदन करने लगा। माली के इस व्यवहार एवं श्रद्धाभाव को देखकर भक्तवत्सल कृष्ण ने उसे धनधान्य एवं संतान तथा आरोग्य होने का वरदान देते हुए उससे विदा ली। मार्ग में आगे उन्हें लेप करने का बर्तन ले जाती हुई एक कुबड़ी युवती मिली। कृष्ण ने एक कामी पुरुष की भांति आसक्त नेत्रों से उसे देखा और उससे बात-चीत की। उस सुन्दरी ने बताया कि वह अनेक कूबड़ों वाली स्त्री अनेक बक्रा के नाम से जानी जाती है और कंस की प्रिय दासी है। कंस ने ही उसे इस लेप करने के काम में लगा रखा है। कुब्जा से वह लेप मांगते हुए कृष्ण ने अपने शरीर पर वह लेप लगाकर स्वयं को सुशोभित कर लिया। उससे प्रसन्न होकर कृष्ण ने उस कुबड़ी युवती की ठोड़ी पर अपने हाथ की आगे की दो अंगुली लगाकर पैरों को अपने पैरों में दबाकर उचका दिया। प्रभू की कृपा से वह युवती पुनः सुंदर शरीर वाली युवती के रूप में रूपांतरित हो गई। प्रभु की इस आकस्मिक कृपा से पुनः रूप-सौंदर्य को लौटा देखकर युवती अत्यंत आभार प्रकट करती हुई प्रभु को अपने घर आने का आमंत्रण देने लगी। कृष्ण ने फिर कभी किसी अवसर पर आने का वचन देकर उससे विदा ली। इस प्रकार सुंदर रंगों वाले वस्त्र पहने फलों से सज्जित गंध युक्त लेपन कराए कृष्ण और बलराम यज्ञशाला में आ गए। वहां यज्ञ रक्षकों द्वारा यज्ञ के उद्देश्य से प्रयोग किए जाने वाले धनुष के बारे में बतलाने पर कृष्ण ने धनुष उठाकर उस पर प्रत्यंचा चढ़ा दी। ऐसा करने से वह धनुष टूट गया। धनुष के टूटने से भयानक शोर हुआ जिससे सारी मथुरा नगरी हतप्रभ होकर गुंजायमान हो गई। धनुष को टूटा देख यज्ञ रक्षकों ने कृष्ण पर आक्रमण कर दिया तो दोनों ही कृष्ण एवं बलराम यज्ञरक्षकों का संहार करते हुए यज्ञशाला से बाहर आ गए।

कंस को जब कृष्ण और बलराम के साथ अक्रूरजी के आने का समाचार मिला तथा यह भी ज्ञात हुआ कि उन्होंने यज्ञशाला का धनुष तोड़ दिया है तो उसने चाणूर तथा मुष्टिक को भारी धन संपत्ति का प्रलोभन देते हुए कृष्ण का वध करने का आदेश दिया तथा दूसरी ओर कुवलयापीड़ हाथी को आदेश दिया कि वह दोनों बालकों को पैरों से कुचलकर मार दे। ऐसा आदेश देकर कंस अपने आदेश के अनुपालन के समाचार की प्रतीक्षा करने लगा।

अपने आयोजन के अनुरूप दूसरे दिन कंस ने बड़े पैमाने पर अतिथियों को आमंत्रित किया और उन्हें उनके आसनों पर विराजमान कराकर स्वयं सिंहासन पर बैठकर आगे की कार्यवाही का अवलोकन करने लगा। बिगुल बजने लगे। पहले तो रंगभूमि में चाणूर तथा मुष्टिक राक्षस प्रविष्ट हुए। बाद में कृष्ण तथा बलराम भी उनका अनुगमन करते हुए आ गए। योजना के अनुसार महावत ने कुवलयापीड़ हाथी का दोनों बालकों के पीछे दौड़ा दिया। बलराम ने इसमें कंस के षड्यंत्र का आभास करते हुए कृष्ण को संकेत किया। कृष्ण ने आगे बढ़कर गर्जना करते हुए हाथी की पूंछ को पकड़कर ऐसा घुमाया कि वह चक्कर ही काटता दिखाई दिया। दोनों भाइयों

ने हाथी के एक-एक दांत को उखाड़कर उसी दांत को हथियार रूप में प्रयुक्त करते हुए महावत पर प्रहार कर दिया। महावत इस आक्रमण के लिए तैयार नहीं था। अतः प्रभाव सहन नहीं कर सका और नामशेष हो गया। उधर हाथी भी दंत शूल से तड़प-तड़प कर मर गया।

मंडप में उपस्थित सभी स्त्री-पुरुष दोनों अल्पवय बालकों का कौतुकमय साहस देखकर मंत्रमुग्ध होकर उनकी प्रशंसा और स्तुति-वन्दना करने लगे। हाथी के मरणोपरांत चाणूर तथा मुष्टिक ने कृष्ण और बलराम को मल्ल युद्ध के लिए चुनौती दी। कृष्ण और बलराम से मल्ल युद्ध करते हुए दोनों ही दैत्य शिथिल हो गए। दोनों ही बालक उनसे युद्ध को एक खेल के रूप में खेलते हुए काफी देर उन्हें छकाते रहे।

अंत में कृष्ण ने चाणूर को ऊपर उठा लिया और उसके निर्जीव हो जाने पर धरती पर पटक दिया। दूसरी ओर बलरामजी ने मुष्टिक के माथे पर मुक्कों घूसों से उसके वक्षस्थल पर घुटनों से प्रहार करके मृतक के समान जानकर जमीन पर धराशायी कर दिया। दोनों ही दुष्ट दैत्यों के संहार के पश्चात् मल्लराज तोशल अपने करतब दिखाने मंच पर आया। कृष्ण ने उसे अपने बायें हाथ से घूंसा मारकर परलोकगामी कर दिया। यह दृश्य देखकर कंस आग-बबूला हो गया। उसने अपने अनुचरों से इन बालकों को समाज से बाहर कर देने, नन्द को लौह अर्गला में बंदी बनाकर लाने तथा वसुदेव को मार डालने का आदेश दे डाला। कंस के अनुचर उसके आदेश का पालन करें इससे पहले ही कृष्ण कूदकर सिंहासन-मंच पर पहुंच गए। उन्होंने कंस के केशों को पकड़कर जोर से खींचते हुए उसे जमीन पर पटक दिया। फिर स्वयं उसकी छाती पर कूदकर बैठ गए। कंस ने कृष्ण के द्वारा उसे इस प्रकार धरती पर गिराते ही, प्राण त्याग दिए।

कंस के वध के बाद उसके भाई सुमाली ने दोनों भाइयों पर आक्रमण कर दिया किंतु बलरामजी ने अपनी चतुराई से उसे भी मार डाला। इस प्रकार दुष्टों का दलन कर कृष्ण ने मंच पर उपस्थित तथा उपेक्षित खड़े देवकी एवं वसुदेवजी के चरण स्पर्श करते हुए प्रणाम। माता-पिता ने अपने अश्रुपूरित नेत्रों से उन्हें गले लगा लिया। उधर पति के मरण के पश्चात् कंस की पत्नियां उसके शोक में विलाप और क्रंदन करने लगी। ऐसा वातावरण देखकर स्वयं कृष्ण भी द्रवित हो उठे। फिर भी संयत होकर उन्होंने शोक विह्वल परिवार को सांत्वना दी और अंत्येष्टि-संस्कार की व्यवस्था कराई। नाना उग्रसेन ने उनका अनेक प्रकार से अभिनंदन किया।

यह सब कार्य संपन्न कराकर श्रीकृष्ण तथा बलराम संदीपन गुरु के आश्रम में विद्याध्ययन के लिए चले गए। मात्र चौंसठ दिन में ही दोनों भाई अस्त्रमंत्रोपनिषद् (रहस्य) तथा अस्त्र प्रयोग (संग्रह) सहित संपूर्ण धनुर्विद्या में पारंगत हो गए। बहुत थोड़े से समय में ही कृष्ण तथा बलराम

ने वेद, वेदांग तथा संपूर्ण वाड्मय हृदयस्थ करके गुरु को भी हतप्रभ कर दिया। उन्होंने अंत में गुरु सांदीपन से गुरु दक्षिणा मांगने का आग्रह किया तो गुरु ने उनकी विलक्षण प्रतिभा देखकर साक्षात् सूर्य तथा चन्द्रमा के समान चमत्कारी प्रकाशवान जानते हुए प्रभास क्षेत्र के खारे समुद्र में अपने मरे पुत्र को पुनः जीवित लाने का अनुरोध किया। कृष्ण जब गुरुपुत्र की खोज में गए तो उन्हें पता चला कि शंख रूप में समुद्र में वास करने वाले पंचजन नाम के दैत्य ने ही गुरु पुत्र का अपहरण करके उसे गुप्त स्थान पर रख छोड़ा है तो निःसंकोच समुद्र की भीतरी सतह में प्रवेश कर गए। वहां पंचजन दैत्य से युद्ध किया तथा उसे मार डाला। उसके अस्थिरूपी शंख को बजाते हुए कृष्ण यमपुरी पहुंच गए। वहां वह बालक यम-यातना को बड़े कष्ट में भोग रहा था। कृष्ण ने बालक को वहां से मुक्त कराया और लौटकर पुनः गुरु को सौंप दिया।

गुरु ने अपने अभीप्सित फल को गुरु दक्षिणा में पाकर अति प्रसन्न मन से उन्हें आशीष दिया। इस प्रकार गुरु को प्रसन्न कर उनसे अनुमति लेकर कृष्ण बलराम के साथ पुनः मथुरा लौट आए। लौट आने पर सभी मथुरावासियों ने उनका उल्लसित हृदय से स्वागत किया किंतु तभी एक अनिष्ट के संकेत भी दिखलाई पड़े। कंस के श्वसुर जरासंध ने अपने दामाद कंस का बदला लेने के उद्देश्य से तेईस अक्षौहिणी सेना के बल से उन पर आक्रमण कर दिया। बलराम तथा कृष्ण के पास थोड़ी ही सेना थी लेकिन वे शत्रु से भिड़ गए। श्रीकृष्ण ने धनुष, अक्षय बाणों तथा कामोद की गदा लेकर, बलराम ने हल तथा सुनन्द मूसलों से शत्रु सेना पर प्रति आक्रमण कर दिया जिसका झटका जरासंध और उसकी सेना झेल नहीं सके और भाग खड़े हुए। किंतु कुछ दिन के विश्राम के पश्चात् जरासंध ने फिर नये सिरे से सेना जुटाकर मथुरा पर आक्रमण कर दिया। इस बार भी कृष्ण और बलराम से हारकर वह भाग खड़ा हुआ। इस प्रकार जरासंध का कृष्ण से लड़ने के लिए आना तथा भाग खड़ा होना लगभग अठारह बार चला। कृष्ण के नेतृत्व में यादवों की छोटी-सी सेना जरासंध की सेना को पछाड़ती रही।

यादवों की सभा में एक बार गार्ग्यजी को उनकी पत्नी के भाई ने नपुंसक कहकर अपमानित किया। इस अपमान से दुखी गार्ग्यजी ने यादवों के सर्वनाश करने वाले पुत्र की कामना से महादेव शंकर की बारह वर्ष तक उपासना की। गार्ग्यजी की अथक तपस्या से प्रसन्न भगवान शिव ने उन्हें दर्शन दिए और अभीष्ट प्रदान किया । इसके उपरांत एक पुत्रहीन यवनराज ने अपनी सेवा से गार्ग्यजी को प्रसन्न करके उनकी स्त्री के साथ समागम करके कृष्ण वर्ण के वज्र के समान कठोर वक्ष वाले कालयवन बालक को उत्पन्न किया। उसे राज्यपद पर अधिष्ठित कराकर वह यवनराज वन में तपस्या के लिए चला गया। नारदजी से जब कालयवन ने पृथ्वी के शूरवीर

राजाओं के संबंध में जानना चाहा तो उन्होंने यादवों का नामोल्लेख कर दिया। यह सुनते ही कालयवन ने अपनी विराट सेना के साथ पृथ्वी पर तथा यादवों पर अपना आक्रमण अभियान शुरू कर दिया कृष्ण ने यह तथ्य जानकर कि कालयवन तथा जरासंध के दो मोर्चों पर यादवों की छोटी-सी सेना एक साथ लड़ेगी तो एक पक्ष से विजय के पश्चात् भी दूसरे पक्ष से पराजय सुनिश्चित है। अतः एक ऐसे दुर्ग की रचना का विचार किया जो अजेय हो, जिसमें सुरक्षित यादव किसी भी बड़े-से-बड़े शत्रु का सामना करने में समर्थ हो सकें।

यह सोचकर श्रीकृष्ण ने समुद्र से लगभग डेढ़ सौ किलोमीटर यानि बारह योजन भूमि मांगकर उसमें द्वारिका की रचना की। कालयवन द्वारा मथुरा के घेरे जाने पर कृष्ण ने सभी मथुरावासियों को द्वारिका भिजवा दिया और लौट कर अकेले ही कालयवन से भिड़ गए। जैसे ही कालयवन उन पर लपका-कृष्ण महाबलवान मुचुकुंद की गुफा में घुस गए। वह महाबली उस समय सो रहा था। कृष्ण का पीछा करते हुए कालयवन भी उसी गुफा में पहुंच गया ओर जैसे ही उसने सोए मुचकुंद पर कृष्ण जानकर पाद-प्रहार किया, मुचुकुंद ने जागकर अपने नेत्रों से निकली क्रोधाग्नि से उस दुष्ट पापी को जलाकर राख कर दिया।

प्राचीनकाल की बात है। एक बार देवताओं और राक्षसों में भीषण युद्ध हुआ मुचुकुंद ने देवताओं को विजयश्री दिलाई लेकिन इस विजय में वे बहुत अधिक थक गए थे। अतः उन्होंने देवताओं से लंबे समय तक सोने का वरदान प्राप्त कर लिया था। देवताओं ने तथास्तु कहकर उनके शयन में विघ्न पहुंचाने वाले का मुचुकुंद की क्रोधाग्नि से तत्काल भस्म हो जाने का भी वरदान दे दिया था। कालयवन के इस प्रकार भस्म हो जाने पर मुचुकुंद ने श्रीकृष्ण से उनका परिचय पूछा तो कृष्ण ने अपने को यदुवंशी वसुदेव का पुत्र होने का परिचय दिया। फिर क्या था! मुचुकुंद ने सर्वेश्वर हरि को कृष्ण रूप में समक्ष पाकर उनकी बहुविधि स्तुति की और चरणों में गिरकर वंदना करने लगा। उसकी भक्ति से प्रसन्न भगवान ने मुचकुंद को दिव्य लोक में जाकर दैवीय भोगों को भोगते हुए अंत में उच्चकुल में जन्म लेकर मोक्ष प्राप्त करने का वरदन दे दिया। गुफा से निकलकर मुचुकुंद तो गंधमादन पर्वत पर तप करने के लिए चला गया। श्रीकृष्ण मथुरा में घेरा डाले पड़ी कालयवन की सेना को अपने वश में करके द्वारिका ले आए और महाराज उग्रसेन के अधीन कर दिया।

वरुण ने एक बार पृथ्वी को धारण करने वाले शेषनाग के अवतार रूप बलरामजी को गोप ग्वालों के साथ विचरण करते हुए वन में देख लिया तो उनके उपभोग के लिए वरुण ने कदम्ब के पेड़ की खोखल में वारुणी को निवास करने का आदेश देकर भेज दिया। वहां से गुजरते हुए

जब बलरामजी ने मदिरा की गंध अनुभव की तो देखते क्या हैं कि कदम्ब से मदिरा की धार फूट निकली है। बलरामजी ने तब सभी गोप-ग्वालों के साथ नाचते गाते, बजाते प्रसन्न मन से मदिरा का सेवन किया। धूप से अत्यंत व्याकुल बलरामजी ने एक बार शीतलता पान के उद्देश्य से यमुनाजी को स्नान के लिए आमंत्रित किया। यमुना ने यह जानकर कि यह तो एक उन्मत्त का प्रलाप है, उनके आह्वान की उपेक्षा कर दी। तब क्रोध में लाल हुए बलराम ने हल की नोक से यमुना को खींच लिया। इस कारण यमुना भयभीत हो स्त्री रूप में बलरामजी के पास चली आईं और उनसे अपनी मुक्ति की कामना करने लगी। इस पर बलरामजी ने उन्हें एक निर्धारित मार्ग पर बहने का प्रतिबंध लगाकर उन पर कृपा करते हुए उन्हें छोड़ दिया। यमुना में स्नान करके बलराम जब बाहर आए तो सामने लक्ष्मी को पाया। लक्ष्मी ने उन्हें एक सुंदर कर्णफूल, एक कुंडल तथा वरुण द्वारा भेजी गई, कभी न मुर्झाए जाने वाले फूलों की एक माला भेंट की और साथ में दो नीलवर्णी वस्त्र भी दिए। बलराम इनको धारण कर अत्यंत प्रसन्न हुए। ये सभी चीजें उनकी शोभा बढ़ाने वाली थी। वहां से ब्रजभूमि में लौटकर दो मास बलराम यहां रहे। अपनी अनेक लीलाएं की, ब्रजवासियों को प्रसन्न किया, तत्पश्चात् द्वारिका लौट गए। द्वारिका में उन्होंने रैवत मुनि की पुत्री रेवती से विवाह किया। रेवती से उनके यहां निशठ तथा उलूक नाम के दो पुत्र भी हुए। विदर्भ देश में कुंडिनपुर नाम का एक नगर था जिसके राजा भीष्मक की पुत्री रुक्मिणी थी। यह रुक्मिणी कृष्ण को चाहती थी। स्वयं कृष्ण भी उससे विवाह करना चाहते थे। भीष्मक के पुत्र रुक्मी का यादवों से भयंकर द्वेष था इसी कारण कृष्ण द्वारा विवाह का प्रस्ताव आने पर भीष्मक उसे स्वीकार नहीं कर सके और इसके विपरीत शिशुपाल से विवाह करना निश्चय कर दिया। इस विवाह में जरासंध तथा अन्यान्य के बड़े राजा भी कुंडिनपुर पधारे। इस विवाह से ठीक एक दिन पूर्व शत्रु की सेना से निपटने का दायित्व बलराम पर छोड़कर कृष्ण रुक्मिणी का हरण करके ले गए। इस हरण के समय भी पौण्ड्रक, दंतवक्र, विदूरथ, शिशुपाल, जरासंध तथा शाल्व आदि राजाओं ने क्रोध में कृष्ण का वध करने का पूरा प्रयास किया किंतु महाबली बलराम और उनके साथी यादवों की टोली के सामने परास्त हो गए।यह दृश्य देखकर भीष्मक पुत्र रुक्मी ने कृष्ण का वध किए बिना घर न लौटने की प्रतिज्ञा करके कृष्ण का पीछा भी किया लेकिन कृष्ण की माया के आगे उसका बस नहीं चला, कृष्ण की लीला से उसकी सारी सेना नष्ट हो गई और कृष्ण ने रुक्मी को धरती पर गिरा दिया। वैदिक रीति से कृष्ण ने रुक्मिणी से विवाह किया और प्रद्युम्न नाम के एक अत्यंत शक्तिशाली सुंदर पुत्र को प्राप्त किया। दैवयोग से प्रद्युम्न अभी छः

मास का ही था कि शम्बरासुर नाम का राक्षस उसे अपना प्राणघाती जानकर प्रसूतिका गृह से ही उठाकर ले गया और समुद्र में फेंक दिया जहां भयानक मगरों का डेरा था। एक भयानक मगर ने प्रद्युम्न को ग्रसित कर लिया। यह बालक दैवी कृपा का धनी था। अतः मगर द्वारा पचा लिये जाने पर भी जीवित रहा।

कुछ समय बाद कुछ मछुआरों ने जाल डालकर मगर पकड़ लिये। उनमें से इस विकराल मगर को शश्वरासुर को भेंट रूप दे दिया। शश्वरासुर की पत्नी मायावती घर की सारी रसोई का कार्य अपने सामने करवाती थी। अतः मगर का पेट भी अपने सामने ही चिरवाया। उस मगर के उदर से वह ज्योतिमान तेजस्वी बालक निकला तो इसी ने नारद मुनि से उसके बारे में सब कुछ स्पष्ट बता दिया कि यह कृष्ण पुत्र प्रद्युम्न है। शश्वरासुर इसे अपना प्राणघाती समझकर जच्चा घर से ही उठा लाया था और समुद्र में फेंक दिया था। वहां इस मगर द्वारा उरदस्थ यह बालक अपनी अलौकिक शक्ति के चमत्कार से जीवित रहा और अब यह तुम्हारे समक्ष है। नारद ने मायावती से यह अनुरोध किया कि मायावती इसे स्वयं पाले।

मायावती ने नारद की आज्ञा को आशीर्वाद मानकर बड़े चाव एवं प्रेम से बालक का पालन प्रारंभ कर दिया। यहां तक वह बालक बड़ा होकर पूर्व युवा एवं बड़ा ही रूपवान हो गया। मायावती स्वयं उस पर मुग्ध हो गई। इस प्रेम के वशीभूत ही उसने प्रद्युम्न को सभी राक्षसी विद्याएं भी सिखा दी। यौवन के उद्दाम प्रवाह में जब मायावती ने प्रद्युम्न से प्रणय याचना की तो प्रद्युम्न को यह सब विधान के विपरीत लगा। तभी मायावती ने उस पालित बालक के जन्म का सारा रहस्य ज्ञापित कर दिया। उसकी वास्तविक मां रुक्मिणी तो आज तक अश्रुपूरित नेत्रों से उसकी कुशलता की कामना कर रही है।

यह सुनते ही क्रोधित प्रद्युम्न ने शश्वरासुर से युद्ध किया और उसकी विशाल सेना को नष्ट कर दिया। राक्षसी सातों मायाओं को प्रभावहीन करते हुए, शश्वरासुर की आठवीं माया का प्रयोग करते हुए उसका वध कर दिया। यह विमान द्वारा मायावती के साथ द्वारिका आ गया। कृष्ण रूप प्रद्युम्न को अंतःपुर की रानियों ने जब देखा तो उन्हें कृष्ण का भ्रम हो गया लेकिन रुक्मिणी के मन में उसके प्रति ममत्व जाग उठा। वह कहने लगी कि बेटा मेरे मन में तो तुम्हारे प्रति वात्सल्य भाव जाग रहा है। रुक्मिणी और प्रद्युम्न की अभी बातचीत प्रारंभ ही हुई थी कि तभी अर्ध-पुर में श्रीकृष्ण नारद के साथ पधारे। नारदजी ने यह रहस्य उद्घाटित किया कि यह प्रद्युम्न रुक्मणी का वही बेटा है जिसे शश्वरासुर प्रसूति कक्ष से ले गया था। नारदजी ने यह भी बताया कि प्रद्युम्न के साथ में आई हुई यह स्त्री मायावती वास्तव में शम्बरासुर की पत्नी नहीं है बल्कि प्रद्युम्न की

ही पत्नी है पूर्वजन्म में कामदेव के भस्म हो जाने पर पति के पुनर्जन्म की प्रतीक्षा करती हुई इस देवी ने शम्बरासुर को अपनी माया से मोहित कर लिया था। यह आज भी अक्षतयोनि है और नाममात्र को शम्बरासुर की पत्नी थी। दैत्य के साथ इसने कभी समागम नहीं किया। यह प्रद्युम्न कामदेव का ही तप और मायावती रति का ही रूप है। ये दोनों आपके पुत्र और पुत्रवधू हैं। अब आप इन्हें स्वीकार करके सुखलाभ करें। नारद के ये वचन सुनकर कृष्ण और रुक्मिणी की प्रसन्नता की कोई सीमा न रही। द्वारिका में सब ओर खुशी की लहर दौड़ गई।

रुक्मिणी ने प्रद्युम्न के अतिरिक्त चारुमती नाम की एक कन्या तथा चारुदेष्ण, सुदेष्ण, सुषेण, चारुदेह, चारुगुप्त, भद्रचारु आदि नौ पुत्र जन्मे। कृष्ण की सोलह हजार रानियों में रुक्मिणी के अतिरिक्त सत्यभामा, भद्रा, सत्या, रोहिणी, कालिंदी, लक्ष्मणा और मित्रविंदा प्रमुख थी। प्रद्युम्न ने रुक्मी की कन्या से विवाह करके अनिरुद्ध नाम के वीर्यवान पुत्र को जन्म दिया। अनिरुद्ध ने रूक्मी की पौत्री से विवाह किया। इस विवाह में आमंत्रित सभी राजाओं ने रुक्मी के साथ षड्यंत्र रच के जुए में बलराम को छकाने की योजना बना डाली और बलराम द्वारा लगाए गए सभी दावा को जीतकर भरी सभा में रूक्मी का उपहास करने लगे। बलराम की इस हार से प्रसन्न होकर कलिंगराज भी उपहास करते हुए अनाप-शनाप बकने लगा। इस पर क्रुद्ध होकर बलरामजी ने एक करोड़ मुद्रा का दांव लगा डाला और उसे जीत लिया। सभा में उपस्थित सभी राजाओं और प्रत्यक्षदर्शियों के स्वीकार के बाद भी रुक्मी ने इस दांव में अपनी हार नहीं मानी तो बलरामजी ने अड़ियल रुक्मी का वध कर डाला और दुष्ट उपहासी कलिंगराज के दांत तोड़ दिए। और इनके सभी समर्थकों को भी मौत के घाट उतार दिया। दुष्टों को उनके कर्म का फल देते हुए अपने यादव बंधुओं को साथ लेकर बलरामजी द्वारिका लौट आए।

द्वारिका में एक देवराज इन्द्र स्वयं पधारे और कृष्ण से विनय करके कहने लगे-प्रभु आपने धर्मद्वेषी, सृजनविरोधी, अरिष्टायुर, धेनुक, केशी, कृवलयापीड़, कंस, चाणूर तथा मुष्टिकादि का वध तो कर दिया और देवताओं को यज्ञ मात्र का फल प्राप्त करने में पूरा सहयोग देकर उपकृत किया किंतु प्राग्ज्योतिषपुर के राजा नरकासुर के उत्पात से जो जन तथा धन-हानि हो रही है, उससे समस्त पृथ्वी आतंकित तथा दुखी है।

इस दुष्ट राक्षस ने अनेक देवताओं, सिद्ध महात्माओं ऋषि मुनियों, तपस्वियों तथा राजाओ की कन्याओं का बलात् हरण करके कैद कर रखा है। यहां तक कि नरकासुर ने मंदराचल के मणिपर्वत शिखर और वरुण के छत्र को भी बलात छीन लिया है। हे प्रभु! वह दुष्ट तो स्वयं मेरी मां अदिति के अमृत रसस्राvि कुंडलों और मेरे ऐरावत हाथी को भी हस्तगत करना चाहता है। उसकी दानवी प्रवृत्तियां दिन-पर-दिन बढ़ रही हैं। पृथ्वी के सभी नर-नारी उससे त्रस्त और पीड़ित हैं! आप कृपालु इस दुष्ट का वध करके हम सबका जीवन सफल करें।

इन्द्र से भीषण नरकासुर वृत्तांत सुनकर सत्यभामा को साथ लेकर गरुड़ पर आरूढ़ होकर ज्योतिषपुर नगरी पहुंच गए। इस पूरी यात्रा में भी कृष्ण को अनेक दुष्ट शक्तियों का नाश करना पड़ा। वास्तव में ज्योतिषपुर के चारों ओर सौ योजन तक फैला हुआ भूभाग मुर नाम के दैत्य द्वारा बड़े प्रयत्नों से बनाए गए नुकीले तारों से घिरा होने के कारण पूरी तरह सुरक्षित था। कृष्ण ने इन पाशों को अपने सुदर्शन चक्र से काट डाला। ऐसा करते हुए सर्वप्रथम उन्होंने मुर दैत्य को यमलोक पहुंचाया, उसके बाद उसके सात हजार पुत्रों को। मुर के परिवार सहित नष्ट होने के बाद हयग्रीव और पंचजन दैत्य सेना सहित संघर्ष करने उपस्थित हो गए लेकिन कृष्ण की शक्ति के सामने उन्हें भी दलबल सहित मृत्यु का भोजन बनना पड़ा। ज्योतिषपुर में प्रवेश करते ही कृष्ण के सामने नरकासुर अपनी सेना के साथ तैयार था। कृष्ण ने अपने सुदर्शन चक्र से उसके शरीर के दो टुकड़े करके धरती पर फेंक। नरकासुर के इस प्रकार पतन को देखकर दुखी हृदया मां ने भक्तवत्सल विष्णु का अभिवादन करते हुए पहले उनकी स्तुति की फिर कहा-हे प्रभो ! आपने तो अपने ही पुत्र का वध कर डाला। आपको स्मरण नहीं रहा कि वराह रूप में आपने मेरा उद्धार किया था। जब मेरे साथ आप ही के समागम से यह नरस्तुसर पैदा हुआ था। यद्यपि यह दुष्ट कुमार्गी और दुराचारी था तब भी मेरा और आपका पुत्र ही था। अब मेरी आपसे यह विनती है कि इसकी संतान की रक्षा का दायित्व आप स्वीकार करें। कृष्ण ने धरती की प्रार्थना स्वीकार की और उसके पिता की राजगद्दी उसे देते हुए और नरकासुर द्वारा दूसरों की छीनी और चुराई गई वस्तुओं को अपने अधिकार में लेते हुए सत्यभामा के साथ द्वारिका के लिए रवाना हुए। कृष्ण ने स्वर्ग के देवताओं को नरकासुर के वध का सुखद समाचार भी दिया। अदिति को उसके कुंडल और वरुण को उसका छत्र वापस लौटा दिए।

इस सारे कार्यक्रम के पश्चात् इन्द्र और उसकी इन्द्राणी ने कृष्ण को सत्यभामा सहित स्वर्ग में आमंत्रित करते हुए उनका बहुविधि स्वागत-सत्कार किया। शची ने श्रद्धापूर्वक आराधन-पूजन तो किया किंतु भूलवश सत्यभामा को एक सामान्य स्त्री समझ बैठी और देववृक्ष कल्प के पुष्प उन्हें नहीं दिए। सत्यभामा के लिए यह बात चुभने वाली थी। इन्द्र के नंदनवन में कृष्ण के साथ भ्रमण करते हुए उसने अनेक मनोरम, मोहक और मन को आनंद देने वाले सुरभित पुष्पों से लदे वृक्षों के साथ पारिजात वृक्ष भी देखा। पारिजात वृक्ष के रूप-सौंदर्य एवं गंध पर मुग्ध सत्यभामा ने कृष्ण से उसे द्वारिका ले चलने के लिए अनुरोध किया। पत्नी-प्रिया की इच्छा देखते हुए कृष्ण ने ऐसा ही उपक्रम किया। वन के रक्षकों ने पारिजात वृक्ष को इन्द्राणी के अधिकार की वस्तु कहते हुए कृष्ण को रोकने का असफल प्रयास किया और सचेत करते हुए कहा कि नियम विरुद्ध इस वृक्ष को ले जाने से देवता कुपित हो जाएंगे और इतनी छोटी-सी बात के लिए देवताओं से वैर बढ़ाना आपके लिए ठीक नहीं रहेगा।

रक्षकों से तर्क करती हुई क्रोधित सत्यभामा ने कहा कि चन्द्रमा, लक्ष्मी, अमृत और मदिरा के समान ही समुद्र-मंथन से प्राप्त यह पादप भी किसी की व्यक्तिगत संपत्ति नहीं। तुम जाकर अपनी देवी इन्द्राणी को सूचित करो कि कृष्ण द्वारा तुम्हारे पारिजात वृक्ष का हरण कर लिया गया है। यदि तुम्हें अपने पति के पराक्रम पर अभिमान है तो साहस करके सामना करो।

शची को ज्यों ही इस अनधिकार चेष्टा का समाचार मालियों द्वारा मिला, उसने देवसेना सहित इन्द्र को, छल-बल, से किसी भी प्रकार से कृष्ण को परास्त कर पारिजात वृक्ष को वापस लौटा लाने के लिए भेज दिया। कृष्ण तो स्वयं शक्तिरूप थे। विष्णु के अंश थे। अतः उन्हें वरुण के पाश, यम के दंड, कुबेर के पोत, अग्नि के ताप और शिव के त्रिशूल को प्रभावहीन करने में कोई देर नहीं लगी। इन्द्र भी हताश हो गए। वह वज्र को हाथ में लेकर लड़ने लगे। कृष्ण ने वज्र को अपने कब्जे में ले लिया और कृष्ण के वाहन गरुड़ ने ऐरावत को घायल कर दिया। इस संकट से इन्द्र घबराकर भाग खड़ा हुआ। तभी सत्यभामा ने इन्द्र और शची के अभिमान को टूटता देख इन्द्र का मान मर्दन करते हुए कहा-तुम्हारी इसी शक्ति के बल पर शची को घमण्ड था। लो, ले जाओ यह पारिजात वृक्ष, मैंने इसे जीतकर तुम्हें सौंपा है। पारिजात वृक्ष को पाकर सत्यभामा की उदारता के प्रति कृतकृत्य होते हुए इन्द्र ने शची की ओर से भी क्षमा-याचना की और कृष्ण सत्यभामा से अनुनय-विनय करते हुए अनुरोध किया कि वे इस वृक्ष को द्वारिकापुरी ले जाएं। कृष्ण, इन्द्र के अनुरोध को स्वीकार करते हुए और उन्हें कृतार्थ करते हुए पारिजात वृक्ष सहित द्वारिका लौट आए। द्वारिका में यह पारिजात पुष्प सत्यभामा के महल के प्रांग में लगा दिया गया जिसके प्रभाव से सब ओर धन, संपत्ति और वैभव की वर्षा होने लगी।

रुक्मिणी के अतिरिक्त कृष्ण की अन्य पत्नियों से संतानों का वर्णन करते हुए पराशरजी ने कहा कि सत्यभामा ने भानु, भौमेरिक को, रोहिणी ने दीप्तिमान और ताम्रपक्ष आदि को, मित्रविंदा ने संग्रामजित आदि को और लक्ष्मण ने गार्तमान आदि को जन्म दिया। इस प्रकार कृष्ण की सोलह हजार रानियों से कुल अट्ठासी हजार पुत्र उत्पन्न हुए। प्रद्युम्न, रुक्मिणी का ज्येष्ठ और प्रमुख पुत्र था। उसी प्रद्युम्न के पुत्र अनिरुद्ध से वज्र का जन्म हुआ। अनिरुद्ध युद्ध में रोका जा सकने वाला अजेय और महाबलशाली था। उसका विवाह बलि की पौत्री और बाणासुर की पुत्री उषा से हुआ था। इस विवाह में कृष्ण और शंकर का भयंकर युद्ध हुआ। बाणासुर शंकर पक्ष की ओर से लड़ा।

शिव और कृष्ण के युद्ध को विस्तार से बताते हुए मुनि पराशर ने बताया, एक बार दैत्यराज बाणासुर की पुत्री ने शंकर तथा पार्वती को रति क्रिया करते हुए देखकर स्वयं भी उसी प्रकार के सुख-प्राप्ति की कामना की। पार्वतीजी ने उसके मन की इच्छा जानकर उसके मनोनुकूल

वातावरण शीघ्र ही बन जाएगा कहकर आश्वस्त किया। पार्वती ने यह भी बताया कि वैशाख मास की शुक्ल पक्ष की द्वादशी की रात्रि को तेरे साथ बलात् समागम करने वाला ही तेरा पति होगा। पार्वती के कथनानुसार ही उस रात्रि में स्वप्न की दशा में ही उषा से एक पुरुष सम्भोग कर गया। उषा ने जागने पर जब उसे पुरुष को अपने समीप न पाया तो वह बौराई-सी उसकी स्मृति में हे नाथ! आप कहां चले गए कहती हुई विलाप करने लगी और अपने प्रिय को पाने के लिए जल बिन मीन की भांति छटपटाने लगी। इस घटना के बारे में उषा की सभी सखियां अनभिज्ञ थी अतः वे उसकी कोई भी सहायता न कर सकीं। किंतु वाणासुर के प्रिय मंत्री कृम्भाणु की पुत्री चित्रलेखा उसकी पीड़ा से गंभीर रूप से जुड़ गई। उसने उषा को रहस्य को गुप्त रखने का वचन देते हुए उससे सारी कथा जान ली। उसने सप्ताह भर में ही उषा के प्रेमी को उसकी सेवा में प्रस्तुत करने का वचन देकर उषा को पूरी तरह आश्वस्त कर दिया अपने और अन्य गृह आदि के काम में व्यस्त हो गई।

ठीक समय आने पर उषा के सम्मुख एक-एक प्रमुख व्यक्ति, देव, गंधर्व असुर, दैत्य आदि के चित्र प्रस्तुत किए और उषा से अपने प्रेमी को पहचानने के लिए कहा तो उषा ने कृष्ण के पौत्र प्रद्युम्न के पुत्र अनिरुद्ध के चित्र को देखते ही पहचान लिया। चित्रलेखा ने बताया कि यह कृष्ण का पौत्र है। सात तालों में बन्द द्वारिका में वास करता है। फिर भी मैं तुम्हें आश्वासन देती हूं तुम्हारा मिलन शीघ्र ही कराऊंगी।

बाणासुर सहस्र भुजा वाला दैत्य था। वह बहुत बलशाली था। उसके सम्मुख कोई ही नहीं पाता था। कोई उसका प्रतिद्वंद्वी था ही नहीं। उसे अपनी समस्त भुजाएं निष्प्रयोजन लगने लगी तो उसने शिवजी से ज्ञात किया- क्या कभी उसका किसी से युद्ध होगा? शिवजी ने उसे बताया- जब भी मयूर चिह्न वाली ध्वजा टूटकर गिर जाएगी-तुम्हारा भयंकर युद्ध होगा। दैवयोग से इसी समय बाणासुर ने घर लौटने पर ध्वजा को टूटा हुआ पाया तो वह युद्ध की कामना से प्रफुल्लित हो उठा।

एक ओर बाणासुर युद्ध की संभावना से प्रफुल्लित था और दूसरी ओर अपने योगबल से चित्रलेखा द्वारिका से अनिरुद्ध का हरण करके उषा के कक्ष में ले आई। अपने महल में उषा अनिरुद्ध के साथ उन्मुक्त रूप से दैहिक आनन्द प्राप्त करने लगी। इस दुष्चक्र की सूचना बाणासुर के अंतःपुर के पहरियों को मिली तो उन्होंने यह बात बाणासुर से कह दी। बाणासुर ने तत्काल अनिरुद्ध का वध कर डालने का आदेश दे दिया किन्तु महापराक्रमी अनिरुद्ध ने अपने सुरक्षित अस्त्र से सभी सेवकों और अनुचरों को यमपुरी पहुंचा दिया। सेवकों के इस तरह हताश होकर मारे, जाने का समाचार सुनकर क्रोध में फुफकारता हुआ दैत्यराज बाणासुर स्वयं रथ पर चढ़कर अनिरुद्ध से युद्ध के लिए तत्पर होकर आ गया किंतु वह किसी प्रकार से उस पर विजय न पा सका तो छल से उसने अनिरुद्ध को नागपाश में बांध लिया।

श्रीकृष्ण को महर्षि नारद ने सूचित किया कि अनिरुद्ध इस समय पाताल लोक में दैत्यराज बाणासुर द्वारा नागपाश में बंधा हुआ अक्षम दशा में है। नारद ने यह भी बताया कि कुम्भाणु की पुत्री चित्रलेखा उसे योगमाया के बल से ले गई क्योंकि बाणासुर की पुत्री उषा उसके प्रेम में अनुरक्त थी। यह वृत्तांत सुनकर कृष्ण अपनी यादव सेना को लेकर प्रद्युम्न तथा बलराम के साथ बाणासुर की राजधानी में पहुंच गए।

यहां पहुंचने पर सर्वप्रथम तो इन्होंने प्रवेश में बाधक शिवजी के पहरेदारों को ही मृत्युलोक पहुंचाया। आगे बाणासुर की रक्षा के लिए तीन सिर तथा तीन पैर वाले माहेश्वर ज्वर से कृष्ण पर आक्रमण किया किंतु विष्णु ज्वर की काट से उसका कुछ भी प्रभाव न हो सका। अब कृष्ण की समस्त यादव सेना बाणासुर की सैन्य शक्ति को रौंदने लगी।

अपनी शक्तिशाली सेना का इस प्रकार सर्वनाश देखकर घबराया बाणासुर रक्षा के लिए शिवजी की शरण में पहुंचा तो शिव ने बाणासुर के पक्ष में कार्त्तिकेय के साथ सहयोग करना स्वीकार कर लिया। अब कृष्ण और शंकर में भीषण युद्ध छिड़ गया। चारों तरफ प्रलय का दृश्य उपस्थित हो गया। कृष्ण ने अपना अमोघ जुम्मकास्त्र छोड़ा जिससे अलसाई मुद्रा बनाए शंकर तो युद्ध से विरत रथ के पृष्ठ भाग में जा बैठे। गरुड़ ने उनके वाहन को भी नष्ट कर दिया। प्रद्युम्न के अस्त्रों से पीड़ित कार्त्तिकेय भी पलायन कर गए।

इस प्रकार अपनी मूल शक्ति को प्रभावहीन देखकर बाणासुर स्वयं रथ पर चढ़कर युद्ध में सन्नद्ध होकर लड़ने लगा। अब बलरामजी ने भी अपने करतब दिखाए और बाणों की ऐसी तीव्र एवं प्रबल वर्षा की कि बाणासुर की अधिकांश सेना में खलबली मच गई और वह भाग खड़ी हुई। इससे बाणासुर और क्रोधित हो गया तथा कवचभेदी बाणों से प्रहार करने लगा। कृष्ण भी उसके प्रहार को काटते हुए प्रति-प्रहार करने लगे। काफी समय पश्चात् कृष्ण ने दैत्य पर विजय पाने हेतु अपने सुदर्शन को घुमा दिया। तभी नग्नावस्था में दैत्यों की कुलदेवी कोटरी कृष्ण के सम्मुख प्रकट हो गई। मर्यादा का ध्यान करते हुए कृष्ण ने आंखें बंद करके सुदर्शन छोड़ दिया। बाणासुर के सभी प्रहारों को बेकार सिद्ध करते हुए सुदर्शन ने बाणासुर की सभी भुजाएं काट डाली। केवल दो भुजाएं शेष रह गईं। इन्हें भी काट डालने के लिए कृष्ण ने पुनः सुदर्शन छोड़ने का उपक्रम किया तभी मध्य में शिव ने आकर दैत्य का पक्ष लेकर क्षमा-याचना की और कहा-महाप्रभु! मैंने इसे अजेय होने का वरदान दे रखा है, कृपया मेरे वरदान को तो आप झूठा न करें।

कृष्ण ने हमारा वचन आपका वचन समान-धर्मा है, अतः जब हममें कोई भेद नहीं तो फिर इसको छोड़ दिया जाता हैं-ऐसा कहते हुए बाणासुर के मृत्युकाल को टाल दिया-और अनिरुद्ध उषा को साथ लेकर दलबल सहित कुशलता से द्वारिका नगरी को लौट आए।

पौण्ड्रवंश में एक वासुदेव नाम का राजा हुआ है। वह अपने मिथ्या अहंकार और अज्ञान में स्वयं को श्री विष्णु के रूप में अवतरित वासुदेव समझकर व्यवहार करने लगा उसने कृष्ण की ही भांति अवयव और वेशभूषा बना ली और स्वयं की पूजा-स्तुति कराने लगा। जब उसे यह ज्ञात हुआ कि द्वारिका में भी एक अन्य व्यक्ति वासुदेव के नाम से जाना जाता है तो उसने अपने दूत के द्वारा यह समाचार प्रेषित करवाया ये सभी मिथ्या चक्रादि संकेतों को त्याग कर मेरे समक्ष समर्पण कर दें नहीं तो तुम्हारा जीवन संकट में आ जाएगा। कृष्ण ने इस उपहास जनक समाचार को सुना तो उनके मन में अपने समरूप को देखने की जिज्ञासा पैदा हुई।

कृष्ण ने दूत से कहलवा दिया कि मैं आपके राजा का मंतव्य जान गया हूं कल मैं अपने संकेत और वेशभूषा अवश्य लेकर आऊंगा तब सत्य का स्वयं निर्णय हो जाएगा।

गरुड़ पर चढ़कर कृष्ण पौण्ड्रक की राजधानी में पहुंच गए। पौण्ड्रक के मित्र काशी नरेश ने जब मित्र पर द्वारिका के कृष्ण द्वार आक्रमण का समाचार सुना तो वह तत्काल अपनी सेना सहित सहायता के लिए आ गया। दोनों मित्र अपनी सेना बल को लेकर कृष्ण के सामने प्रस्तुत थे। कृष्ण ने देखा इस पाखंडी ने तो सचमुच में ही गले में वैजयंती माला, शरीर में पीला वस्त्र, रथ पर गरुड़ ध्वजा, वक्ष पर श्रीवत्स का संकेत और अनेक रत्नादि धारण कर रखे है तो कृष्ण उसके इस रूप को देखकर हंसने लगे। युद्ध की स्थिति आ गई तो कृष्ण को पौण्ड्रक का दम्भ चूर्ण करने में क्षणांश भी नहीं लगा। उसकी सारी सेना नष्ट-भ्रष्ट हो गई। कृष्ण ने उस दुष्ट मिथ्याचारी से कहा-तुमने अपने दूत द्वारा ये सभी चिह्न मांगे थे, तो मैं इन्हें यहीं छोड़ रहा हूं। कृष्ण ने उन चिह्नों को-जैसे उतारा वैसे ही उन्होंने पौण्ड्रक को चीर डाला। काशी नरेश पौण्ड्रक की यह दशा देखकर स्वयं युद्ध के लिए आगे बढ़ा तो प्रभु ने शाड़्ग- धनु से छोड़े एक ही कूषण में उसको भी निस्तेज एवं प्राणहीन बना डाला तथा उसका सिर काशी में फिंकवा दिया। दोनों दुष्टों का दलन करके कृष्ण पुनः द्वारिका लौट आएं। काशी नरेश के पुत्र ने जब अपने पिता के इस प्रकार नामशेष हो जाने पर पूरा वृत्तान्त सुना तो उसने पुरोहित से परामर्श करके भगवान भोले शंकर का स्मरण किया और उन्हें प्रसन्न कर उनसे पितृघाती के लिए 'कृत्या' उत्पन्न करने का वरदान मांगा। भोले शंकर ने उसको वांछित फल दे डाला। ऐसा होते ही कृत्या ने उत्पन्न होकर कृष्ण-कृष्ण का उच्चारण करके ही द्वारिका में प्रवेश किया।

कृष्ण ने कृत्या को नष्ट करने के लिए चक्र छोड़ दिया। घबराई कृत्या अपनी रक्षा के लिए काशी की ओर दौड़ गई। चक्र ने पीछा करते हुए काशी नरेश के पुत्र को, समस्त सेना को, पूरी काशी नगरी को जला दिया, कृत्या भी जलकर भस्म हो गई। और चक्र पुनः कृष्ण के पास लौट आया। कृष्ण जी के साथ-साथ शेषनाग के अवतार बलरामजी के पराक्रम की भी चर्चा करते

हुए श्री पराशर जी बोले-जाश्ववती पुत्र साम्ब ने एक बार कौरव राज दुर्योधन की पुत्री का ही हरण कर लिया तो क्रोधित कौरवों ने उसे परास्त करके पाश में बांध दिया। यादवों को जब साम्य के इस प्रकार पाश में बांधे जाने का समाचार मिला तो क्षुब्ध बलराम स्वयं कौरवों के बीच में चले गए हस्तिनापुर की सीमा के समीप स्थित बगीचे में बलराम के विश्राम का समाचार सुनकर सभी प्रमुख लोगों के साथ स्वयं दुर्योधन उनके आतिथ्य में पत्र-पुष्पादि से स्वागत के लिए उपस्थित हो गया। दुर्योधन से बलरामजी ने साम्य को मुक्त करने का प्रस्ताव किया। बलराम के इस प्रस्ताव को आश्चर्य से लेते हुए कौरवों ने कहा-हम आपका स्वागत करते हैं, यह हमारा आपके प्रति स्नेह है अन्यथा हमें आपकी शक्ति से कोई भय नहीं है। साम्य का छोड़ा जाना संभव नहीं। कौरवों के इस प्रकार रूखे व्यवहार और अपने प्रस्ताव की उपेक्षा को बलराम सहन नहीं कर सके और सभी कौरवों के दर्प को चूर्ण करने के उद्देश्य से अपने हल की नोक को खाई और दुर्ग से युक्त आकार की जड़ में लगाकर जोर-से खींचा। ऐसा करने से सारा हस्तिनापुर डोलायमान हो गया। यह देखकर चिंतित कौरव बलरामजी के पराक्रम से आहत उनसे क्षमा-याचना करने लगे। कौरवों को आखिरकार पराजय स्वीकार करते हुए साम्ब को, उसकी प्रेयसी के साथ ससम्मान विदा करना पड़ा। इस प्रकार बलराम अकेले ही कौरवों के दर्प को तोड़कर साम्य सहित वापस लौट आए।

कृष्ण ने नरकासुर का वध देवताओं के अनुरोध पर ही किया था। वानरों में श्रेष्ठ द्विविद नरकासुर का प्रिय मित्र था। अतः मित्र की प्राणाहुति का प्रतिशोध लेने के लिए वानर ने यज्ञों में विघ्न -बाधा डालना तथा सभी मानवीय मर्यादाओं का उल्लंघन प्रारम्भ कर दिया। यह द्विविद इतना अधिक दुष्टतापूर्ण कार्य करने लगा कि निरपराध ग्रामीणों के गांव-के-गांव जला देता था और शेष पर पर्वत शिलाएं गिरा देता। उसने तो धरती पर से मर्यादा का नाश तथा समस्त धर्म-कार्यों को समाप्त करने का व्रत ही ले लिया था। उसका आतंक इतना अधिक बढ़ गया था कि एक बार अपनी पत्नियों के साथ रमण के लिए आए रैवतोद्यान में बलराम आनन्दमग्न थे कि द्विविद ने उनके सभी मदिरा-पात्र फोड़ डाले। स्त्रियों पर फब्तियां कसने लगा तथा बलरामजी का उपहास करने लगा। प्रारंभ में बलरामजी ने उसे सामान्य रूप से डराने- धमकाने से सही मार्ग पर लाने का प्रयास किया किंतु प्रत्युत्तर में दुष्ट ने एक पत्थर की शिला ही बलरामजी के सिर पर फेंक दी। बलराम ने भूतल से उसका प्रतिकार कर दिया। फिर भी द्विविद को शांति नहीं मिली तो उसने उनकी छाती में एक घूंसा मारा तो बलराम ने द्विविद के सिर पर घूंसा मारकर उसे अचेत कर धरती पर गिर दिया। द्विविद के मरने पर देवों को बड़ी प्रसन्नता हुई और इसके लिए सभी देवगण बलराम का उपकार मानते हुए उन पर पुष्पवर्षा करने लगे।

इस प्रकार सभी दुष्टों, दानवों, दैत्यों का संहार करके कृष्ण तथा बलराम ने विष्णु तथा शेषावतार के रूप में महाभारत की अठारह अक्षौहिणी सेना का भी सफाया कर दिया। और पृथ्वी के भार को हल्का करके, धर्म तथा मर्यादा की फिर से स्थापना करके मानवदेह त्यागकर पुनः अपने विष्णु धाम चले गए। द्वारिका छोड़ने से पूर्व ही प्रभु ने विप्र शाप के कारण अपने कुल का भी नाश पूर्ण करा दिया।

आगे यादव कुल को लगे विप्र शाप से उनके विनाश और कृष्ण के देहत्याग के संस्मरण को सुनाते हुए पराशरजी ने बताया-एक समय की बात है कि कुछ अधिक अभिमानी तथा दिग्भ्रमित युवा यादवों- ने आश्रम में वास कर रहे मुनि विश्वामित्र, काण्व और नारद से परिहास करते हुए उनके व्यक्तित्व के प्रतिकूल व्यवहार किया। युवकों ने सान्द को स्त्री वेश में मुनियों के समक्ष लाकर पूछा कि कृपया बताएं यह स्त्री पुत्र जमेगी या पुत्री? मुनियों ने उनकी धूर्तता को जानते हुए क्रोध में कहा-दुष्टों, यह स्त्री एक ऐसे विचित्र मूसल को जन्म देगी, जिससे तुम्हारे सारे कुल का ही नाश हो जाएगा। कुछ समय बाद साम्य के पेट से एक मूसल किला । उग्रसेन को इस संदर्भ में सारी जानकरी दी गई। उग्रसेनजी ने उस लौह मूसल का चूर्ण करवाकर समुद्र में फिंकवा दिया। इससे समुद्र में तीखी नोक वाले अनेक सरकंडे उपज आए। मूसल की बची नोक भी सागर में ही फेंक दी गई जिसे एक मछली ने उदरस्थ कर लिया। यह नोक मछुओं द्वारा मछली चीरे जाने पर जरा व्याध के हाथों लग गई। व्याध ने उसे अपने बाण में लगाकर उससे एक अस्त्र बना दिया।

प्रभु त्रिलोकीनाथ श्रीकृष्ण यह रहस्य जानते थे किन्तु होनहार को पहचानते हुए शांत रहे। एक बार वायु ने कृष्ण से देवों का सन्देश कह सुनाया कि प्रभु अब आपने पृथ्वी के सारे कष्ट दूर कर दिए हैं। पूरे दायित्व का निर्वाह हो गया है और अवतार धारण किए आपको सौ वर्ष हो चुके हैं। सभी अभीष्ट पूरे हो चुके हैं। अतः आप पुनः स्वर्ग लौटकर उन्हें कृतार्थ करें। स्वर्ग आपके बिना सूना-सा लगता है।

यह सुनकर कृष्ण ने कहा-बिना यादव कुल के नाश के पृथ्वी का भार हल्का नहीं हो पाएगा। अतः सात दिन में मैं उनके विनाश हो चुकने पर समुद्र से मांगी द्वारिका पुनः समुद्र को सौंपकर स्वयं ही यह देह छोड़कर आ रहा हूं। इस प्रकार कृष्ण के आगमन की संभावना से आश्वस्त वायु स्वर्ग लौट गए।

द्वारिका में नित्य ही मच रहे उत्पीड़न और उत्पात को देखकर शांतमना कृष्ण ने उन सभी से द्वारिका छोड़कर प्रभास-क्षेत्र में चलने के लिए कहा और अपने प्रिय सखा उद्धव के असमय समक्ष आ जाने पर उन्हें बद्रिकाश्रम में ईश्वर-भक्ति में लीन होने का परामर्श दिया क्योंकि कृष्ण

स्वयं यह स्थान छोड़कर स्वर्ग जाने वाले हैं। कृष्ण के द्वारिका छोड़ते ही समुद्र द्वारिका को अपने में लीन कर लेगा। हां, मेरा भुवन तलमग्न नहीं होगा। भक्तों के हित उसमें सदैव वास रहेगा। श्रीकृष्णजी से इस प्रकार आदेश पाकर उद्धवजी तो बद्रीनाथ चले गए। यादव गण यहां आकर अत्यन्त उच्छृंखल हो गए। मदिरा का अत्यधिक सेवन करके परस्पर लड़ने-झगड़ने लगे। एक-दूसरे के प्राण लेने की स्थिति में आ गए। शस्त्रों, अस्त्रों से एक-दूसरे पर प्रहार करने लगे। इसी प्रक्रिया में लगे वे समुद्र में खड़े (लोहे के मूसल के चूर्ण को समुद्र में फेंके जाने पर उत्पन्न) लोहे के नुकीले सरकंडों को तोड़-तोड़कर एक-दूसरे पर फेंककर मारने लगे। ये लौहतीर के समान प्रहारक सरकंडे यादवों को वेदना पहुंचाने लगे। कृष्ण ने उन्हें उनका कर्तव्य बोध कराते हुए युद्ध शान्त करने का भरसक प्रयास किया किंतु उनका नाश निकट था अतः विवेकशून्य यादव आपस में ही मिथ्या अहंकार के वशीभूत मरते रहे, लेकिन कृष्ण की राय अथवा परामर्श अथवा आदेश का उन्होंने लेशमात्र भी प्रभाव अनुभव नहीं किया। कृष्ण ने इस प्रकार अपनी अवमानना देखकर बहुत सरकंडों को अपनी मुट्ठी से उखाड़कर यादवों पर फेंक। थोड़ी ही देर में बलराम तथा कृष्ण तथा उनके सारथी दारुक को छोड़े सभी यादव नामशेष हो गए। कृष्ण का जैन रथ भी समुद्र में समाधिस्थ हो गया। कृष्ण के सभी अस्त्र-शस्त्र, शंख, गदा, चक्र, तूणीर, धनुष और खड्ग भी उनके संकेत से विष्णु धाम पहुंच गए। इसी समय कृष्ण ने देखा एक वृक्ष के नीचे बलराम समाधिस्थ हो गए हैं तथा उनके मुख से एक विषधर निकल रहा है। देखते-ही-देखते बलराम स्वयं सर्पाकार हो गए तथा समुद्र में प्रवेश कर गए।

दारुक से कृष्ण ने कहा कि अब वे द्वारिका चले जाएं तथा उग्रसेन एवं वसुदेव से समस्त यादवों के विनाश का समाचार दे दें। साथ ही यह भी कह दें कि बलराम ने परम गति प्राप्त कर ली है। कृष्ण ने दारुक से स्पष्ट बता दिया कि उनके द्वारिका गमन के पश्चात् कृष्ण स्वयं भी मानव देह का परित्याग कर देंगे। उग्रसेन एवं वसुदेव को अपना सन्देश देते हुए कृष्ण ने दारुक को बता दिया कि जैसे ही द्वारिका में अर्जुन आए, वसुदेव और उग्रसेन भी द्वारिका छोड़ दें क्योंकि यह द्वारिका भी समुद्र में लीन हो जाएगी। दारुक ने यथादेश अपना दायित्व पूर्ण करते हुए उग्रसेन तथा वसुदेव को पूरा वृत्तांत तथा संदेश कह सुनाया। अर्जुन के द्वारिका आने पर सभी ने तत्काल द्वारिका से प्रस्थान कर लिया।

अपने महाप्रयाण काल के निकट आते ही कृष्ण ने अपनी जांघों पर चरण रखकर जैसे ही योगावस्था में आने का उपक्रम किया एक व्याध ने उन पर बाण चला दिया । यह बाण वही था जो मूसल की अवशिष्ट नोक से बनाया गया था कृष्ण के पास पहुंचने पर जब व्याध को ज्ञात

हुआ कि उसने शिकार के भ्रम में एक साधनारत योगी पर बाण चला दिया तो वह पश्चात्ताप में क्षमायाचना करने लगा। कृष्ण ने उसके निष्कलुष व्यवहार को देख उसे परमगति प्रदान की और स्वयं की मानव देह त्यागकर विष्णु धाम को गमन कर गए। इधर तो कृष्ण ने धरती से गमन किया उधर यहां कलियुग का आगमन हो गण। वह सत्यभामा द्वारा इन्द्राणी से बलपूर्वक लाया गया पारिजात वृक्ष भी स्वर्ग सिधार गया।

कृष्ण के स्वर्ग गमन के पश्चात् अर्जुन ने सभी यादवों के शवों को एकत्रित करके उनका अंतिम संस्कार किया। रुक्मिणी आदि कृष्ण की पत्नियों ने कृष्ण के दैहिक शरीर के साथ तथा रेवती आदि पत्नियों ने बलराम के दैहिक शरीर के साथ चिता में शरीर होम कर दिया। इस प्रकार अग्निदाह संस्कार का समाचार जब रोहिणी, देवकी वसुदेव तथा उग्रसेन को ज्ञात हुआ तो उन्होंने भी सशरीर अग्नि में समाधि ले ली।

शेष बचे द्वारिका वासियों को साथ में लेकर अर्जुन ने उत्तर-पश्चिम दिशा में पंचनद में लाकर बसा दिया। अर्जुन समस्त विधवा तथा अनाथ स्त्रियों को लेकर जा रहा था कि उसके इस दल पर आभीर जाति के दस्युओं ने आक्रमण कर दिया। अर्जुन ने अपनी शक्ति के भ्रम में उनको ललकारा और चुनौती दी-किंतु अर्जुन के पराक्रम की भी उपेक्षा करके दस्यु समुदाय ने स्त्रियों का हरण कर लिया और उनकी सारी संपत्ति, आभूषण आदि छीन लिये। अर्जुन स्वयं सामर्थ्यहीन-सा अनुभव करने लगे। उनके कमान से कोई भी तीर सही नहीं छूट सका। उन्हें लगने लगा, वह पौरुषहीन और अशक्त हो गए हैं। उन्हें सारी धनुर्विद्या विस्मृत हो गई। न वे लक्ष्य साध सके न शत्रुओं का दमन ही कर सके। अर्जुन को लगने लगा कि उसके सारे कौशल के आधार-स्रोत शायद कृष्ण ही थे। उनके अपने धाम वापस लौटते ही मानों अर्जुन का कौशल भी गत हो गया। अब कृष्ण के अभाव में-भीष्म, द्रोण तथा कर्ण आदि को युद्ध में परास्त करने वाला, पराक्रमी, अर्जुन साधारण से ग्रामीण लुटेरों से हार मान रहा है यह अर्जुन के लिए, स्वयं के लिए, एक निराशाजनक दशा थी।

अपनी पराजय से निराश अर्जुन ने इन्द्रप्रस्थ लौटकर यदुवंशी वज्र को राज्य का अधिकार सौंपते हुए अभिषेक कर दिया। इसके पश्चात् व्यथित अर्जुन व्यासजी के पास गया। व्यासजी ने उसकी उदासीनता और निराशा को देखते हुए उससे उसका हाल पूछा तो अपनी व्यथा-कथा सुनाते हुए अर्जुन ने बताया-प्रभु! मेरा सारा शौर्य, बल, ओज, प्रतिभा कांति, श्री, वीर्य तथा पराक्रम सभी कुछ गत हो गया लगता है। मुझे लगता है, कृष्ण के जाते ही मैं अशक्त हो गया हूं। मेरे गांडीव, मेरे दिव्यास्त्रों, बाणों का सार कृष्ण ही थे वरना साधारण से लुटेरे मेरे पुरुषार्थ को चुनौती दे सकने का साहस कर सकते थे? महाभारत का यशस्वी विजेता आभीर दस्यु की लाठियों का भी सामना नहीं कर सका-यह सब कृष्ण की अनुपस्थिति का परिणाम ही तो है।

अर्जुन को इस प्रकार व्यथित देखकर व्यासजी ने कहा-वत्स! सचमुच कृष्ण की महिमा अपूर्ण है। तुम्हारे पौरुष. तुम्हारे यश, तुम्हारी विजय का रहस्य कृष्ण की अलौकिक शक्ति में ही निहित था। फिर तुम्हें यह ध्यान रहे, कृष्ण का अवतरण अपने प्रयोजन के पूर्ण हो जाने पर गमन का सूचक था। अतः उन्हें मानव देह त्याग करके जाना ही था। अतः तुम्हें उनके गमन को लेकर चिंतित नहीं होना चाहिए था।

तुम्हें एक, रहस्य की बात कहता हूं कि यदु-स्त्रियों का अपहरण अवश्यम्भावी था। बहुत पहले की घटना है। अष्टावक्रजी ने जल-तपस्या करते हुए अनेक वर्ष तक ब्रह्म स्तुति की। उसी काल का संदर्भ है कि देवताओं ने दैत्यों पर विजय पाने के लिए सुमेरु पर्वत पर एक विशाल यज्ञ का आयोजन किया। यज्ञ में भाग लेने आई अनेक देव अप्सराओं ने जल में स्थित ब्रह्म स्तुति में लीन अष्टावक्र की पहले तो अभिनंदन स्तुति की जिससे प्रसन्न अष्टावक्रजी ने उन्हें उनके अभीष्ट प्राप्ति का वरदान दिया। किंतु जब अष्टावक्र जल-समाधि तोड़कर जल से बाहर आए तो उनके शरीर की वक्र आकृति को देखकर देव अप्सराएं अपनी मुस्कान न रोक सकीं। अपनी वक्रता पर मुस्कान को अष्टावक्र सहन न कर सके।

अष्टावक्र ने देव अप्सराओं को शाप दे दिया-मेरे द्वारा प्रदत्त वरदान से तुम्हें पुरुषोत्तम वर रूप में तो प्राप्त होंगे किंतु साधारण ग्रामीण दस्यु तुम्हारा हरण कर लेंगे। इस प्रकार तुम्हारी यह उपहास वृत्ति मेरे वरदान को शाप में परिवर्तित कर तुम्हें सुफल से वंचित कर देगी। जब अप्सराएं अनुनय-विनय करती हुई उनसे अपनी भूल सुधार करते हुए क्षमायाचना करने लगीं तो अष्टावक्रजी ने यह कहकर शाप के प्रभाव का शमन किया कि हरण के पश्चात् वे शीघ्र ही दस्युओं के बंधन से मुक्त होती हुई स्वर्ग धाम को प्राप्त होंगी। अतः हे अर्जुन! तुम अपनी अशक्तता पर चिंता न करो। यह तो शाप का फल था। तुम्हारी सामर्थ्य-शक्ति का ह्रास भी तुम्हारे अंतिम समय का संकेत कर रहा है। ज्ञानी पुरुष को जन्म-मरण, हानि-लाभ. यश-अपयश को अवश्य ही होने वाली घटनाएं मानते हुए चिंता-शोक नहीं करना चाहिए।

इस प्रकार महामुनि व्यास ने अर्जुन को सांत्वना देते हुए उन्हें परामर्श दिया कि वे परीक्षित को राज्यभार सौंपकर भाई-बंधुओं सहित वन को सिधार जाए।

अर्जुन ने लौटकर युधिष्ठिर से मुनि का संदेश कह सुनाया-इसके पश्चात् सभी पांडव परीक्षित को राज्य सौंपकर तपस्या के लिए चले गए।

षष्ठ अध्याय

पराशर मुनि को संबोधित करते हुए मैत्रेयजी ने कहा-हे महाभाग, अब कृपा करके आप कल्पांत में होने वाले महाप्रलय का स्वरूप विस्तार से सुनाने का उपक्रम करें। पराशरजी ने बताया-हे ब्राह्मण, मनुष्यों का एक मास पितरों का एक दिन एक रात होता है, पितरों का एक वर्ष देवताओं के एक दिन-रात के समान होता है, देवताओं के दो सहस्र चतुर्युग ब्रह्माजी का एक दिन-रात होता है। सतयुग, त्रेता, द्वापर और कलियुग ये चार युग होते हैं इन सबका संपूर्ण समय कुल बारह हजार वर्ष होते हैं। किसी भी मन्वंतर से पहले युग तथा अंतिम युग कलियुग के अतिरिक्त सभी युग स्वरूप में समान होते हैं। पहले युग में ब्रह्माजी सृष्टि की रचना करते है। इसीलिए इसे कृत युग कहते हैं तथा अंतिम कलियुग में सृष्टि का संहार करते हैं।

कलियुग का विस्तार से स्वरूप-विवेचन करते हुए पराशरजी ने बताया-इस युग में मनुष्य नियंत्रण-विहीन तथा अधर्माचारी होकर चतुर्वर्ण में वर्णाश्रम व्यवस्था के प्रतिकूल होकर आचरण करने लगता है। वेद के प्रति उसकी आस्था खत्म हो जाती है। न गुरु-शिष्य भाव रहता है, न धर्म के प्रति आस्था रहती है, न जप-तप में रुचि रहती है न यज्ञ आदि में प्रवृत्ति रहती है। यहां तक कि व्रत-अनुष्ठान आदि भी अपनी रुचि के अनुकूल करने लगते हैं। लोगों में लोभ-लालच बढ़ जाता है। थोड़ा-सा भी धन पा लेने से अभिमान जाग्रत हो जाता है। स्वर्ण, मणि या रत्न आदि की अपेक्षा अपने केश को ही स्त्रियां सौंदर्य-साधन मान बैठती हैं। अपने गुणवान किंतु धनहीन पति को छोड़कर पर पुरुष से प्रेम करने में अपना सौभाग्य समझती हैं। प्रेम के स्थान पर परिवार में संबंध का आधार धन हो जाता है। धन ही व्यक्ति के गुण, कुलीनता तथा चरित्र का निर्धारण करता है। इसके अभाव में ये गुण प्रभावहीन हो जाते हैं। धन का उपयोग मनुष्य कलियुग में मकान बनवाने में तथा विषय-वासना की पूर्ति में करता है। इसके विपरीत अतिथि-सत्कार यज्ञादि, पूजा, व्रत-नियम, दान आदि का व्यवहार क्षीणतर होता जाता है, स्त्रियां स्वेच्छाचारिणी हो जाती हैं। मनुष्य धन-लोलुप तथा व्यभिचारी हो जाते हैं। शूद्र स्वयं को ब्राह्मण के समकक्ष मानने लगता है। दूध देने वाली गायों को घर में रखा जाता है वरना अन्य गायों को कसाई को सौंप दिया जाता है। वर्षा के न होने पर अन्नादि का अकाल पड़ने लगता है और प्रजा भूखों मरने लगती है। बार-बार अकाल पड़ते हैं। लोग बिना शौचादि के, स्नान, ध्यान और पूजन बिना किए ही भोजन कर लेते है। इसके कारण उनकी प्रवृत्तियां दूषित हो जाती हैं। परिणाम स्वरूप अभाव में सारी प्रजा दुखी रहती है।

कलियुग में पापाचार इतना बढ़ जाता है कि न तो ब्रह्मचारी आचरणवान रहते हुए वेदादि का अध्ययन करते हैं और न ही गृहस्थ अपने कर्तव्य का पालन करते है और न वानप्रस्थी नियम पालन करते है। संन्यासी भी अपने शिथिल व्रत के कारण गृहत्याग नहीं कर पाते। स्त्रियां भी धर्म से विमुख मिथ्याचारी हो जाती हैं। शरीर की शुद्धता का ध्यान भी नहीं रखतीं, काम-पिपासु होते हुए हर समय विषयासक्त ही रहती हैं। और पुरुष भी लालची, मतलबी, धूर्त और झूठे होते हैं।

राज्यपालक राजा भी प्रजा के हित से विरत होकर उनकी रक्षा की जगह उन्हीं का धन छीनने में लग जाते है। जिसके पास धन-वैभव-संपत्ति और शक्ति है वही राजा कहलाता है और जो निर्बल है, विपन्न है, वह सेवक कहलाता है। वणिक वर्ग कृषि की जगह शिल्प, चित्रकारी आदि को अपना व्यवसाय बना लेते हैं और शूद्र ब्राह्मण की सेवा की जगह स्वयं संन्यासी बनकर अपनी पूजा ब्राह्मणों से करवाते हैं। इसीलिए वेद के विद्वानों की कमी हो जाती है और सब ओर पाखंड तथा अज्ञान के कारण अधर्म का बोलबाला हो जाता है। मनुष्य छोटी उम्र में, असमय या बूढ़े होने के बाद कृशकाय होकर मरते है अथवा अपनी दुष्टता के कारण दुर्गुणी रहकर जीते है।

कलियुग का ऐसा विप्लवकारी चित्र उपस्थित करके पराशर मुनि ने मैत्रेयजी से कहा-हे मुनि! जब-जब पृथ्वी पर धर्म की हानि हो, अधर्म का बोलबाला होने लगे, मनुष्य सत्यमार्ग से विपक्षगामी हो जाएं सत्पुरुषों के स्थान पर दुष्कर्मियों की पूजा होने लगे, यज्ञ-याज्ञादि में प्रवृत्ति के स्थान पर वेद विरुद्ध आचरण होने लगे तो समझ लेना चाहिए कलियुग आ गया है। जब यह लगे कि मनुष्य पाखंड में जी रहा है, देव, ब्राह्मण, यज्ञ, वेद एवं जल से होने वाली पवित्रता को अमान्य करते हुए अपने सास-श्वसुर को गुरुजन, पत्नी के भाई को अपना हितैषी, माता-पिता को अपना शत्रु तथा धर्म-कर्म को पाखंड मानने लगे तो कलियुग का पदार्पण समझ लेना चाहिए। इससे आगे कलियुग से होने वाले रोगों, व्याधियों, अकाल मृत्यु, दरिद्रता आदि के बारे में विस्तार से बताने पर पराशर मुनि ने मैत्रेय जी से कहा-हे शिष्य! कलिकाल में एक विशिष्ट बात यह भी है यदि मनुष्य क्षणमात्र को भी ईश्वर में ध्यान लगाए, थोड़ा-सा भी सत्कर्म कर ले या धर्म का काम कर ले तो भी उसे अभीष्ट लाभ की प्राप्ति हो जाती है।

एक समय की बात है कि कुछ ऋषि-मुनि मेरे पुत्र व्यास के पास आए और यह जानना चाहा किस काल में मनुष्य थोड़ा-सा भी पुण्य कर्म करके महत्तम फल पा लेता है। उस समय व्यासजी गंगा में डुबकी लगाते हुए कह रहे थे-कलियुग ही श्रेष्ठ है, शूद्र ही श्रेष्ठ है, स्त्रियां ही साधु हैं, धन्य हैं। स्नानादि से निवृत्त होकर जब व्यासजी अपने आसन पर आकर बैठे तो पहले तो मुनियों ने उनकी स्तुति-वन्दना की। तत्पश्चात् अपने आने का प्रयोजन बताया। साथ ही यह भी

जानना चाहा कि कलियुग में शूद्र तथा स्त्रियां किस प्रकार श्रेष्ठ हो गए। कृपा करके यह बताकर कृतार्थ करें। व्यासजी ने बताया कि जो फल सतयुग में दस वर्षों तक, त्रेता में एक वर्ष और द्वापर में एक मास तक तप करने से प्राप्त होता है वही कलियुग में एक दिन-रात कर लेने मात्र से प्राप्त हो जाता है। जो फल सतयुग में ध्यान समाधि से, त्रेता में यज्ञ से, द्वापर में देवपूजन से मिलता है, वही फल कलियुग में केवल नाम का कीर्तन करने से ही प्राप्त हो जाता है। इसीलिए कलिकाल में थोड़े से प्रयत्न से ही पुण्यफल प्राप्ति के कारण मैं कलियुग को श्रेष्ठ मानता हूं।

आप जानते ही हैं कि ब्राह्मण जाति के मनुष्य जिस द्विलोक को ब्रह्मचर्य पालन, वेद अध्ययन, स्वधर्म के आचरण यज्ञ-यागादि के करने संयम-व्रत आदि से बड़े कष्टपूर्वक आचरण करने से प्राप्त कर पाते है, शूद्र वही द्विलोक ब्राह्मणों की सेवामात्र से प्राप्त कर लेता है। इस कारण मैं अन्य जातियों की अपेक्षा शूद्र को ही धन्य और साधु मानता हूं। और पुरुष जिस धर्म-लाभ के लिए यज्ञ-यागादि कर लें, न्यायपूर्वक अर्जित धन से जीवन-निर्वाह करके सत्कर्मों को करते हुए तत्पर रहते हैं, स्त्रियां वही धर्म लाभ केवल निश्छल मन से पति सेवा द्वारा ही प्राप्त कर लेती हैं। अतः वे भी साधु हो गई। इस प्रकार कलियुग की श्रेष्ठता, शूद्र की महानता और स्त्रियों की साधुता का वर्णन करने के उपरांत व्यासजी ने ऋषियों से आगमन का प्रयोजन जानना चाहा तो ऋषियों ने उन्हें बताया-हे महाभाग! आपसे पूर्वोक्त उपदेश सुनकर हमारे आने का प्रयोजन स्वतः पूर्ण हो गया है। तब व्यासजी ने उन्हें बताया कि यह विशेषता केवल कलियुग में ही है। इसमें कृष्ण भगवान का नाम लेने मात्र से ही मनुष्य मुक्तकाम हो परमपद प्राप्त करता है।

कलियुग के स्वरूप-विवेचन के पश्चात् पराशरजी ने महाप्रलय का स्वरूप बतलाते हुए कहा-प्रलय तीन प्रकार की होती है-नैमित्तिक प्रलय, यह कल्पांत में होने वाली ब्रह्म प्रलय है, प्राकृतिक प्रलय कल्पांत में होने वाली, मोक्ष प्रलय तथा तृतीय आत्यंतिक प्रलय-दो परार्द्ध के अंत में होने वाली प्रलय! एक से दसगुण की अठारहवीं बार गिनी जाने वाली संख्या (10,00,00,00,00, 0000,00,000) एक परार्द्ध कहलाती है। इसकी दुगुनी संख्या की प्राकृत प्रलय होती है इसमें सम्पूर्ण जगत् अपने ही अव्यक्त रूप में लीन हो जाता है।

आप जानते हैं-एक मात्रा में लगने वाला समय निमेष कहलाता है, पंद्रह निमेष की एक काष्ठा, तीस काष्ठाओं की एक कला, पन्द्रह कलाओं की एक नाड़ी, दो नाड़िकाओं का एक मुहूर्त, तीस मुहूर्त का एक दिन-रात, तीन दिन-रातों का एक मास, बारह मासों का एक वर्ष ही देवलोक का एक दिन- रात होता है। देवों के 360 दिन-रातों का एक वर्ष होता है। देवताओं के

बारह हजार वर्षों का एक पूर्ण चतुर्युग होता है। ऐसे एक हजार चतुर्युगों का ब्रह्माजी का एक दिन होता है यह एक दिन ही एक कल्प है-इस एक कल्प में चौदह मनु के बीत जाने पर अंत से नैमित्तिक प्रलय होती है।

आगे इसी नैमित्तिक प्रलय के भीषण स्वरूप का चित्र उपस्थित करते हुए पराशरजी ने बताया-हे मुनिवर! छोटे एवं दुर्बल जीव घोर अनावृष्टि से दुखी होकर मृत्यु को प्राप्त होते हैं। तत्पश्चात् स्वयं परमपद विष्णु संपूर्ण सृष्टि का क्षय करके स्वयं में लीन कर लेते हैं। इस कार्य को करते हुए वे सूर्य की सातों किरणों में अवस्थित होकर समुद्र का संपूर्ण जल सोखकर, नदी, नाले पर्वत, सरिताओं सहित सारे भूमंडल और पाताल को सुखा देते हैं। ये सात किरणें ही सात सूर्य के रूप में प्रज्ज्वलित होकर तीनों लोकों को भस्म कर देती हैं तब पृथ्वी कछुए की पीठ की तरह कठोर हो जाती है। इसके पश्चात् सृष्टि का संपूर्ण विनाश करने के विचार से स्वयं विष्णु शेषनाग की फूत्कार में अवस्थित होकर कालाग्नि शिव के रूप में प्रकट होकर पाताल को जलाना प्रारंभ कर देते हैं। इसके पश्चात् यह भीषण एवं दारुण अग्नि पृथ्वी, देवलोक तथा पाताल लोक को जलाती हुई वहीं घूमती रहती है। पूरा त्रिलोक एक तपते हुए कड़ाहे के समान खौलने लगता है, स्वर्ग के अधिकारी देवगण तब रक्षार्थ महर्लोक में गमन कर जाते हैं। वहां भी ताप के प्रभाव से आहत वे जनलोक में आ जाते हैं।

अब संपूर्ण सृष्टि को भस्मीभूत करने के उपरांत विष्णु विविध रंग वाले संवर्तक मेघों को मुख से निःश्वास रूप में छोड़ते हैं जो पूरे आकाश पर घुमड़-घुमड़कर छा जाते हैं और पूरण जगत् को जलमग्न कर देते हैं। समस्त अग्नि और उसकी तपन शांत हो जाती है। इसी प्रकार ये मेघ तीनों लोकों की तपिश मिटा देते हैं।

निरंतर सौ वर्षों तक मेघ वर्षा से सम्पूर्ण त्रिलोकी एक महत् सागर का रूप ले लेता है अब निश्वास से वायु का संचरण होता है और सौ-सौ वर्ष तक बहता रहता है । मेघ नष्ट हो जाते हैं, वर्षा रुक जाती है। यह सब कार्य पूर्ण कर श्रीनारायण समस्त वायु को पीकर अपने स्वरूप के बारे में सोचते हुए महा समुद्र में चिरनिद्रा में मग्न हो सो जाते हैं। ब्रह्माजी की एक पूर्ण रात्रि काल शयन के पश्चात्, एक सहस्र युग बीत जाने पर विष्णु नींद से जागकर ब्रह्मा रूप में फिर सृष्टि के निर्माण में लग जाते हैं।

प्राकृत प्रलय में वर्षा न होने के कारण सभी लोकों के नष्टप्राय हो जाने पर श्रीनारायण की कृपा से प्रलय काल का दृश्य गोचर होने लगता है, महत् तत्त्व से लेकर विशेष पर्यन्त सारे विकार नष्ट हो जाते हैं। जब सबसे पहले जल द्वारा पृथ्वी गन्धगुण स्वलीन कर लिया जाता है और प्रलय होने लगती है। गन्ध के समाप्त होने पर जलमग्न पृथ्वी से सारे जगत् में जल-ही-जल हो जाता है।

अब जल के गुण रस को तेज अपने में लीन कर लेता है। रस के कारण से जल नष्ट हो जाता है। जल के अग्नि रूप में पदार्पण से धीरे- धीरे सारा जगत झुलसने लगता है। तब अग्नि के प्रकाश गुण को वायु अपने में लीन कर लेता है। इसमें रूप तन्मात्रा के क्षय होने पर अग्नि रूपहीन हो जाती है यानी तेज के वायु में लीन हो जाने से अग्नि शांत हो जाती है। भयंकर रूप में वायु बहने लगती है। तब वायु के स्पर्श गुण को आकाश अपने में लीन कर लेता है। वायु के शांत होने पर आकाश आवरणहीन हो जाता है। इसके कुछ समय उपरांत आकाश के शब्द गुण को आदि ग्रसित कर लेते हैं। इन भूतादि में पंचभूतों एवं इंद्रियों का एक साथ लय हो जाता है। केवल अहंकार शेष रह जाता है। यही तामस वृत्त कहलाता है। इसे बाद में सत्त्व रूप महत् तत्त्व ग्रसित करता है और इस महत्तत्त्व को प्रकृति स्वयं अपने में लीन कर लेती है। वास्तव में अभाव या भाव से मुक्त तीनों गुणों की साम्यावस्था का नाम ही प्रकृति है। इसी को प्रधान भी कहते हैं। यही समस्त जगत् का प्रमुख और परम कारण है। इस प्रकृति के व्यक्त-अव्यक्त रूप में व्याप्त होने के कारण ही अव्यक्त में व्यक्त लीन हो जाता है।

इस प्रकृति से इतर शुद्ध, अक्षर, नित्य और सर्वव्यापी रूप पुरुष की सत्ता होती है। यह सर्वभूत कारण परमात्मा का अंशरूप होता है जो नाम जाति, कल्पना से रहित सत्तामय परमपद विष्णु का ही विश्वरूप है। योगी महात्मा इसी की प्राप्ति के लिए तपस्यारत रहते हुए निरंतर प्रयत्नशील रहते हैं। और प्राप्ति के पश्चात् जगत् के आवागमन से मुक्त रूप हो जाते हैं। इस प्रकार यह व्यक्त-अव्यक्त रूप प्रकृति और पुरुष भी परमात्मा में लीन हो जाते हैं। और यह परमात्मा ही सबका आधार एवं अधिपति है। वेदादि में इसी को विष्णु कहा गया है।

वेदसम्मत कर्म भी दो प्रकार से नियोजित होता हैं-अप्रवृत्ति द्वारा तथा निवृत्ति द्वारा। इसमें प्रवृत्ति यज्ञ-यागादि द्वारा परमात्मा का वेदोक्त विधि से पूजन-अर्चन किया जाता है तथा निवृत्ति मार्ग से परमपद विष्णु में ध्यान एकाग्र किया जाता है जिसे व्यक्ति ज्ञान योग से प्राप्त करता है। यह विष्णु ही अव्यक्त, व्यक्त एवं अविनाशी, नित्य पुरुष है। इसी अविकृत दशा में प्रकृति एवं पुरुष लीन रहते हैं। पहले बताया गया यह द्विपरार्द्ध काल विष्णु का एक दिन कहा जाता है। इस प्रकार व्यक्त जगत् के अव्यक्त प्रकृति रूप में विलीन होने तथा प्रकृति के पुरुष रूप में विलीन होने पर इतने ही काल की रात्रि होती है। वास्तव में विष्णु की इस प्रकार कोई रात्रि या दिन नहीं होते किंतु व्याख्या के लिए ऐसा मान लिया जाता है।

आध्यात्मिक, आधिदैविक, एवं आधिभौतिक को जान लेने पर पंडित जन संस्कार से विरक्त होकर आत्यंतिक प्रलय को प्राप्त करते हैं। इससे आध्यात्मिक तप दो प्रकार का है। शरीरगत शारीरिक तथा मनगत मानसिक। शरीर के अंतर्गत सभी शारीरिक व्याधियां आती हैं।

इनमें प्रतिश्याय, ज्वर, शूल, भगंदर अर्श, शोथ, श्वास, अतिसार आदि आते है। मानसिक में काम, क्रोध, लोभ, भय, मोह, ईर्ष्या, द्वेष, शोक आदि गिनाए जा सकते हैं। वस्तुतः छोटे-छोटे जीवों सांप, बिच्छू, कीट आदि से प्राप्त कष्ट आधिभौतिक कहलाते है तथा सर्दी, गर्मी, बरसात, जल, विद्युत द्वारा प्राप्त व्याधियां आधिदैविक होती हैं। इन तीनों प्रकार के दुःख तापों के अतिरिक्त गर्भ, जन्म, मरण, अज्ञान, वृद्धावस्था, नरक आदि और अनेक दुःख हैं। शरीर रूप धारण कर जीव मलपूर्ण गर्भाशय में लिपटा रहता है। कमर एवं गर्भ की हड्डियां सर्पिलाकर में मुड़ी रहती हैं। जहां गर्भाशय में माता द्वारा ग्रहीत खट्टा, मीठा, चटपटा, नमकीन, गर्म, सर्द, सभी प्रकार के स्वाद एवं अनुभव करता हुआ यह जीव कष्टमय जीवन भोगता रहता है।

इस समय श्वास-निःश्वास में कष्ट अनुभव करता हुआ पूर्वजन्म की स्मृतियों से भ्रमित जीव व्याकुल दशा में समय काटता है। प्रसूति वायु के प्रभाव से मां के गर्भ से मुख की ओर से वह योनि मार्ग से बाहर आकर संसार में प्रवेश करता है, जहां शारीरिक मल आदि में लिपटा यह जीव बाहरी वायु के संस्पर्श से बेहोश दशा में पड़ा रहता है। इस समय इसमें स्वयं की शक्ति से करवट लेने या अपने-आपको खुजाने तक की सामर्थ्य नहीं होती है। यहां तक कि स्नान, शौचादि के लिए दुग्धपानादि आहार के लिए अन्याश्रित होता है। इस प्रकार बाल्यावस्था तक वह अनेक प्रकार से आधिभौतिक संताप सहता है। वह अपने स्वरूप को ही नहीं जान पाता और न बन्धन से मुक्ति का उपाय ही खोज पाता है। उसे अपने धर्म-अधर्म, कर्तव्याकर्तव्य और ग्राह्य-त्याज्य का विवेक ही नहीं हो पाता है। पशु के समान भोजन, निद्रा तथा मैथुन में लिप्त जीवन यापन करता है। और इस प्रकार अविवेक से अपने भावी जीवन को भी नरकमय बना लेता है। इस प्रकार के आचरण से यह जीवन-स्वयं अपने अज्ञान से अपने-आप गति खराब कर लेता है।

वस्तुतः यह अज्ञान तमोवृत्ति के कारण ही होता है और इसमें अज्ञानी सहज प्रवृत्त हो जाता है। ऐसा करने से ही वैदिक धर्म का लोप होने लगता है, जिसका कर्मफल नरक होता है। इस प्रकार तमोगुण प्रधान कर्म करने से अज्ञानी मनुष्य अपना वर्तमान और भविष्य दोनों ही बिगाड़ लेते है तथा बार-बार जन्म-मरण के फेर में कष्ट भोगते रहते हैं।

शरीर के वृद्ध या क्षयग्रस्त होने से सभी अंग कमजोर पड़ जोते है। दांत गिर जाते हैं। चेहरे एवं त्वचा पर झुर्रियां पड़ जाती है। रूप कुरूप हो जाता है।आंखें भीतर धंस जाती हैं। हड्डियां निकल आती हैं, अंग-प्रत्यंग कांपने लगता है, कमर झुककर तीरकमान हो जाती है, भोजन प्रणाली के कमजोर पड़ जाने से भूख खुलकर नहीं लगती, अपच रहने लगता है। शरीर की सभी क्रियाएं-उठना, बैठना, चलना, फिरना, सोना-जागना आदि करते हुए मनुष्य को कष्ट का अनुभव होने लगता है। शरीर की सभी ज्ञानेन्द्रियां तथा कर्मेंद्रियां शिथिल पड़ जाने से देखने, सुनने, खाने,

सूंघने, बोलने आदि की ताकत जाती रहती है। ऐसी दशा में न वह कुछ कह पाता है, न सुन पाता है, न देख पाता है। यहां तक कि अपनी रोजाना की आवश्यकताएं भी वह पूरी नहीं कर पाता है। दूसरों पर निर्भर रहने लगता है और इस प्रकार तिरस्कार, उपेक्षा और अनादर का पात्र हो जाता है।

ऐसे में उसके सगे-संबंधी भी उसका ध्यान नहीं रखते और वह स्वयं के लिए एक निरर्थक और उपहास की वस्तु बन जाता है। ऐसी असाध्यता को लेकर शारीरिक और मानसिक कष्ट सहता हुआ व्यक्ति मृत्यु समय निकट आने पर भयंकरतम कष्ट में जीता हुआ अपने पर स्वयं ही ग्लानि करने लगता है। ऐसे में वह अपनी स्मृति भी खो बैठता है और असंतुलन की दशा में धन, वैभव, पुत्र, स्त्री के भविष्य के प्रति चिंतातुर हो उठता है, भौतिक संबंधों के प्रति उसकी अत्यधिक लिप्सा के कारण उसके प्राण पत्नी, बेटा, संपत्ति में ही अटके रहते हैं। यहां तक कि वह असमंजस की दशा में छटपटाने लगता है। भूख-प्यास से व्याकुल होता हुआ यमराज के दूतों से भयभीत और प्रताड़ित होता है और अंत में विषम वेदनाएं तथा कष्ट झेलता हुआ यह जीव बड़े क्लेश एवं कष्ट से शरीर छोड़ता है।

मरने के पश्चात् कर्मफल के अनुसार उसे यमदूतों तथा कारिंदों द्वारा बंधन में बंधना और दंड सहना पड़ता है। यहां यमलोक में भयानक यातना के लंबे दौर से गुजरते हुए अंत में यमराज के सामने प्रस्तुत होना पड़ता है, जहां उसे तप्त रेत के ऊपर जलती हुई अग्नि अथवा नुकीले हथियारों का सामना करना पड़ता है तथा असह्य नरक को सहना और भोगना पड़ता है। आरे से चीरा जाता है, भूसी में तपाया जाता है, कुल्हाड़ी से काटा जाता है, भूमि में गाड़ा जाता है. शेर के मुंह में डाला जाता है, सूली पर चढ़ाया जाता है. गिद्धों से नुचवाया जाता है, हाथी से कुचलवाया जाता है, तेल में पकाया जाता है, दलदल में धंसाया जाता है, पर्वत से गिराया जाता है, मारक यंत्र द्वारा दूर फेंका जाता है या तपती बालू पर नंगे बदन लिटाया जाता है। इस प्रकार कुमार्गी जीव को अपने निंद्य कर्मों के फलस्वरूप नरक में घोर पीड़ा दायक यातनाएं भोगनी पड़ती है।

ऐसे में यदि किन्हीं अच्छे कर्मों के वशीभूत जीव को स्वर्ग की प्राप्ति भी हो जाती है तो वहां भी कर्मफल के समाप्त होने तथा फलस्वरूप पतन की आशंका से उसे शांति नहीं मिल पाती। अंततोगत्वा कर्मफल के अधीन जीव को पुनर्जन्म की यातना और सांसारिक आवागमन का कष्ट तो झेलना ही पड़ता है। फिर से मां का गर्भ, अंधेरी कोठरी में टांगें सिकोड़े, मलमूत्र में लिपटे, श्वास-निश्वास का कष्ट सहते हुए उलटा लटके रहना, गर्भ से बाहर आकर बचपन, जवानी और बुढ़ापे की पीड़ा को सहन करना, जन्म फिर मरण का फिर-फिर क्रम से आना-जाना सदैव इसी भांति चलता रहता है और इस प्रकार जीव निरंतर अपने कर्मफल का दाय भोगने के लिए बाध्य रहता है।

समस्त भौतिक सुख-सुविधा के कारक-संबंध स्त्री पुत्र, मित्र, धन, ग्रह आदि जीव को दुःख पहुंचाने वाले हैं। ऐसी दशा में सांसारिक मोहमाया से छुटकारा पाने की वांछा, मोक्ष के अतिरिक्त जीव को कहीं सुख-शांति नहीं मिल पाती। गर्भ, जन्म एवं वृद्धावस्था के क्रम में मिलने वाले दुःख एवं कष्ट से छुटकारा पाने का एक मात्र मूल मंत्र भगवत् प्राप्ति है। यह विष्णु-स्तुति, उन्हीं में ध्यान लगाना ही एक मात्र मृत्यु के बंधन से मुक्ति का सनातन निदान है।

विष्णु को ज्ञान तथा कर्म दो प्रकार से प्राप्त किया जा सकता है। ज्ञान भी दो प्रकार का होता है-शास्त्र द्वारा ग्रहीत तथा विवेक द्वारा स्वार्जित। शास्त्र से शब्द ब्रह्म का ज्ञान होता है तथा विवेक से परब्रह्मा का बोध होता है। यही कारण है कि शास्त्र से प्राप्त ज्ञान दीपक के समान होता है तथा स्व-विवेक से प्रबोधित रूप सूर्य के समान देदीप्यमान होता है। अज्ञान रूपी अंधकार को दूर करने में दोनों ही सहायक होते है। इसीलिए भगवान मनु ने ब्रह्म के दो रूप किए हैं-शब्द ब्रह्म तथा परब्रह्म। शास्त्रजन्य ज्ञान-शब्द ब्रह्म को जान लेने पर जिज्ञासु व्यक्ति- विवेक पैदा हो जाने पर परब्रह्म को भी जान लेते हैं। अथर्व वेद में विद्या भी दो प्रकार की बताई गई है-पराविद्या तथा अपराविद्या। इसमें पराविद्या से अक्षरब्रह्म का तथा अपराविद्या से वेदत्रयी का बोध होता है। वास्तव में अव्यक्त, अजर, अज, अचिंत्य, अव्यय, अनिर्देश्य. अरूप, अपाणिपादौ, व्यापक, नित्य, सर्वगत, सर्वव्यापक तथा ज्ञानगोचर ही परब्रह्म है, यही परम धाम है तथा मोक्ष के इच्छुक व्यक्तियों के लिए यही ध्यातव्य है। परमात्म का यह स्वरूप ही भगवत् रूप है तथा यह उसी आद्य अक्षर रूप का वाचक है। इसी परम धाम का ज्ञान कराने वाली विद्या ही परा विद्या है। वेदत्रयीमय ज्ञान कर्मकाण्ड परक है और त्रयी विद्या से अलग है। इस कर्मकांड परक विद्या को ही अपरा विद्या कहा जाता है। इस भगवत् शब्द से उपासना के लिए ब्रह्म का ही अर्थ लिया जाता है। इसके वर्णों के अभीष्ट भाव इस प्रकार हैं-

भ-भरण-पोषण का सबका आधार।

ग-कर्मफल प्राप्त करने वाला, सृष्टि की रचना करने वाला।

व-समस्त भूतों में निवास कराने वाला। समस्त भूतों को अपने में निवास कराने वाला।

ऐश्वर्य, धर्म, यश, श्री, ज्ञान और वैराग्य- छः भाग शास्त्रों में वार्णित है। इनको धारण करने वाला, सृष्टि कर्ता, भर्ता, सहता तथा सभी भूतों का आधारभूत भगवान शब्द उसी परब्रह्म स्वरूप वासुदेव का वाचक है तथा ज्ञान, शक्ति, बल, ऐश्वर्य, वीर्य तेज आदि गुण भगवत् शब्द के ही वाच्यवाचक हैं। सर्वश्रेष्ठ, सर्वात्मा वसुदेव ही सारे भ्रमजालों, आवरणों तथा विकारों से परे, सर्वभूत प्रकृति से विलक्षण, समस्त कल्याणकारी शक्ति के गुणों से संपन्न माया से संपूर्ण जीवों को व्याप्त करने वाले, स्वेच्छा से अपने मन के अनुकूल शरीर धारण करने वाले, संपूर्ण जगत् का कल्याण करने वाले, तेज, बल, शक्ति, ऐश्वर्य, वीर्य, ज्ञान आदि गुणों से संपृक्त, संपूर्ण क्लेशों से मुक्त, व्यक्त-अव्यक्त, समष्टि-व्यष्टि स्वरूप वाले, सबको जानने वाले, सबके स्वामी, विशुद्ध

निर्मल, निर्दोष, एक रूप परमात्मा विष्णु रूप वासुदेव जिस ज्ञान से देखे-सुने जाने जाते हैं, वही ज्ञान पराविद्या है तथा इसके विपरीत ज्ञान अविद्या ही है। ब्रह्म को प्राप्त करने का कारण रूप विद्या भी ब्रह्म विद्या ही कहलाती है। यह ब्रह्म नैतिक आंखों से नहीं देखा जा सकता। उसे गोचर बनाने के लिए स्वाध्याय और योग ही नेत्र रूप होते हैं।

अब मैत्रेयजी ने मुनि पराशर से योग के स्वरूप को जानने की इच्छा प्रकट की तो सर्वप्रथम मुनि ने खांडिक्य तथा केशिध्वज का परिचय दिया। फिर उनके बीच हुए योगविद्यापरक संवाद को कह सुनाया जो इस प्रकार है-बहुत पहले की बात है राज धर्मध्वज जनक के दो पुत्र थे-अमितध्वज तथा कृतध्वज। कृतध्वज सदैव अध्यात्म शास्त्र के अध्ययन-चिंतन में रत रहता था। इन्हीं अमितध्वज तथा कृतध्वज के पुत्र थे खांडिक्य तथा केशिध्वज। संस्कार के अनुरूप खांडिक्य कर्म मार्ग में निपुण था तथा केशिध्वज अध्यात्म विद्या का पारगत विद्वान् था। अपने-अपने ज्ञान के बल पर दोनों में सदैव प्रतिस्पर्द्धा रहती थी। दोनों ही एक-दूसरे को शास्त्रार्थ, तर्क तथा वाद-विवाद में पराजित करने की जुगत में लगे रहते। अंत में केशिध्वज ने ज्येष्ठ होने के कारण खांडिक्य को राज्य से स्तुत कर दिया। अब खांडिक्य पुरोहित तथा मंत्रियों के साथ दुर्गम वन में छिप गया। अपनी ज्ञान दृष्टि होते हुए भी केशिध्वज ने अविद्या द्वारा मृत्यु पर विजय पान के हित अनेक यज्ञों का अनुष्ठान आरंभ कर दिया। इसी क्रम में एक बार केशिध्वज की धर्म धेनु की वन के सिंह ने हत्या कर दी। जब राजा ने अपने ऋत्विजों से इसका प्रायश्चित्त पूछा तो उन्होंने अपनी अज्ञानता तथा असमर्थता के कारण उन्हें कशेरु के पास जाने के लिये कहा।

कशेरु ने राजा को अपने से भी अधिक विद्वान् (भृगुपुत्र) शुनक के पास भेज दिया। शुनक ने राजा केशिध्वज से साफ कह दिया कि तुम्हारे प्रायश्चित्त को इस पृथ्वी पर तुमसे हारा हुआ तुम्हारा शत्रु भाई खांडिक्य ही जानता है इस पर केशिध्वज ने विचार किया कि यदि खांडिक्य के समीप जाने पर शत्रुतावश उसका वध भी हो जाता है तो भी उसे महायज्ञ का फल स्वतः मिल जाएगा और यदि खांडिक्य ने प्रायश्चित्त भी बता दिया तो यहां निर्दिष्ट समाप्त हो जाएगा और सुफल मिल जाएगा। ऐसा सोचकर केशिध्वज कृष्ण हिरण की खाल पहनकर रथ पर चढ़कर वन में खांडिक्य के आश्रम में पहुंच गया। केशिध्वज को इस प्रकार वन में आया देखकर खांडिक्य ने कमान पर तीर चढ़ाकर क्रोधित होकर उससे कहा-तुम इस प्रकार मृगचर्म पहनकर मेरा वध करने आए हो किंतु तुम्हारे दुष्ट इरादे पूरे नहीं होने दूंगा, तुमने जिस प्रकार मुझे राज्य से वंचित किया है, आज मैं तुम्हें समाप्त करके ही दम लूंगा।

खांडिक्य के इस प्रकार दुर्भावनापूर्ण विचार सुनने के पश्चात् केशिध्वज ने शांतिपूर्वक ढंग से उसे अपने आने का प्रयोजन बताया तो खांडिक्य ने अपने मंत्रियों से परामर्श किया। मंत्रियों ने तत्काल केशिध्वज को मारकर संपूर्ण पृथ्वी पर निष्कंटक राज्य करने का प्रस्ताव किया। यह सुनकर खांडिक्य ने कहा-यह ठीक है कि मुझे संपूर्ण पृथ्वी का राज्य तो मिल जाएगा किंतु उसके बदले इसे तो पारलौकिक विजय प्राप्त हो जाएगी और मैं इस भौतिक विजय से पारलौकिक विजय को अधिक महत्त्वपूर्ण मानता हूं क्योंकि भौतिक राज्यप्राप्ति तो अस्थायी है जबकि परलोक सुख अनंतकाल तक के लिए स्थायी रहेगा। इसलिए मैं इसकी शंकाओं का समाधान अवश्य करूंगा।

परामर्श के पश्चात् केशिध्वज से संबंधित खांडिक्य ने उसके द्वारा पूछे गए प्रश्न का पूर्ण विधि-विधान बताते हुए उसका प्रायश्चित कह सुनाया। संतुष्टमना केशिध्वज आश्वस्त होकर अपने राज्य को लौट आया तथा प्रायश्चित्त कार्य पूरा करके पूर्ण विधान से यज्ञ संपन्न कराने में लग गया।

यज्ञ पूरा होने पर भी केशिध्वज को मानसिक शांति नहीं मिली, यद्यपि उसने ऋत्विजों का पूजन, सदस्यों का सम्मान और भिखारियों की मनोच्छा भी अपनी सामर्थ्य के अनुसार पूर्ण कर दी थी फिर भी उसे कहीं असंतोष अवश्य था। वह अनुभव करने लगा कि कुछ महत्त्वपूर्ण अभी छूटा हुआ है उसे ख्याल आया कि अभी तक उसने खांडिक्य को उसके उपदेश की गुरुदक्षिणा भेंट नहीं की है। यह जानकर केशिध्वज दोबारा रथ पर चढ़कर वन में खांडिक्य के पास गया तो खांडिक्य को फिर उसकी दुर्भावना का शक हुआ। किंतु केशिध्वज ने अपना मनोरथ समझाते हुए उसे आश्वस्त किया और उसे गुरु-दक्षिणा स्वीकार करने का अनुरोध किया। केशिध्वज की इस प्रकार निर्मल वृत्ति देखकर खांडिक्य ने फिर अपने मंत्रियों से परामर्श किया तो मंत्रियों ने खांडिक्य को केशिध्वज से अपना अधिकृत राज्य दक्षिणा में मांगने की राय दी, लेकिन खांडिक्य तो परलोक सुख का अभिलाषी था। उसने यह राय पूरी तरह अस्वीकार कर दी और केशिध्वज से सांसारिक क्लेशों को शांत करने में समर्थ आध्यात्मिक ज्ञान रूप परमार्थ विद्या का उपदेश गुरु-दक्षिणा में जानने का प्रस्ताव रखा।

ज्ञान का यह प्रस्ताव गुरु दक्षिणा में मांगा मानकर केशिध्वज को खांडिक्य पर घोर आश्चर्य हुआ और कहा-क्षत्रियों की परमप्रिय वस्तु राज्यपद तुमने मुझसे क्यों नहीं मांगा? तो खांडिक्य ने उसकी शंका का निवारण करते हुए कहा-भाई! यह राज्य, शक्ति, वैभव की आकांक्षा तो मूर्ख

लोग किया करते हैं। क्षत्रिय का वास्तविक धर्म प्रजापालन, शत्रुओं का और राज्य विरोधियों का वध करना है। तुम्हीं सोचो, मुझे दुर्बल एवं शक्तिहीन जानकर ही तो तुमने मेरा राज्य छीन लिया, ऐसी दशा में प्रजापालन न कर पाने का दोषी मैं कहां रहा। मैं यह मानता हूं कि यह सब अज्ञान है फिर भी नियम विरुद्ध त्याग ही बंधन का मूल है। राज्य की चाह मुझमें जन्मांतर के कर्मफल के कारण तथा मंत्रियों को राज्यवैभव, राग लोभ के कारण उपजी है, धर्म के प्रति प्रवृत्ति से नहीं। और फिर भीख में राज्य का मांगा जाना क्षत्रियोचित कर्म ही नहीं। इसीलिए मैं प्रजापालन आदि कर्म को अविद्या की संज्ञा देता हूं और राज्य से विमुक्त होकर तुमसे शांति की कामना की बात करता हूं। यह भौतिक आसक्ति तो मूर्ख चित्त वाले अहंकारी एवं मूर्ख लोगों की बातें हैं।

खांडिक्य से इस प्रकार उनका शक्तिपूर्ण विचार सुनकर केशिध्वज ने उसे सराहते हुए कहा-मैं स्वयं अविद्या द्वारा मृत्यु पर विजय पाने की लालसा से ही राज्य भोग तथा अनेक यज्ञों का आयोजन कर रहा हूं। इस प्रकार मैं स्वयं अपने पुण्यों को क्षीण ही कर रहा हूं। प्रिय बंधु! तुम्हारा विवेक और उद्देश्य जानकर मुझे अत्यंत प्रसन्नता है। अब मैं तुम्हारे समक्ष अविद्या की रूप व्याख्या करता हूं।

मूल स्वरूप में संसार में दो प्रकार की अविद्याएं मानी गई हैं, प्रथम तो अनात्म में आत्मवृद्धि तथा द्वितीय 'पर' को 'स्व' मानना। इसमें दुर्बुद्धि जीव मोहमाया के अंधकार के घेरे में पड़कर पंचभूत की इस देह को छोड़ने पर मैं, मेरा के भाव से उसमें आसक्ति प्रकट करता है। यह जानता हुआ भी कि आत्मा और देह दो अलग चीजें है, फिर भी वास्तविकता को न पहचानता हुआ जीव देह में आसक्त रहता हुआ घर, धन संपत्ति, जमीन आदि को अपना मानता है। पुत्र, पत्नी, माता-पिता से शरीर रूप में अलग रहने पर भी उन्हें अपना मानता है। वास्तव में मनुष्य सारे काम देह जन्म के लिए ही तो करता है। इसीलिए आत्मा को भूला हुआ वह देह धारण के बंधनों में फंसा रहता है। ऐसा बतलाते हुए केशिध्वज ने खांडिक्य से कहा-सैकड़ों, हजारों वर्षों तक यह जीव सांसारिक विषय-वासनाओं को भोगते रहते हुए उसी भ्रमित सुख के मोह अंधकार में फंसा रहता है। यह मोह ही मिथ्या सुख का आभास देने वाला है। इसमें जब भी अपने विवेक या ज्ञान से मनुष्य इस स्तर से ऊपर उठकर ज्ञान के ताप से मोह को भेदकर रहस्य जान लेता है तो उसका मन सांसारिकता से विरत होकर भौतिक सुखों से परे वास्तविक आत्मा के सुख को प्राप्त करने में रमने लगता है, तभी वह ज्ञान यज्ञ द्वारा मोह से मुक्त होता हुआ स्वस्थमना होकर परममोक्ष पद पाने के रास्ते पर आगे बढ़ जाता है-और अंत में अपना अभीष्ट पा लेता है।

यह ज्ञानमय निर्मल आत्मा रूप ही तो निर्वाण का स्वरूप है क्योंकि अज्ञान, भय, सांसारिक, मिथ्याचारों, दुःखों और प्राकृतिक धर्मों का आत्मा से कोई संबंध नहीं। जैसे कटोरे में रखे जल का सीधा अग्नि से संपर्क न भी होने पर कटोरे की गर्मी पाने से जल भी उष्णता प्राप्त कर खौलने लगता है, उसी प्रकार आत्मा भी प्रकृति के अहंकार आदि प्राकृतिक धर्मों से विमुक्त रहने पर भी उनके प्रभाव में आ जाता है। यह मोह ही तो स्व में पर और अनात्म में आत्म की प्रतिष्ठा से अविद्या रूप हो जाता है और अंत में सब प्रकार के कष्टों, क्लेशों की जननी बनती है। योग इस अविद्या को नष्ट करने का एकमात्र उपाय है। मुनि लोग इस योग द्वारा ही तो सांसारिकता से विमुक्त होकर ब्रह्म में लीन परमानन्द की प्राप्ति कर पाते हैं।

केशिध्वज ने योग की परिभाषा एवं व्याख्या करते हुए बताया कि शम-नियम का अनुपालन करते हुए मन का ब्रह्म के साथ संयोग ही योग है। ये शम-नियम आत्मज्ञान के साधन रूप होते हैं। इन पर आचरण करने वाला योगी मुमुक्षु कहलाता है। प्रारंभिक दशा में, जब मनुष्य इसमें प्रवृत्त होता है तो उसे योगमुक्त योगी कहते हैं तथा अंत में परब्रह्म की प्राप्ति कर लेने के बाद वह विनिष्पन्न योगी होता है, यदि किसी कारणवश योगमुक्त योगी की क्रिया में विघ्न पड़ जाए, उसका प्रयत्न असफल रह जाए तो वह दूसरे जन्म में उसी अभ्यास को दोहराने पर पुनः मुक्त हो सकता है। और विनिष्पन्न योगी तो योग की शक्ति से अपने सभी कर्मों को भस्म करके उसी जन्म में मोक्ष का अधिकारी होकर उसे प्राप्त कर लेता है। ब्रह्म चिंतन के लिए अपने चित्त को एकाग्र करने के लिए जीव को चाहिए कि वह निष्काम रूप से ब्रह्मचर्य, अहिंसा, सत्य, अस्तेय और अपरिग्रह का शुद्ध रूप में सेवन करे तथा उसे स्वाध्याय, शौच, संतोष तथा तप का आचरण करते हुए मन को सदैव ब्रह्म में लीन रखना चाहिए। इस प्रकार इन शम-नियमों का विधिपूर्वक आचरण करते हुए ही जीव को मोक्ष की प्राप्ति होती है। ऐसा करने के लिए योगी यति को एक निश्चित स्थान पर आसन जमाकर शम-नियमों का आचरण करते हुए अभ्यासरत रहना चाहिए। इस क्रिया में जब वह श्वास को वश में करता है तो यह प्राणवायु वशीकरण प्राणायम कहलाता है। यह सबीज तथा निर्बीज दो प्रकार का होता है। अभ्यास के समय आलंबन का स्थूल रूप ध्यान तथा मंत्र पाठ के रूप में 'सबीज' कहलाता है। जब योग की यह अवस्था निरालंब हो जाती है तब प्राणायाम करते समय सूक्ष्म परब्रह्म आलबंन हो जाता है। वस्तुतः श्वास वायु द्वारा अपान वायु का निरोध रेचक तथा अपान वायु द्वारा प्राणवायु का निरोध 'पूरक' कहलाता है तथा दोनों का एक ही समय संयम कुंभक कहलाता है।

योगी को प्राणायाम करते समय प्रत्याहार का भी विशेष ध्यान करना चाहिए। इस अभ्यास में बाध्य शब्दों के प्रभाव से मुक्त जीव अपनी ज्ञानेन्द्रियों को भी मन के साथ एकात्म कर लेता है वह वशीभूत हो जाती हैं। इस प्रकार प्राणायाम से वायु और प्रत्याहार से इन्द्रियों के वशीभूत हो जाने पर ही जीव का मन एकाग्रचित्त हो पाता है।

मन का मुख्य आधार ब्रह्म-स्वभाव से ही दो प्रकार का होता है यह मूर्त और अमूर्त, गोचर और अगोचर अथवा पर और अपर रूप है। भावनाएं भी जगत में तीन प्रकार की होती हैं- कर्म भावना, ब्रह्म भावना तथा उभयात्मिका भावना। पुरुष आदि कर्म भावना युक्त होते हैं, सनक आदि मुनि ब्रह्म भावना से युक्त होते हैं तथा हिरण्यगर्भ आदि उभयात्मिका भावना से युक्त होते हैं। पुरुष अपने विवेकपूर्ण ध्यान, तप से ज्ञान प्राप्त करके कर्म आदि को क्षीण करके ही अहंकार को नष्ट करके ब्रह्मत्व को प्राप्त करता है। इसके बिना जगत् एवं ब्रह्म में अहंकार के कारण जीव की भिन्न दृष्टि बनी रहती है और यह भेद ही समाप्त हो जाए तो फिर संपूर्ण जगत् में वही अनुभव करने योग्य ब्रह्म ही दिखलाई पड़ता है।

प्रारंभिक अवस्था में योगाभ्यासी के लिए सर्वव्यापी निराकार रूप का चिंतन सरल नहीं होता है। तब तक उसे श्रीनारायण के स्थूल रूप का ही चिंतन स्तवन करना श्रेय है। इसके लिए वसु, रुद्र, सूर्य, ग्रह, गंधर्व, यक्ष, दैत्य, दानव, समुद्र, नदी, वृक्ष, वनस्पति, मनुष्य, पशु, पर्वत, चेतन तथा अचेतन आदि सभी भगवान विष्णु के भावनात्मक गोचर तथा मूर्त रूप हैं। यह विश्वरूप विष्णु भगवान का ही चराचर जगत् है। परा, अपरा तथा अविद्या विष्णु की ही मायारूपा हैं। परा विष्णु की, अपरा क्षेत्रज्ञ अविद्या कर्मशक्ति है। क्षेत्रज्ञ शक्ति अविधा के फेरे में पड़कर ही सांसारिक कष्ट भोगती है। अपना-पराया अथवा स्व एवं पर का भेद पैदा करती है। इसी से वृक्ष, पर्वत, सर्प, पक्षी, मृग, पशु तथा मनुष्य तक प्रभावित हैं। और मनुष्य से नाग, नाग से गंधर्व, गंधर्व से यक्ष, यक्ष से देवगण, देवों से इन्द्र, इन्द्र से प्रजापति, प्रजापति से हिरण्यगर्भ में इस शक्ति का उत्तरोत्तर विकास होता है। विष्णु की शक्ति से व्याप्ति पाकर ये उन्हीं भगवान के ही शरीर रूप हैं।

योगी महात्मा लोग विष्णु के दूसरे अगोचर रूप को ही सत् का नाम देते हैं। विष्णु के विश्व रूप से अलग चामत्कारिक यह दूसरा रूप अपनी शक्ति से देव, तिर्यक् तथा मनुष्य आदि की चेष्टाओं से जुड़कर सर्वशक्तिमान रूप धारण करता है तथा इस रूप में प्रभु की अव्याहत चेष्टा काम के प्रति उन्मुख नहीं होती। जैसे अग्नि वायु को साथ में लेकर सूखे तिनकों के झाड़ू को जलाकर राख कर देता है, उसी प्रकार मन में विराजित विष्णु योगियों के सारे पाप नष्ट कर देते हैं। अतः भगवान विष्णु का ध्यान धारण करना ही श्रेय है।

यह आवश्यक है कि धारणों के लिए कोई-न-कोई आधार अवश्य चाहिए। अतः इसके लिए उनके मुस्कराते मुख, कमल के समान सुंदर नेत्र, लाल कपोल, ऊंचा माथा, कुंडल युक्त कान, सुराई की तरह की गर्दन, वत्सलता-भरा पुष्ट वक्षस्थल और विराट चार भुजाओं वाले रूप का ध्यान करना चाहिए। योगी को विष्णु के मुकुट, हार, मयूर, आभूषण से शोभित शंख, चक्र, गदा, पद्म अथवा माला से सज्जित दिव्य रूप का ध्यान करना चाहिए और यह तन्मय भाव से किया गया चिंतन, मन के स्थायी होने तक अर्थात् जब तक ऐसी दशा न आ जाए कि योगी के मन-मस्तिष्क पर चेतन या अवचेतन किसी भी क्षण में यह दिव्य रूप सदा ही आंखों में बस न जाए-निरंतर अभ्यास करते रहना चाहिए।

ऐसी दशा के पश्चात् ही योगी प्रभु के अवयवी अर्थात् अगोचर रूप का ध्यान करने योग्य होता है। सब प्रकार से आसक्तियों, दुःखों कष्टों से विरत, कामना रहित परमेश्वर के रूप में ही एक मात्र प्रतीति ही ध्यान कहलाती है। मन के इस प्रकार ध्येय (भगवान) में ध्यानमग्नावस्था रूप का नाम ही समाधि है। इस दशा में साधक और ध्येय तथा ध्यान का भेद समाप्त हो जाता है। समाधि की दशा में गोचर साक्षात्कार रूप विज्ञान ही परब्रह्म तक पहुंचाने वाला सीधा मार्ग है। वहां केवल शुद्ध आत्मा ही गम्य है। इस प्रकार इस मुक्ति की प्राप्ति में क्षेत्रज्ञ शक्तिकर्त्ता है और ज्ञान उसका कारण है, जो मुक्ति रूपी कार्य के सिद्ध होने पर स्वयं दायित्व से निवृत्त हो जाता है।

केशिध्वज से इस प्रकार प्रबोधित हुए खांडिक्य ने उसके प्रति आभार प्रकट किया। अपना राज्य अपने पुत्र को देकर वह स्वयं ब्रह्मचिंतन में लग गया। केशिध्वज ने खांडिक्य को निष्काम उपदेश देकर आत्यंतिक सिद्धि को प्राप्त किया। इस प्रकार उपर्युक्त वर्णन सुनाने के पश्चात् मुनि पराशर मैत्रेयजी से बोले-हे मुनिवर! ब्रह्म के सनातन रूप में लीन मोक्ष रूप ही आत्यंतिक प्रलय कहलाती है तथा सच्चे साधक आत्यंतिक प्रलय को पाकर ही जीवन मुक्त हो पाते हैं। यह प्रलय नित्य ही प्रवर्तित होती है। यही महाप्रलय का स्वरूप है। हे मुनियों के उत्तम एवं श्रेष्ठ मैत्रेयजी! मैंने तुम्हें यह संपूर्ण शास्त्रों में श्रेष्ठ और सब पापों का नाश करने वाला विष्णु पुराण, एक सच्चा जिज्ञासु जानकर ही सुनाया है। क्या तुम्हें अब भी कोई शंका है? यदि है तो तुम उसका निवारण कर सकते हो।

मुनि पराशर के प्रति अत्यंत आभार प्रकट करते हुए मैत्रेयजी ने कहा-महाभाग! आपके श्रीमुख से सर्वहितकारी विष्णु पुराण प्रसंग का श्रवण करने से मेरा चित्त निर्मल हो गया है। मुझे इस जगत् की रचना, स्थिति और प्रलय का संपूर्ण ज्ञान हो गया है। मेरी समस्त राशियों, शक्तियों तथा भावनाओं का नाश हो गया है। और यह तथ्य समझ में आ गया है कि यह सारा जगत् परमपद विष्णु से भिन्न नहीं है। निःसंदेह आपके आशीर्वाद से मैं लाभाविन्त भी हुआ हूं एवं कृतार्थ भी हो गया हूं। अब मेरी सभी शंकाएं तुष्ट हो गई हैं। अब कोई भी प्रश्न शेष नहीं रहा है।

श्री पराशर मुनि ने इस प्रकार मैत्रेयजी के अनुग्रह-भरे वचन सुनकर कहा-विप्र! वेद ज्ञान के समान इस महत् पुण्यकारी विष्णु पुराण के सुनने मात्र से जीव के समस्त पाप कट जाते है। वह निष्पाप होकर निर्मल हो जाता है। मुनष्य की धर्म से रति तथा अधर्म से विरति हो जाती है। इस ग्रंथ में सृष्टि की रचना, प्रलय वंश, मन्वंतर तथा वंशानुक्रम, अनुकीर्तन आदि की विस्तृत व्याख्या है। इस पुराण में कहे गए देवों, विद्याधरों, सिद्धों गंधर्वों, यक्षों, तप में लीन मुनियों और

आत्म में लीन योगियों के वचन सुनने मात्र से ही मनुष्य सत् में प्रवृत्त होने लगता है और असत् से विरत होता जाता है। इसके सुनने मात्र से ही भक्त हरि का प्रिय बन जाता है। विष्णु का श्रद्धा द्वारा किया गया संकीर्तन, सभी धातुओं को गलाने वाली अग्नि के समान शक्तिमय और सारे पापों को नष्ट करने वाला होता है। तुम्हें ज्ञान होना चाहिए कि अश्वमेध यज्ञ करने के बाद स्नान करने से, प्रयाग, पुष्कर तथा कुरुक्षेत्र जैसे तीर्थ स्थलों में स्नान करने से उपवास व्रत, पूजन करने से तथा वर्ष पर्यन्त निरंतर यज्ञ-यागादि करने से प्राप्त पुण्य फल मात्र हरि स्मरण से विष्णु पुराण के श्रवण से ही मिल जाता है। मनुष्य के भय को मिटाने वाला, दुःस्वप्नों का नाश करने वाला इस पुराण का श्रवण अत्यन्त मांगलिक और सुख-संपत्ति को देने वाला है।

यह पुराण सबसे पहले महाप्रभु ब्रह्माजी ने ऋभु मुनि को सुनाया, ऋभुजी ने अपने पटु शिष्य प्रियव्रत को सुनाया, प्रियव्रत ने अपने शिष्य भागुरि को सुनाया महर्षि भागुरि ने स्तम्ममित्र को, स्तम्ममित्र ने दधीचि को, दधीचि ने सारस्वत को, सारस्वतजी ने महर्षि भृगु को सुनाया। भृगुजी से पुरुकुत्स, पुरुकुत्स से नर्मदा, नर्मदा से धृतराष्ट्र तथा पुराण नाग को यह पुराण श्रवण कराया गया। पूरण नाग तथा धृतराष्ट्र ने यह पुराण नागराज वासुकि को, वासुकि ने वत्स मुनि को, वत्स मुनि ने अश्वतर को, अश्वतर ने कम्बल को, कम्बल ने एलापुत्र को सुनाया। एलाव्रत से यह पुराण पाताल लोक गया। फिर वेदशिरा ने प्राप्त किया। वेदशिरा से प्रमिति ने प्रमिति से जातुकर्ण ने, और जातुकर्ण से अन्यान के पुण्यशील महात्मा, मुनियों ने इसका श्रवणलाभ किया। पूर्वजन्म में सारस्वत मुनि के मुख से सुना यह पुराण पुलस्त्य मुनि के वरदान के फल रूप में मुझे यथावत याद रह गया जो मैंने तुम्हें कह सुनाया। तुम यह पुराण कलियुग के अंत में मुनि शिनीक को सुनाओगे।

इस महत्तम महाभाग विष्णु पुराण को अपने शुद्ध चित्त से सुनने वाले जीव से श्री विष्णु प्रसन्न हो जाते हैं। फलस्वरूप उसके सभी मनोरथ पूरे हो जाते हैं। प्रभु उसके सभी दायित्वों को स्वयं अपने ऊपर लेकर उन्हें पूरा कर देते हैं। इस पुराण के श्रवण से जो फल प्राप्त होता है, त्रिलोकी में वह अन्य किसी कर्म से उपलब्ध नहीं है क्योंकि त्रैलोक्य के आधार रूप श्री विष्णु ही इस पुराण के प्राप्तव्य फल हैं। इसीलिए वे प्रकृति पुराषमय के सभी श्रोताओं को वृद्धावस्था, रोग तथा जन्म-मरण के बंधनों से मुक्त कराने वाले तथा सभी मनोरथ पूरे करते हुए अभीष्ट सिद्धि प्रदान करने वाले हैं। उन्हीं के इस श्रेष्ठ एवं दिव्य पुराण का श्रवण सभी मनुष्य के लिए सुखकारी होता है।

***